U0069547

張永久　著

崩潰的帝國

重回晚清保路運動現場

EMPIRE OF COLLAPSE

目次

第二章 大變臉的前夜／35

第三章　天下未亂蜀先亂／91

第一章　新政與鐵路公司

兩個總督的一次密談

一九〇三年初夏，時任熱河都統的錫良接到朝廷一紙調令：新任命他為四川總督。此後電文頻頻發來，促其上任。

錫良（一八五三～一九一七），字清弼，蒙古鑲藍旗人，同治十三年進士，仕途從山西任知縣開始，歷任知州、按察使、布政使等職。一九〇一年，錫良署理河南巡撫，兼管河工事務。在此期間，他大力整頓吏治，積極引進人才，大膽創辦學堂和礦業公司，政績顯著，聲譽鵲起。

朝廷後來擬調他任熱河都統，豫人不讓走，由法國主教安西滿出面率眾挽留，可是朝廷不給面子。安西滿又發電報給兩江總督端方、湖廣總督張之洞，試圖讓這兩位頗有新思想的大臣援手挽留，張、端二人無權處置，感到棘手，將電報轉至軍機處和外務部。錫良得知這一系列情況後，認為不妥，向朝廷上奏摺，剖白心跡，並著重強調，如果任命朝廷官員受外國人左右，則是國之屈辱。光緒帝批復了錫良的奏摺，讚歎此人是「難得的忠臣」。

這份簡單的履歷表至少說明了兩點事實：一是滿清貴族錫良較為熱心於辦新政，二是錫良對清廷絕對忠誠。

接到四川總督的任命，錫良赴任途中，行至北京，拜會了身在軍機中樞的湖廣總督張之洞。張之洞出了名的怪脾氣，待人清高傲慢，驕蹇無禮，但是錫良此次來訪，他卻例外，敞開了大門迎客。種種跡象表明，京城的那次密談，不僅是官員之間的禮節性拜訪，而且另有極豐富的實際內容。

據許同莘編《張文襄公年譜》載：這之前兩天，張之洞剛剛送走了盛宣懷，張、盛二人都是清末新政的熱心推行者，尤其熱衷於鐵路。「公以一人智慮難周全，留之同議。不可。自至車站挽留，又不可。乃同車至豐台。」以張之洞的身分，這樣再三挽留，直到同乘一輛火車遠送，實為罕見。當時盛宣懷正在主持滬寧鐵路向英商怡和銀行借款事宜，張之洞與盛宣懷的這番交談，其內容大致可以想見，和此後不久張與錫良的談話，聯繫密切。

張之洞署理湖廣總督後，先後建立了湖北槍炮廠、湖北鐵路局、湖北紡織官局、大冶鐵廠等，辦教育，練新軍，開埠通商口岸，派遣學生赴日、英、法、德等國留學，是晚清有口皆碑的洋務派代表人物。錫良與張之洞這次見面，商討的話題主要是修建川漢鐵路。三年後，張之洞在給光緒皇帝的一封奏摺中透露了當時會談的內容：「臣光緒二十九年在都時，深知此事（指川漢鐵路）情形日緊，四川總督錫良臨行前，與之詳切籌商，錫良深以為臣言為然，甫出都門，即將川漢鐵路與臣商定之大旨奏明……」

錫良出了京城，春風一路馬蹄疾。行至正定府，暮色中投宿時，老天忽降大雨。夜聽雨聲，想起與張之洞在京城裡的那番談話，又念及即將赴任的新職，不由得心潮澎湃。夜不能寐，連夜起草了一封奏摺，奏請設立四川鐵路公司。文中寫道：「四川天府奧區，物產殷富。只以艱於轉運，百貨不能暢通。外人久已垂涎，群思攬辦；中人亦多假名集股，而暗勾外人；計取強求，百端紛擾。若不及早主張官設公司，招集華股，自保利權，遲之日久，勢不容已……是川漢鐵路關係川省猶小，關係全域實大。為今之計，非速籌自辦不可。」

誰也不會想到，兩個晚清大臣的一次祕密會談，竟是大清王朝讀秒倒計時的開始。後人提及這段史實時，稱張之洞既是清朝的功臣又是罪臣。說他是罪臣的重要理由，就是與錫良密談確定修建川漢鐵路，成了辛亥革命的導火索，促使清朝政府垮臺，而武昌城鳴槍起義的革命軍，恰恰又是張之洞辦南洋新軍的武裝基礎。

歷史中常有一種奇怪的現象：自古以來給朝廷壞事的，並不壞在朝廷所疑所遠的人，而是壞在朝廷所親所信之人。這也應了一句老話：做得越多，錯得越多。嗚呼，悲哉，忠臣張之洞竟成清廷掘墓人，這是他沒想到的，歷史的奧妙，由此略見一斑。

熱衷於新政的四川人

錫良出京城後馬不停蹄，行至宜昌後，舍舟登陸，乘轎與步行結合，考察由鄂入川的必經之路「蜀道」——那是未來川漢鐵路的路基。一路上親眼目睹四川物產豐富而民生多艱，貨物囤積在大盆地裡無法外運，沿途又有洋人、商紳、士子等各色人等來拜見，交談中莫不言鐵路當修，錫良聽後沉默不語。三峽風光歷來以秀美著稱，新任川督無心觀賞，這年九月他抵達成都，接過總督大印後，即著手籌畫包括川漢鐵路在內的四川新政。

清末四川新政涉及到的內容五花八門，政治、經濟、教育、軍事、法律等等，無所不包，那些熱衷於變革的四川人，相互之間交錯穿插，後來都與川漢鐵路有著或多或少的聯繫，為理清其背景，不妨做一簡略回顧。

設立近代學堂，是錫良督川改革的一大要政。他上任後，發文通知下轄各府，速辦學堂，若有地方官辦事漫不經意，予以撤職處分以示懲儆。在一系列措施的推動下，川省近代學堂發展迅速，一九〇四年川省僅有學堂一五〇餘所，到錫良卸任時的一九〇七年，已達七七〇〇餘所，學生人數居全國之冠。

選派大量青年學生留學日本，是錫良任職期間的另一個舉措。錫良上任的次年（一九〇四），赴日留學生一六〇餘人，到一九〇六年，則達到八〇〇餘人。其中如蒲殿俊、胡峻、蕭湘、張瀾等，後來成為保路運動的首領人物。

編練新軍和兵器製造，也是錫良變革的要務之一。中日甲午海戰慘敗，長期積弱的清廷有所警省，袁世凱演練北洋軍，提供了一個成功的樣板。一九〇四年，清廷決定在全國編練三六鎮新軍，四川分派三鎮。一九〇五年，錫良設立新軍督練處並親任督辦，為培養新軍軍官，將原設立的四川武備學堂翻修，改造校舍，擴大招生，另外還創辦了官弁學堂、兵備研究所、軍事講習所等。這些軍事學堂培養的一些優秀人才，有的成了大清王朝的掘墓人，在此後的三四十年間始終影響著四川省乃至全國局勢。種下的是希望，收穫的是毀滅，這恐怕也是錫良當初辦新政時所沒有想到的。

其他諸如成立勸工總局，開辦各種工藝工廠，設立巡警道，仿效國外維護治安等等，都是開風氣之先的舉措，四川一時間萬象更新，呈現出欣欣向榮的景象。

其實在清末，地方督撫倡辦新政，並不是四川獨有的現象。晚清光緒年以降，皇權衰落，地方督撫實力膨脹，中央政府的權力較之從前大為削弱，清廷執掌財政的度支部對各省財政收支經常無法控制，表面上通過清廷頒佈的各種變革詔令，實際上來源於如袁世凱、張之洞、劉坤一等各省督撫大臣。新政成為挽救大清王朝的救命稻草，受到了轉型期知識份子官員的熱烈追捧，在袁世凱任巡撫的山東，張之洞、劉坤一任總督的湖廣以及江南等地，新政正蓬勃開展，如日中天。如果站到一個高點俯瞰，四川辦新政，只不過是二〇世紀初中國大變局中走出的一枚棋子。

即便就四川而言，宣導辦新政的官員也能列出一長串名單。在督撫一級的官員中，先後擔任過四川軍政最高長官的奎俊、岑春煊，在該省新政起步階段功不可沒；錫良督川時期，新政得以全面蓬勃發展；趙爾巽、趙爾豐督川時期，新政改革更加深入人心，多個領域向縱深開掘。

在四川新政這根無形的鏈條中，川漢鐵路是其中至關重要的一環，它折射出各種尖銳、複雜的社會矛盾，正是清末四川社會的縮影。可以這麼說：當時四川省熱衷於辦新政中的那些人，後來都不同程度地被捲入到保路運動的狂飆中，成為那幕波瀾壯闊大戲的一個角色。尤為值得思考的是，他們原本滿懷熱忱投入新政，初衷是要拯救沒落中的清政府，後來卻一個個走向了預設角色的反面，拉起了敲響喪鐘的那根繩子，使維繫了近三百年的大清王朝頃刻間灰飛煙滅。

看起來是川漢鐵路惹的禍，仔細一想，鐵路也只是大戲中的場景道具。

晚清能臣周善培

成都青羊宮被稱作「川西第一道觀」。每年農曆二月十五，老子誕辰紀念日，青羊宮都要舉辦「老君會」，當地人又叫「花會」，遊人如織，美女如雲，千百年來始終是成都地區最隆重盛大的廟會節日。作家李劼人在《死水微瀾》中曾描述過當時的民俗盛況。

這一天，青羊宮的香火很旺盛。從這一天開始，一直要鬧到三月初十邊上。四方的人，自然要不遠百里而來，買他們要用的東西；城裡的人更喜歡來，他們來此地的心情，只在篾棚之下，吃茶喝酒，賞春遊宴罷了。就是官宦人家、世家大族的太太、奶奶、小姐們，平日只許與家中男子見面的，在趕青羊官的時節，也可以露出臉來，不但允許陌生的男子追趕著看她們，而她們也會偷偷地下死臉來看男子們。

一九〇六年輕羊宮「老君會」，更是別開生面。據史料載：這一年，成都商業勸工會在「老君會」期間持續展覽了一個多月。開幕時，四川總督錫良身著官服，親臨會場致訓詞云：「今日為成都第一次商業勸工會開會之日，即川省工商業發達之第一日也。」錫良還說，博覽會在當時中國「南北各省皆未有之」，是開先河之舉。事務所對參展商品進行了評比，由錫良在閉幕式上親自為獲獎者頒獎，一等獎三名，分別是成都技師余立堂發明的理化儀器，成都商號楊世興製作的點翠掛屏，江津陳江卿織造的提花夏布。

為了吸引民眾，商業勸工會上還展出了來自康定的豹、松潘的熊等十九種珍稀動物。博覽會分為四區：自會場入口至二仙庵山門為第一區，陳列花木類；自山門至廟內各處為第二區，陳列書畫古玩類，有學務處陳列所和官報書局；二仙庵大殿至青羊宮山門為第三區，為四川省各縣勸工局產品陳列和售貨處，是會場的主體；青羊宮廟內為第四區，以竹篾農器為主。四區之外，還設有車馬場、招待所、各學堂休息地及員警巡查點。當年赴會陳列的有瀘州、雅安、巴縣等二十一個官局，參展商品包括天然、製作、教育、美術、農業、動物、植物、水族、機械、玩具品等十大類別，

「聚中外貨品，以資參考，而貿易之盛十倍於舊日花會。」規模和形式已遠遠超過了傳統廟會。

一九〇六年「成都商業勸工會」如今已被載入史冊。在此之後，一九〇七年天津商務總會主辦了天津勸工展覽會；一九〇八年上海總商會舉辦了上海南市勸業會；一九〇九年湖廣總督陳夔龍在武漢倡辦了勸業獎進會……

與一九〇六年「成都商業勸工會」關係密切的有一個人，不能不提。

此人叫周善培，字孝懷，祖籍浙江諸暨，隨父宦游來川，後定居。周早年與梁啟超、劉光弟等維新人物有接觸，曾奉命帶二十名學生赴日本留學，重點考察辦新式學堂、員警制度等。清末光緒、宣統年間，海內知名之新政能臣有唐紹儀、伍廷芳、熊希齡、鄭孝胥等，周善培亦位列其中之一。

錫良督川，得知此人辦新政深孚眾望，便向朝廷舉薦，讓周出任巡警道。周善培久有淩雲志，又正當而立之年，血氣方剛，很快成為錫良辦新政中舉足輕重的人物。經他之手創辦的工商界企業不計其數，如慈善廠、勸業場、發電廠、自來水廠、乞丐工廠等。後來他的職位多次轉換，一九〇五年出任四川勸業道，首倡建造成都第一個新式商場「勸業場」，並將勸工會改為勸業會，連續六年在青羊宮成功舉辦了博覽會。時有《廣益叢報》評論云：「果由此起點而始終不懈，安知年復一年，不更蒸蒸日上，行將由小至大以漸與歐美各國爭勝乎？」

另外，周善培擔任四川勸業道時，正值川漢鐵路上馬期間，鐵路由勸業道主管，周也因此成為一個不可或缺的官方角色，在後面的章節中，這個人還將反復出現。

川漢鐵路公司掛牌

二十世紀初四川省所創辦的新政中，以川漢鐵路最為顯著。然而正是這條鐵路，不僅將四川人民拖入困境，也最終導致了大清王朝的垮臺，正如張之洞曾經感歎過的：「鐵路兩條如剪子，鐵路所到，即將其國剪破矣！」

中國早期的鐵路史是一部屈辱史。一八六五年，由英國商人杜蘭德出資，沿北京護城河修了條一公里長的鐵路，清廷視為「怪物」，擔心會毀了大清王朝的龍脈，勒令將那條玩具般的鐵路拆除。一八七六年，上海怡和洋行英國商人在未征得清政府同意的情況下，擅自修築了全長十五公里的淞滬鐵路，並運營了一年多時間，清政府花了二十八萬兩白銀將其贖回，全部拆除。中國人自主修築的第一條鐵路是唐胥鐵路，全長十一公里，因擔心驚動東陵的先王神靈，朝廷禁止使用機車，只能用騾馬牽引，世人恥笑為「馬車鐵路」。

錫良並非不知道這些屈辱史，他倡議修川漢鐵路是知恥後勇。

修鐵路的提案呈送京城後，獲得了朝野的一片喝彩。光緒皇帝親自批文，同意四川自籌資金修鐵路。商部頒行《重訂鐵路簡明章程》，計二十四條，明確表示各省官商只要經過政府批准都可以修築鐵路，規定華商可以集資參股，凡符合章程者「地方官應一體保護，不得干預公司辦事之權」。這是清廷少見的有著積極意義的一條政策，一時之間，辦鐵路成為一條基本國策。

由當初的拒絕排斥，到後來的鼓勵興辦，並同意讓地方籌資自辦鐵路公司，清廷對修鐵路的態度來了個一百八十度大轉變。這顯示了中國決策層對於發展鐵路事業在觀念和方法上的演變和進步。對於士紳階層來說，他們也開始重新思考建設鐵路的可行性，審視鐵路建設對於地方經濟利益等各方面的影響，由原來的反感轉為理解和支持，觀念上的改變，同樣顯示出中國知識份子的內心覺醒。在修鐵路這一點上，政府與士紳，官與民，在歷史的某個座標點上不期而遇，他們的共同話題和興奮點都是「鐵路」。

一九〇四年一月，川漢鐵路公司在成都岳府街掛牌成立。

這裡原是雍正、乾隆年間四川提督岳鐘琪的私邸，早已荒蕪，昔日王孫奢侈豪華的底色褪去了，幾隻燕子喃呢絮語，似乎在訴說著人世間的滄桑變遷。

第一任公司督辦是四川藩司馮煦。此人字夢華，江蘇金壇人，雖說富有才華，卻已年老。這年他年滿六十歲，正值仕途思退，沒時間也沒心情打理鐵路公司的雜務。隨後繼任的督辦沈秉堃、許涵度，情況也與馮煦類似，常常以政務纏身予以推諉，很少到岳府街來履行公幹。理應是現代企業的川漢鐵路公司，從成立之初即點綴了濃烈的官辦色彩，制度章程久久不能制定，公司形同一個空架子，鎖閉在紅門深宅裡，庭前門可羅雀，好奇的路人打從門前經過，每每探頭向裡面張望，只有稀疏幾個職員，悠閒地坐在院子裡喝茶聊天。

錫良夾袋裡還有個能員叫趙爾豐，是他在山西任巡撫時發現的人才。此公精明幹練，勇於任事，深受錫良器重，隨任於河南、熱河，在官場上一路擢升，錫良出任四川總督時趙爾豐也跟隨入川，升至永寧道道台。辦鐵路是個新事物，錫良想讓作風潑辣的趙爾豐去衝一衝，打開局面，任命趙爾豐為鐵路督辦，也體現出他的決心。

然而，委任狀發出的第二天，川康邊地出了亂子，在一個叫巴塘的地方，大清國駐藏幫辦大臣鳳全等一干朝廷大臣遭遇埋伏，五十餘名官員無一生還，消息傳來，朝野震動。皇帝發下聖旨，點名指派趙爾豐出任川滇邊務大臣，帶兵前往邊地打仗。送行那天，旌旗獵獵，號角震天，趙爾豐此時已年逾六旬，一身戎裝，鬚髮銀白。錫良看著老愛將騎上戰馬，忽然覺得眼前的場面彷彿是生離死別，威武中摻雜著一絲悲壯。

其實，真正悲壯的情景是在六年後。其時錫良調任東北，趙爾豐接替四川總督，在波瀾壯闊的保路運動中被殺頭。「鐵路兩條如剪子」——那時候再來回味張之洞的這句話，已身在東北的錫良，心裡一定會有更多複雜的感受。

川漢鐵路公司雖說掛牌了，但工程浩大，需要巨額經費，集資十分困難。該路預定路線從漢口起，經宜昌、夔州、重慶、永川、內江、資陽抵達成都，全線長四千多裡，需耗資五千萬兩以上。至一九〇四年十月，公司仍無力集資，難以動工，有名無實。

留日學生隔海推手

川漢鐵路公司最初的啟動是由兩股力量促成的，一是四川省內的地方官紳，一是留學日本的川籍留學生。二十世紀初，清廷推行新政，帶動了波濤洶湧的留學潮，其中尤以留學日本蔚為大觀。《劍橋中國晚清史》稱那次留學潮「是到此時為止的世界史上最大規模的學生出洋運動。它產生了民國時期中國的一代領袖。在規模、深度和影響方面，中國學生留日遠遠超過了中國學生留學其他國家。」

四川人吳玉章回憶他浮槎東渡的情形時，留下了這樣的文字。

一九〇三年二月九日（農曆正月十二），那時還是元宵節內，到處鑼鼓喧天，當人們興高采烈，歡度春節的時候，我們一行九人，好像唐僧取經一樣，懷著聖潔而嚴肅的心情，靜悄悄地離開故鄉，掛帆而去。這時，重慶以下的興隆灘，剛剛塌崖不久，川江航行還很危險，但我們卻毫不在意。我們當時正是滿懷壯志，一片雄心，不怕任何危險。

有的留學生甚至不顧家人阻止，堅決赴日，偷偷買了船票，臨行之際被母親察覺，拉著船纜不放，兒子從船艙裡找出太平斧，砍斷船纜放舟遠去，江岸上留下一家人大放悲聲，場面淒涼而又悲壯。

短短兩三年內，四川留日學生與日俱增，已達八千餘人。每個時代都有自己的熱血青年，其中不乏優秀者脫穎而出，成為一代領袖。

蒲殿俊（一八七五～一九三五），字伯英，四川廣安人，是胡峻的內侄。戊戌變法期間，受劉光弟、楊銳的影響，與姑丈胡峻在成都創立蜀學會，創辦《蜀學報》回應康、梁。一九〇四年，蒲殿俊進京會試，中進士，時值清廷籌備立憲，規定癸卯、甲辰兩科進士用官費派遣出國留學，蒲殿俊即與胡峻、蕭湘等人同赴日本，入東京梅謙法政大學學習。

據蒲氏後代講述，蒲殿俊留學日本時，日子過得安逸舒適，由於是公費留學生，加之家庭條件優越，他在生活上比那些自費留學的同胞要富裕得多，身邊還雇了個日本翻譯。當時在東京讀書，每月的學費加旅費，書籍、筆墨紙張等雜費大致為十七八元，這應該說是相當寬綽的經濟狀況了。蒲殿俊並不戀棧這種富足的生活環境，而是經常與校內外朋友談論國事，大家圍爐而坐，縱橫捭闔，酒酣耳熱之際，話語更是如狂風暴雨，石破天驚。要理解蒲殿俊們在那個時代的心境，只消聯想一下魯迅、郭沫若等人在心靈屈辱的狀況下，決然放棄原來的專業，改從文學以圖喚醒中國民眾的心路歷程，就會明白一二。

儘管如此，蒲殿俊與那些激進的革命黨仍有區別。據當時的留學生回憶，留日學生中憲政派與革命黨形成了兩大陣營，經常爆發激烈的爭辯，從個人口頭爭論吵鬧發展到集體肉搏鬥毆，甚至還打得頭破血流。蒲殿俊追隨的是梁啟超的憲政道路，主張社會變革應緩和過渡，他的屁股始終坐在立憲派一邊。

雖說遠在異國，四川留學生對家鄉的這條鐵路卻尤為關注，眼見得成立一年多的川漢鐵路公司形同虛設，蒲殿俊聯合川籍學生三百餘人，在東京錦輝館召開同鄉會，現場成立了川漢鐵路改進會，眾人公推蒲殿俊為會長，決定每月出版一期《川漢鐵路改進會報告書》，即席認募股金四萬餘兩，又以其數量太少，再由各位留日學生動員親屬，承擔募勸三十餘萬兩，同時致書全蜀父老，要求大家慷慨解囊，集股修路。並聯名上書川督錫良，建議「因糧攤認」股金，強烈要求將公司由官辦轉為官商合辦。

一九〇七年，清廷擬將錫良調任雲貴總督，以兩廣總督岑春煊充任四川總督，聞知消息，蒲殿俊放棄法政大學的畢業考試，專程乘海輪渡海，拜訪在滬上養病的岑春煊，陳述官辦川漢鐵路之弊，力促轉軌，要求依商律將公司改為商辦，並定名為有限公司。岑春煊對其觀點大為讚賞，答應到川後即改為商辦。只是由於後來岑春煊被清廷改派為郵傳部尚書，未到川督任，此事才算作罷。

蒲殿俊曾在一篇文章中寫道：「中國人最有血性而能任事者莫如蜀」。以天下事為己任，勇於擔當，是回蕩在這些熱血青年心頭的主旋律。不久，他們提出的「因糧攤認」股金方案被錫良採納，及時解決了川漢鐵路公司資金短缺的問題，但是也由此留下了一個後遺症：雖說「鐵路捐」暫時緩解了鐵路公司的資金壓力，但無疑是將全體四川人綁在了同一架戰車上，全川民眾，無論富人窮人，都在經濟上和這條鐵路掛了鉤。因此，加快鐵路的修築，用鮮血甚至生命保衛這條鐵路，便成了四川各個階層人士利害與共的事情。

清末立憲時間

一九〇四～一九〇五年，在中國領土上爆發了一場日俄戰爭，結果是，君主立憲制的蕞爾小國日本戰勝了農奴制的龐然大國俄羅斯，國內外輿論界一片譁然。當時的報紙評論道：「此戰非俄日之戰也，乃立憲、專制兩治術之戰也」，「日本以立憲而勝，俄國以專制而敗」。這場日俄戰爭促使中國人深入思考，在這一背景下，加快政治體制改革、實行憲政，成為清末朝野上下的一致呼聲。

一九〇五年六月，晚清大臣袁世凱聯合湖廣總督張之洞、兩江總督周馥上奏清廷，請以十二年為期實行立憲。此後，先後有大臣端方、岑春煊、孫寶琦、楊樞、梁誠、汪大燮等，也紛紛發表意見，一致贊同立憲，認為「保邦治國，全出憲法一途」。這些重要高級官員密集如雪片般的奏摺、文告和書信，成為清末預備立憲的助推器，在浩浩蕩蕩的世界潮流面前，清廷實際上的當家人慈禧太后有所醒悟，開始推行憲政改革。

一九〇八年八月，清廷宣佈了憲政時間表：預備立憲以九年為限，計畫在一九〇九年召開各省的立憲會議，一九一〇年召開全國立憲會議，一九一七年召開國會。在《九年預備立憲逐年推行籌備事宜諭》中告示：「當此危急存亡之秋，內外臣工同受國恩，均當警覺沉迷，掃除積習……所有人民應行練學自治教育各事宜，在京由該管衙門，在外由各省督撫，督飭各屬隨時催辦，勿任玩延。」有學者指出，這是慈禧太后生前頒佈的最後一道諭旨，也可以說是她的政治遺囑。

在預備立憲期間，清廷採取了一系列政治改革措施，試圖擺脫危機，其主要步驟有：

一是派遣大臣考察西方憲政。一九〇五年九月，清廷派遣載澤、戴鴻慈、端方、徐世昌、紹英等五大臣出使西洋，考察憲政。二十四日五大臣及隨員剛登上火車，忽然一聲巨響，革命黨人吳樾所攜帶的炸彈撞針受震，未及拋擲即轟然爆炸，吳樾當場被炸死，載澤、紹英等人受傷，出行也因此改期。中國立憲的開端便遭遇了這枚炸彈，似乎是一個象徵，預示著中國憲政之路命運多舛。

二是設立專職憲政研究機構。一九〇五年十一月二十五日，清廷設立了「考察政治館」，其職責是在政務處領導下，研究各國憲政，為政府憲政改革提供諮詢。

三是成立資政院。一九〇七年七月，光緒帝頒佈了一道上諭：「立憲政體，取決公論，上下議院，實為行政之本。中國上下議院一時未能成立，亟宜設資政院，以立議院基礎。」同年十月，光緒帝又頒佈上諭，要求在各省設立諮議局，其作用是「指陳通省利病，籌計地方治安，並為資政院儲才之階」。

四是頒佈《欽定憲法大綱》。一九〇八年八月頒佈的《欽定憲法大綱》是一部君主立憲性質的法律文件，它限制了皇帝的權力，明確規定法律面前人人平等，並宣佈臣民有言論、著作、出版、集會、結社的自由，以及臣民的人身、財產、居住等權利受法律保護等，是中國這塊土地上的現代化萌芽。

除此之外，其他還有推行地方自治、改革官制等。

由清末新政催生而出的清末立憲時間表，是中國從傳統社會向現代社會轉型中的重要一步，考量其核心內容，實質上意味著當時中國的整個政治制度正在逐步向資本主義近代化演變邁進，與世界潮流的大方向基本接軌。遺憾的是，這張「立憲時間表」因慈禧太后的病逝而中斷，並最終改變了進程甚至方向。慈禧去世後，攝政王載灃和隆裕太后無能，將清廷的立憲一步步引入絕境。雖然清政府一再妥協，將預備立憲的年限由九年縮短為五年，並於一九一一年五月成立了責任內閣，由十三名國務大臣組成的內閣成員中，滿洲貴族九人（其中皇族占七人），漢族官僚僅四人，時人譏之為「皇族內閣」。這樣一來，全國反清情緒猛烈高漲，清廷進一步失去人心，最終導致民族革命的爆發，和平轉型的道路被切斷，被暴力革命取而代之。

海歸青年政治家

一九〇八年秋天，三十三歲的蒲殿俊乘坐海輪從日本返回中國，到北京後，被任命為法部主事，兼憲政編查館行走。

這年深秋時節，京城連續發生了兩件大事：十一月中旬，慈禧太后和光緒皇帝在兩天內前後去世，京城籠罩在一片肅穆的藍青色中，天地似乎也為之失色。半個月後，年僅三歲的溥儀被抱上了皇帝的寶座，典禮結束，官員們走出皇宮，紫禁城的交通擁塞起來，幾百輛馬車以及數十乘官轎擠滿了大街小巷，使得場面顯得混亂不堪。蒲殿俊站在天橋附近的街頭，試圖從眼前單調麻木的藍青色中尋找一些生機，他站在歷史的轉折處，思索國家的命運，思考個人的前途。

憲政編查館是個「通天」的研究機構，直接隸屬於軍機處，研究各國憲政，為中國的立憲做準備。對於蒲殿俊來說，在這個位置上，能直接從事他所夢寐以求的憲政改革，是命運恩賜的絕佳機緣。即便從個人利益的角度考慮，這也是個不錯的職位，成天接觸到的能臣大員以及其他官員，都是皇帝周圍離不開的人物，這會對他將來的晉升大有幫助。

但是遠在西南四川的家鄉一次次在召喚，「省城各方紛紛函電邀其返川」，這使得蒲殿俊在去與留之間猶豫不決。顯然，四川總督趙爾巽的一封親筆函件在最後關頭起了作用。其時四川省諮議局成立在即，各州縣正在展開基層選舉，在家鄉廣安，蒲被選舉為議員，憑他在四川省紳商中的名望，蒲殿俊有望執掌省諮議院之牛耳。與其在京城紙上談兵研究憲政，不如回到家鄉親自參與地方憲政實踐。

一九〇九年春夏之交，蒲殿俊由京返蓉，準備參加四川省諮議局的選舉。

當時四川省諮議局選舉核定，全川登記有選舉資格者一九一五〇〇餘人，這個數字只占川籍總人口的千分之三，充分說明了當時的國情，四川民眾同中國其他地方的民眾一樣，對這種選舉不瞭解、不關注和不熱心，許多人擔心政府依照選舉名單派捐加稅，雖有資格也不願意進行選民登記。登記在冊的不到二十萬選民，經過投票，選出了一二七名諮議員，其中進士二人，舉人三十一人，秀才和廩生五十五人，道員一人，其他官員二十七人，富翁和商賈十二人。

這一二七名諮議員，是四川有史以來第一次民主政治實驗的參與者。在後來幾乎所有的與清末議員選舉有關的資料文獻中，處處都充塞著歪曲醜化的文字，有的甚至是歇斯底里的謾罵，對歷史人物太過苛刻，這並不客觀，也不公正。一百年前，那些身穿藍布長袍、拖著辮子的選民，無疑是那個時代的先行者，他們在開會議事以及呈遞提案的過程中，那種熱情、單純和虔誠的態度，實際上是這一百年的時間段裡中國並不多見的。

一九〇九年十月十四日（農曆九月初一），成都純化街一幢新修樓房裡，四川省諮議局召開了成立大會。會場上除了實到議員一〇四人外，還有不少執掌實權的官員，有總督趙爾巽、成都將軍馬亮、布政司王人文、提學司趙啟霖、按察司江毓昌、巡警道高增爵、勸業道周善培、鹽茶道尹良、成都知府於宗潼、華陽知縣鈕傳善等。這些官員被請到主席臺上就座，一陣搖鈴聲過後，會場變得肅靜，在身著清朝官服的官員們目光注視下，一個個頂著辮子的議員莊重地投下一票，第一次實投一〇四票，蒲殿俊得七十六票，當選為議長。第二次實投一〇二票，蕭湘得五十八票，當選為副議長。第三次實投票一〇四票，羅綸得四十七票，吳季昌得二十六票，俱不過半數，無效重選，羅綸得五十五票，當選為副議長。

蕭湘（一八七一～一九四〇），字秋恕，四川涪州人，早年曾與蒲殿俊一起東渡日本留學，回國後又與蒲殿俊同赴北京，任法部員外郎。無論是在日本留學期間還是回國以後，蕭湘始終是蒲殿俊的最佳夥伴和戰友，對四川鐵路高度關注，一九〇六年三百多名四川籍留日學生在東京成立「川漢鐵路改進會」，為首的幾個人就是蒲殿俊、蕭湘和胡駿。他此次回成都參選，一是應家鄉召喚而歸，另一個原因是受好友蒲殿俊的感染，也想回家鄉參與地方憲政實踐。

羅綸（一八七六～一九三〇），字梓卿，四川西充人，其父羅人文，考中秀才，善醫術，在地方上頗富名望，是川北一帶哥老會的舵把子。羅綸從小入縣學，師從宋育仁、駱成驤，同時深受維新思想的影響，成年後赴長壽縣任教，主張學西變法，走君主立憲制的自強之路。一九〇八年秋，羅綸率學生及紳、商、士、農各界兩千餘人，赴成都總督府門前請願，要求速開國會，名聲大振。不久清廷頒佈《各省諮議局章程及議員選舉章程》，諭令各省督府迅速舉辦有關事宜，羅綸被西充原籍選為議員。

代表民意的四川省諮議院，選舉出的三位當家人都是三十多歲的年輕人，他們懷揣著一顆愛國憂民之心，期冀通過地方議會的實驗，來疏通當時亟需解決的現實問題，為社會變革尋找一條文明健康之路。他們對於清廷還是擁護的，希望政府能夠採納立憲派的主張，尊重已經崛起的地方權利和地方精英的意願，無論是爭款還是保路，初衷只是為四川民眾爭取更多利益，然而後來發生的一切故事皆事與願違，他們利用諮議局這個現成合法的政治舞臺，廣泛發動了社會各階層的力量，與清廷中央集權的鐵路政策分庭抗禮，然而始料不及的是，在把清政府拖入淖澤地的同時，他們自己也被一步步拖入災難中。

紳權與官權

一九〇九年十月十四日，四川省諮議局選舉結束以後，川督趙爾巽上臺致訓詞。趙爾巽（一八四四～一九二七），字公鑲，號次珊，祖籍奉天鐵嶺。他頭頂珊瑚頂戴，身著九蟒五爪獅子蟒服，胸前的錦雞補服，透露出一種華麗與威嚴，從他口中徐緩吐出的字正腔圓的東北話，在諮議局大廳裡回蕩，也在議員們的心中震顫。

趙爾巽提出了「融畛域、明許可權、圖公益、謀遠大、務實際、循次序」六條，對議員們加以申誡，結尾時說道：「今幸國是大定，人心咸趨於憲政一途，凡自治、巡警、教育、實業諸大政，皆於九年預備之中，定有先後實施之順序。凡我官紳皆可遵循途轍，次第圖成。」接著話鋒一轉，「諮議局之成立，皆出於慈禧太后、光緒皇帝念時事艱難，開千古未有之舉，今日開局而先後先帝已不及見，實為臣民憾事。」話說至此，趙爾巽聲音哽咽，眼眶潮濕，在場的許多議員，亦引袖拭淚，為慈禧、光緒不及親眼看見如今的盛況而暗暗傷心。

訓話完畢後，趙爾巽將諮議局關防親手交到議長蒲殿俊手中，由蒲殿俊致答謝詞。

「融畛域、明許可權」是趙爾巽訓詞中的重點，大意是消除官與商之間的隔閡，雙方明確各自的許可權。針對於此，蒲殿俊代表諮議局發出了獨立的聲音，蒲說：「殿俊私下認為，設立諮議局，其根本是為了振興國事，因此上下都應該以國事為前提。紳士與官員同為本國人，所辦的事也為本國事，從理論上講沒有什麼界限可分。若平日裡口口聲聲要消除隔閡，明確許可權，一旦臨事，忽然意氣發動，不但隔閡不消，甚至蹂躪許可權而不惜，心中只有我之意見、我之利害、我之名譽、我之所謂是非得失，而全然忘記了其他人。這樣一來，哪裡還談得上國家？談得上事業？殿俊願意與全體議員共同勉勵，時時把國家事業放在心中，把化畛域、明許可權付諸實踐，使將來所決議之事，議無不協，行無不利，這正是朝廷建立議院基礎的厚望之所在，也是我們四川行政當局的行動之所在，更是我輩不負全川父老子弟的期望之所在。」

蒲殿俊在答謝詞中，對趙爾巽的訓詞內容作了微妙的修正。他不認為諮議局是花瓶式的擺設，也不是紳士與官員聯絡感情的聯誼俱樂部，而是為國家大事所設立的政治機構，所謂隔閡與許可權，應該放到國家大事的框架內去考慮，與國家大事相比，他們就不是那麼重要的了。

雖說一九〇九年的各省諮議局許可權十分有限（按照清廷「憲政編查館」的解釋：「諮議局監督一章，授權督撫可以停會解散；督撫對於諮議局議案，有核奪施行之權；諮議局與財政審核僅限於地方辦事用費，國家政費不在其內；在國家稅、地方稅未分以前，諮議局不得議減現行稅率，只有議決改良增加之事；對自治糾紛的處理，只限州、縣自治之互相衝突的問題，若自治會與地方官之衝突，則仍屬督撫主持。」又說：「若有一二議員(間或近於桀驁，而苟違法律，小則除名，大則解散停會。」這樣一來，諮議局的許可權大為削弱，而議員的處境亦是誠惶誠恐的了。）但從性質上說，諮議局是具有一定獨立性的立法機構，分割了原屬於地方督撫的部分權力——在中國的歷史上，督撫的權力從來只受制於中央王權，而不會被地方的民間力量制約，諮議局成立之前，民眾對官權的限制幾乎等於零，任何一個知縣都可以在他的公堂上為所欲為，從來沒聽說過有被繩之以法的危險。清末各省諮議局的成立，是中國地方政治運行機制的重大改變，各省紳士們代表地方百姓，開始通過正常的管道參與到當地的社會生活實踐之中，這無論如何都是社會的一種進步。

諮議局成立後，紳權與官權的矛盾始終不曾中斷，明爭暗鬥此起彼伏，以不同的形式反復多次地表現出來。類似這樣的爭鬥，即便從一些小事中也能夠看出端倪。

一天，有個姓蕭的轎夫手持銀元數角，到東門外葉氏商號裡去兌換，店小二捏起一枚枚銀元對著亮光細瞅，心裡邊沒有把握，叫來了掌櫃葉宜生。葉掌櫃也捏起銀元對著亮光細瞅，又吹了口氣，放到耳邊聽了一會，搖頭說：「銀元成色太低，恐係偽造，本商號不敢收。」蕭姓轎夫一聽大為光火，與掌櫃葉宜生發生口角，竟致動武，蕭轎夫賭氣掀翻了櫃檯。此事驚動了值班巡警，迅速趕到現場，將蕭姓轎夫拘回員警署，嚴刑訊問。

蕭姓轎夫的口供稱：此數角銀元並非偽造，是用一大元銀元從鄔氏米行掉換而來的，原是想買綢緞，給鄉下的未婚妻送聘禮，誰知前幾天老家捎信來說，未婚妻的事吹了，綢緞不用買了，便想兌換回銀元，不料在葉氏商號發生了糾紛。

巡警傳訊鄔氏米行老闆鄔元和，鄔元和大呼冤枉，口供稱：銀元是從商號掉換而來的，係造幣廠發出，何以謂為不真？況且他只是一個做米生意的，豈敢假造銀元？如此這般被員警傳喚，豈不是平白污人名聲嗎？一連幾個排比問句，反問得當值巡警很不耐煩了，大怒道：「都是立憲鬧的，當眾咆哮警局，就憑這個囂張的態度就該坐幾天監獄。」遂將鄔元和送之總署，轉送警務公所拘捕。

這事如果發生在以前，也就活該鄔元和冤枉坐幾天監獄結案，可是清廷宣佈進入立憲準備期之後，老百姓說話比先前有了底氣，遂有鄔氏米行上告到省諮議局商務分會，分會派員到警務公所交涉，稱鄔元和係正當商人，斷不會做犯法之事，造幣廠發出的二角銀元成色稍低，前年因成色問題曾鬧過糾紛，通過造幣廠化驗，確非外界偽造，始釋民眾疑惑，一律行用，至今無異。以此而論，鄔元和掉出之二角銀元，絕非假幣，商務分會願意為鄔擔保，請予放人。

警務公所並沒有當場放人，直到三天後，數枚二角銀元送造幣廠化驗並非偽造的結果出來，鄔元和才被放出。這樁冤案使鄔元和無端受了三天苦，在監獄裡饑寒交迫，百般痛苦，這倒在其次，更糟糕的是省城各商號，從此一律拒收二角銀元，幣制前途大有阻礙之像，嚴重擾亂了金融秩序。

諮議局據此案向川督部堂提出了彈劾，在一份名為《糾舉巡警道周肇祥違法案》的文件中指出：「諮議局章程第二十八條：本省官紳，如有納賄及違法等事，諮議局得指明確據，呈候督撫查辦。」又云：「官紳有納賄違法之情事，人民必遭其冤抑，自應立予糾舉。」

在這份文件中，諮議局還舉報了警察局擾民的另一樁案例：

> 成都三百餘家藥鋪數度受警察局干擾，警察局發佈告示稱，藥鋪深夜必須隨時留人值班，隨時喊門隨時開門云云。有上全堂、存義堂、同善堂、益春堂等多家藥鋪，均因深夜沒有人開門，被罰交納青石板一百條至四百條不等。事後調查證明，青石板係新修某街道所用，列出這樣的罰款條約純屬不公。

諮議局的這份文件矛頭直指周肇祥：「四川巡警道周肇祥自到任以來，尋隙苛罰，濫使權力。以修街道為名，偶有觸犯，輒罰石板數十百塊不等。輕騎四出，夜無故入人家，聲稱拿賭，茫無所得，而人家已受其蹂躪者不一而足。是以省垣商民，岌岌不安。」

除了巡警道周肇祥外，四川省諮議局還彈劾了「任刑殘酷，獄多冤濫」的崇慶州牧張溥，「指良民為竊賊，私刑拷打，橫施威勢」的道員饒鳳璪，以及「違法殃民」的江津、西昌、通江、城口等各縣知縣，這些官員中，有的是川督眼皮子底下的紅人，有的還是川督十分依賴的左右膀，在諮議局眾多議員的屢次責問下，川督不得不將部分官員撤職。

紳權向官權發起了挑戰，官權的退讓有些迫不得已。郭沫若在他的回憶錄中寫道：「那時候四川省蒲殿俊、羅綸的聲名，差不多就像列寧之於革命的蘇俄一樣，四川人恐怕是沒有一個不曉得他們的。」諮議局已經成為四川省政治舞臺上的一支重要力量，在時代的潮流面前，官權只好暫時順應民意。

實際上，紳權與官權的關係不僅僅只有鬥爭，同時也有合作，這種既衝突又互相妥協的傳統源遠流長，進入近代更是變得撲朔迷離。進入晚清以後，由紳士自辦或者官紳合辦的「地方自治」，得到了清廷的首肯和開明地方官的支持，紳權在與官權的較量中逐漸占了上風，甚至膨脹到令人刮目相看的地步。由於皇權與官權矛盾的加深，紳權成了上述雙方爭奪拉攏的對象，清廷宣佈立憲，實行地方自治，既有迎合、拉攏紳權的動機，又有借助紳權牽制、削弱督撫權力的含意。而官權為了與皇權巧妙對抗，往往也會千方百計地利用紳權。

皇權、官權與紳權三者之間的關係錯綜複雜，加之同盟會與哥老會的介入攪局，使得清末四川社會局勢變得一團混沌。其中的焦點事件是因川漢鐵路而起的保路運動，在這一事件中，川漢鐵路像是一面多棱鏡，將各種各樣的社會形狀和色彩折射出來，恍若一個千變萬化的萬花筒，整個過程始終讓人眼花繚亂。

第二章 大變臉的前夜

一個久遠的故事

四川位居於長江上游，古稱「天府之國」，物產富庶，交通地位重要，雖然地處中國內陸，仍然深深地吸引住了西方人的目光。同治二年（一八六三），英國人斯蒂文生就擬定了一個有關中國鐵路建設的計畫，他建議從長江流域的商業中心漢口為出發點修築鐵路，東達上海，南至廣州，北到天津，西行經四川、雲南等省直趨印度。這一設想，大致暗合今天的鐵路幹線格局。

甲午海戰，清廷國力之孱弱暴露無遺，英、法等國加緊了對於四川省的覬覦。列強們知道，誰取得了借款給清廷修築鐵路的權利，也就等於取得了鐵路沿線地區的經濟控制權。為了搶在其他國的前頭，英、法相繼派員進入雲南、四川等地區執行勘測鐵路線路的活動。一八九七年，法國外務部派鐵路工程師圭立瑪都率領多人，前赴雲南勘察地質以及籌備興修鐵路；一八九九年五月，英國陸軍上尉白定若率人進入四川、雲南一帶。英、法兩國人員之行動，造成了當地紳商百姓的一片驚惶不安。

據英國上尉白定若回憶，他們的探險勘測隊曾經多次遭受當地民眾的襲擊。在上海接受《字林西報》、《北華捷報》等報社記者的採訪時，白定若神采飛揚地講述了如下故事。

到達重慶以前，測量人員在船上曾遭到襲擊，損毀了一些工具，重慶道台為此賠償我們一百兩銀洋，我還請他派五十人攜帶槍枝隨行保護，要他保證這支隊伍一直安全，護送我們到下一站。當我們離船上岸進入山路時，我們收到一些恫嚇信，信上警告我們不要離開大路，夜晚要在旅店歇宿，不要在他們的小村莊裡用帳篷露營，否則寫信人就要把我們這一隊人全都殺死，等等。我們將這些信件交給官府，並通知官府採取必要的保護措施，也並未把這件事放在心上。兩個印地安測量員，亨特爾和我，我們總是帶著五名護衛人員，可是有一個測量員卻遭到一個持刀者的公然襲擊。他並沒有受傷，因為當這個測量員掏出手槍時，那個持刀者就跑掉了。護衛人員拒絕去逮捕那個人，因此我就提出五十兩的賞額，大約過了兩個小時，那個持刀者被捉來了。我讓當地官員付還我那五十兩，在我面前鞭笞那個人，然後送到最近的縣衙門去。

於是消息傳開了（我不知道是怎樣開始的），說我們在自掘墳墓，還說暴徒甚至已在夜間為我們掘下了墳墓，地方官員責怪我們不該做這件事。每天，我們都看到一群群手持武器的人在不斷射擊，由於距離太遠，我們的人並無損傷，後來他們的膽子越來越大，終於攔住了亨特爾和我的必經之路。他們約有一百人，一半人持土槍，其餘的分持梭鏢、刀劍和旗幟等等。當我們走進三百碼以內時，他們放了一排槍，我們一直往前走去，亨特爾和我掏出手槍，壓上子彈。土人還站著不動，直到我們在五十碼距離以內向前跑去，他們才紛紛逃散。護衛人員最初拖在後面很遠，可是在追擊的時候做得很好。之後，每一個護衛增加到十兩。

這類事情連續發生了一個月。當我想到他們並非要傷害我們只不過想唬嚇我們時，我便非常急於和平解決。因此我們這方面沒有放一槍，只不過當他們阻攔我們的去路時，我們就把他們衝散。這一切都發生在四川境內，由於余蠻子造反的結果，全境法紀廢馳，官府無權，無能為力。我們一共捉到六名俘虜，鞭撻之後便送交最近的縣衙門……。

英國上尉白定若帶著這支探險勘測隊在四川省茂密的山地裡足足穿行了三個月，在途經一條河流的時候，渡船已被轉移，約有一千人列隊站在對岸高聲叫喊，拒絕英國人進入他們的領地。雖然有五十名武裝護衛人員，白定若依然不敢輕舉妄動，只好打電報向省府官員求援。他們在河岸邊整整等了八天，直到官員坐著轎子來了，一群群村民才逐漸散去。白定若回憶說：「實際上，三個月中我們一直處於這種情況之下。因為我的任務是和平的，除非萬不得已我決不開槍，而且，我知道人民多少總是愚昧無知的，我亟願意捉住他們的首領加以懲處，而不願意超過必要多殺普通老百姓。」

當外國人勢力滲透進入四川後，地方紳士和百姓產生了強烈的抵觸與排斥，主要焦點集中在反對外國人傳教、修鐵路和投資開礦等方面，並由此凝聚出保護鄉梓的神聖責任感以及民族主義精神的高揚。在二十世紀初，民族主義的覺醒和傳統士大夫對地方的責任感，成為紳商涉入鐵路事業的重要推動力。鐵路成了一個象徵，代表著國家及地方的權力。

因此，四川總督錫良奏請設立川漢鐵路公司，以不招洋股、純粹自辦為號召，迅速獲得了川籍京官、地方紳士、留學生及四川民眾的全力支持。從某種意義上說，錫良設立川漢鐵路公司，不只寓有抵禦西方列強勢力入侵四川的意味，同時也有轉化川省紳民排外情緒，進而鞏固清廷在四川省統治地位的目的。而地方紳士們之所以積極支持錫良辦鐵路，其動機也有抵禦外國勢力進入四川省境內的因素。在這一點上，地方和國家利益達成了一致。

總督的煩惱

外國財團想插手中國鐵路，除了攫奪鐵路沿線的經濟控制權外，還有一個重要原因——中國近代的鐵路是個暴利行業。這註定了外國財團將會無孔不入。這也是新上任的四川總督錫良感到十分傷神的。

鐵路公司籌辦以來，奏摺上明確寫著「以辟利源而保主權」的條文，表明不想讓外國人插手，但還是有英國公使薩道義發來照會說，修築川漢鐵路所需的款額巨大，如不能籌集全股開辦，希望能向英、美等國銀行借款，並表示這件事他已經和慶親王奕劻多次協商，希望四川總督能夠履行合約，不要製造麻煩。奕劻時任清政府外務部總理，英國公使也懂得中國官場規矩，抬出朝廷大佬來壓人，讓錫良感到鬱悶。

英國公使的事兒還未擺平，又有法國駐重慶領事哈斯發來照會，意欲主動借款襄助四川修鐵路。見中方不甚熱心，又連續來函詰問錫良，「究竟鐵路公司是貴總督主政？抑或是公司主政？請即明白賜複。」

收到這樣的照會，錫良的心情可想而知。對洋人的傲慢無禮，他不能公開反擊，只能隱忍不發。中國歷來有個說法：百姓怕官，官怕洋人，洋人怕百姓。官怕洋人的實質還是怕朝廷，洋人有通天的本領，如果在皇帝面前告上一狀，任何官都難保吃不了兜著走。因此，在這種傷神的問題面前，往往只能繞道而行，遇到英、法商人要求放貸，或者包攬鐵路工程，「制軍無以推之，乃至辭以疾」，用裝病的辦法拖延時日。

細細一想，洋人的說項也不是全無道理。修鐵路需要銀子，按一九〇四年所擬鐵路章程，暫定資本為五千萬兩，其中一千萬兩由發起人分擔，其餘四千兩向社會各界募集，預計五年竣工，開始營業後以純利十分之四作為鐵道稅，交付國庫收存，四十五年後全路歸為國有。如此數額巨大的款項，想在短時間內募齊是不可能的，英、法公使領事主動提出借款，正是想鑽一鑽資金短缺的空子。

不向洋商借款，路款又從何而來？這個問題環繞在錫良的腦海裡，使之寢食不安。

其時，四川官紳最強烈的呼聲是：認為修鐵路是四川人的事，一切均係自辦，尚無須借助於人，更用不著向洋商借貸。他們將修路借款提升到了主權喪失的道德高度，發表在《蜀報》上的《開辦川漢鐵路說》頗有代表性，文中寫道：「世界上獨立之國，其交通之權，均歸自己掌管，不管他人干預。鐵路是交通權之一大端，若入外人掌握，自己主權便失了，主權一失，便處處受制於人。」雖說現在來看這件事，如此抵制向洋商借貸未免敏感過度，是一個民族不自信的表現。但在當時，國人的認識水準普遍就是這樣。

川漢鐵路預定路線是從漢口起，經宜昌、夔州、重慶、永川、內江、資陽以達成都。全長約兩千公里，需銀五千萬兩以上，四川工商業並不發達，招募如此巨額股本絕非易事。錫良也曾感歎：「招集民股最為難事，川省地居僻遠，耳目拘隘，昔為鄰省辦礦籌款，寸效未睹，至今人多畏之，驟集數百萬之多，此誠難之者也。」

在一九〇五年一月十八日錫良奏報的川漢鐵路集股章程中，規定了鐵路股本的四個來源：一是認購之股，凡官紳商民願入股冀獲鐵路利益者，即以己資入股者；二是抽租之股，凡按租抽穀入股者；三是官本之股，凡以官款撥入公司作股本者，即由國家庫款撥作股份者；四是公利之股，係本公司籌款開辦別項利源，收取餘利為股本者。四種來源中，以「抽租之股」為主要來源，抽取的辦法是「凡業田之家，無論祖遺、自買、自受、大寫、自耕、招佃，收租在十石以上者，均按該年實收之數，百分抽三。」

時人將這種抽租之股稱作「鐵路捐」。當時幾乎動用了一切宣傳手段，張貼告示，印發傳單，街道及鄉村路口製作大幅標語，派志願者挨家挨戶上門說項，盡可能讓政策家喻戶曉。為了使其通俗易懂，鐵路公司將租股與購股告示寫成四言八句：「鐵路租股，有本有利；不是捐輸，請勿疑慮。百分抽三，所取甚細；譬如眾人，共本贏利。」「事有人管，賬有人看；永無隔閡，不虞欺騙。招股全額，暫五千萬；股票兩宗，大小各半。大票五十，仍舊照辦；小票五兩，購買尤便。今天交銀，明天起算；大票小票，加戳為辨。……」茶館裡的說書人，走村串鄉打蓮花鬧的民間藝人，到處都在宣講這些朗朗上口的新歌謠，鄉村玩耍的孩童們也追著跑著唱著，絕對是一種寓教於樂的最好形式。

如今看著那些陳舊發黃的川漢鐵路股票，已經很難想像二十世紀初在四川募集股金時那些艱難而又熱鬧的情景了。兩條龍環繞瑞雲盤踞，拱衛著「商辦川省川漢鐵路有限公司」幾個正楷漢字，圖案下方是集股數額、股票編號以及鐵路公司總理的印刷體簽名。一張張物證見證了那段歷史，為了修建自己的鐵路，國人曾在普遍還很貧窮的情況下集資購股，正是他們的熱情、忠誠和對這片土地的熱愛，使得銀票從四面八方彙集而來，源源不斷地流進了川漢鐵路公司。

鐵路公司首任總理

集股得以順利進行，多虧了錫良的智囊團，其中有個人起了關鍵作用。

此人叫胡峻，字雨嵐，別號貞菴，四川華陽人。早在戊戌變法前，胡峻入京城會試中進士，授翰林院編修。在京城任職期間，結識了熱心維新的四川同鄉劉光弟、楊銳、喬樹枬等，後因回鄉奔父喪丁憂，未能參加京城那場轟轟烈烈的維新變法。名列「戊戌六君子」的劉光弟、楊銳血灑菜市口後，胡峻也沒有再回京城，而是在家鄉開辦私塾授課，要從國民教育入手救中國。

胡峻辦教育，在四川省轟動一時，「從遊者不遠千里而至，號稱極盛」。前任四川總督岑春煊曾經三次上門，渴求賢才，聘請胡峻主持四川省高等學堂。胡峻就任時，親赴日本遊歷考察學務，聘東洋教師來成都執教，使新創立的高等學堂成為全川教育的楷模，各縣前來參觀、考察、見習的人絡繹不絕。

錫良督川到任後，對胡峻深為倚重，視為不可多得的人才，所推行的新政，多與之諮詢謀劃，採納其議。據《胡君雨嵐行述》云：「總督錫公常詢及川民疾苦及吏治得失，府君（胡峻）從容引說，無不盡其利害。其關於政化之閉阻，民氣之遏閼不伸者，亦往往得府君一言以解。川中士氣萎茶，上下暌孤，無敢與制府抗顏行陳政見者。至是官紳交融，民士和洽，風會為之變。」胡峻到底是在京城當過官、見過大場面的新派人物，其不卑不亢的態度躍然紙上。

一九〇五年七月，川漢鐵路由官辦改為官紳合辦，錫良奏派官紳總辦各一人，官督非藩司莫屬，紳督先由刑部郎中喬樹枬充任，不久即改派胡峻擔當，其時鐵路公司為培養人才，辦了所鐵路學堂，胡峻還兼任校長。

胡峻上任後致力於路政，先是提議效仿湖南租股的辦法，以官股商股輔之，時有反對的聲音不絕於耳，錫良猶豫不決，又是胡峻反復溝通，剖析眾說，澄清必須開徵「鐵路捐」的道理，認為非用此方法才能解決問題。錫良始覺悟，數千萬路款終於彙集，鐵路公司規模初定。

鐵路公司創立伊始，中國無所仿式，胡峻懇請出國遊歷考察。他素有咯血之疾，一年一發，發病時依然一如平時，埋頭公務不以為意。出國考察臨行前夕，胡峻的咯血病又犯了，錫良關切地勸他緩行，胡峻搖頭婉謝，話語鏘鏘：「四川修鐵路是大事，我為眾人犧牲生命，有什麼懼怕的？」送行那天，錫良手扶藍呢小轎，望著他乘船遠去的身影，獨自嗟歎。

小火輪行至萬縣，胡峻的咯血病果然發了，拖著病體，推開窗子，看見江上白帆點點，默念自撰的聯句：「天將喪斯文，未喪斯文；我不入地獄，誰入地獄。」士大夫以天下興亡為己任的情懷溢於言表。有舊屬部下建議他先返鄉治病，被他拒絕，俟服藥後身體稍有康復，又乘船繼續東進，抵武昌與張之洞面談鐵路事宜，反復辯論駁詰，始達成鄂境鐵路川人修築之決議。繼而漂洋過海，赴日本、美國詳細考察鐵路之路政得失和集資要領。

歸國後暫時逗留京城，舊雨新知濟濟一堂，交杯把盞，紛紛挽留，各部也交相舉薦，更有學部大臣榮慶、郵傳部尚書張百熙主動邀請慰留，胡峻「均力辭自引而罷」。後迅速返回成都，推進鐵路公司由官辦改歸商辦之決策。

一九〇七年三月，錫良向清廷奏請將川漢鐵路公司由官辦改商辦，舉胡峻為公司副總理；翌年元月，清政府改派胡峻為公司總理。至此，胡峻以羸弱之軀擔當起了四川全省鐵路之總職責，日夜操勞奔走，嘔心瀝血，死而後已。據《胡君雨嵐行述》記載，胡峻在川漢鐵路公司任職前後五年，沒有領過一天的薪金，遊歷日本、美國時，規定月薪五百兩，亦婉拒不肯受，直到公司由官辦改為商辦，方才「月支車馬費百兩而已」。兩次出洋，負債達三千兩，直到他病逝前仍舊無力償還。

一九〇九年二月二十一日，胡峻因積勞過度，心力交瘁，咯血加劇而至無法醫治，撒手歸西，時年僅四十歲。其臨終遺言落地有金石聲：「室有藏書，可遺子弟；家無積財，不負川人。」

川漢鐵路公司的領導們

保路運動發生之前，川漢鐵路公司經歷了從官辦到官商合辦，再到商辦的複雜過程，公司負責人也是像走馬燈似的變換，其歷史沿革恍若霧中花、水中月，有必要略費筆墨，稍加梳理。

一九〇三年清廷調錫良為四川總督，行至正定途次，錫良於七月十一日奏請成立川漢鐵路公司。一九〇四年一月，遵照商部《鐵路簡明章程》，奏准照辦。派馮煦為督辦，沈秉堃、蔡乃煌為會辦。二月箚發「奏辦川漢鐵路總公司之關防」大印一顆，設立川漢鐵路總公司於成都，川漢鐵路乃告開始。

馮煦（一八四三～一九二七），江蘇金壇人，光緒進士，時任四川臬司，為川督錫良所看重，讓他在辦鐵路中擔當重任。（臬司馮煦與藩司許涵度不合，許氏屢屢在錫良面前詆毀馮煦為好盜虛譽之人，馮煦逐漸失去信任，為錫良具疏彈劾，馮煦的川漢鐵路督辦一職也由藩司許涵度所取代。）馮煦的兩個助手，一個是道台沈秉堃，湖南長沙人，四十歲剛出頭；另一個是蔡乃煌，廣東番禺人，官職也是道台，年齡比沈秉堃大一歲。派出這麼幾位得力的官員負責鐵路公司事宜，也能看出川漢鐵路在錫良心中的分量。不過，在當時官辦的體制下，註定了這些官員的最後結果只能是無所作為。

川漢鐵路總公司既經成立，於是籌款和勘路分頭進行。一九〇四年四月，選派學生黃緒漢、王崇城等十三人赴比利時留學，專攻鐵路，啟程那天，巡察道周善培專門組織隊伍上街歡送，敲鑼打鼓，營造聲勢。

然而此時的川漢鐵路總公司只是徒有虛名而已。錫良在給友人的書信中稱：「前派兩督辦仍以政務殷劇，未能一意經營。」於是改派另一位道台趙爾豐為督辦，趙赴巴塘戍邊離省，鐵路督辦由沈秉堃代理。當時的川漢鐵路公司，督辦皆由四川總督奏准清廷後委派，財政隸屬於藩司，又規定：「凡屬股東，如果確有見地，不妨條陳聽候選擇，惟不得干預本公司用人行政之權，以免築室道謀，事權旁落諸弊。」由此可見，川漢鐵路公司的行政、財政、人事權等，均操於官府之手，「純以官廳命令列之」，是一個官辦的鐵路公司。

實際上，錫良也一直在為川漢鐵路公司的體制問題大傷腦筋。眼看著鐵路公司成立一兩年了，但由於負責人始終是官派，除了按月拿薪酬之外，其自身利益與鐵路公司無關，企業運作基本處於癱瘓狀態。錫良遇事不敢輕易信人，唯恐當權者起舞弊之心，巧立名目將修路款項卷走。先後派往的幾任督辦又均不作為，走馬燈似的粉墨登場，匆匆而過，甚至連下屬名字還沒弄清楚，又被調派別處任官。

留日學生提出鐵路公司改官辦為商辦，與錫良心中的想法頗多暗合。川漢鐵路公司本該是企業行為，如今已演變為官僚機構，成了一個包袱，錫良何曾不想將這個包袱丟出去？《清史稿》說錫良「性清剛，嫉惡嚴，遇不職官吏，劾治不少恤；非義之財，一介不取」，這是對他個人品行的評判。在吏治昏庸腐敗的時代，即使是一個清明正直的官員，也難以擺脫環境固有的思維模式，錫良身處歷史大變局的迷局中，他的困惑實在是太正常不過了。

修鐵路的資金，是錫良最為擔憂的一件事。早在一九〇三年錫良上任途中，有言官彈劾河南布政使延祉，因舉辦新政，加賦過重，諭旨令錫良路過河南時順道調查。錫良調查的結果，河南民眾確因苛捐雜稅多且亂，怨聲載道，錫良據實奏了一本，延祉因此而被劾開缺。有了這個教訓，錫良上任後，不敢輕易談論征糧加賦。其時現代公司股份制正在中國大行其道，錫良照葫蘆畫瓢，採取「入股」的方式集資，股本雖仍取之於田畝，但入股與納賦不同，股權仍屬於出資者，鐵路修成後，可按照股本多少分紅。

一九〇五年一月一八日，錫良奏報川漢鐵路集股章程六章五十五條，規定了川漢鐵路股本的四個來源：認購之股、抽租之股、官本之股、公利之股。其中，「抽租之股」實際上是鐵路資金的主要來源。租股從一九〇五年開始徵收，「若敢違抗不完，即以經理之紳董團保稟請州縣官提案究追，以為吝惜私財，阻撓公益者戒。」雖說辦鐵路是大好事，但是用這種強硬手段逼迫家家戶戶「入股」，等於是將七千萬四川民眾強行綁在了川漢鐵路這架戰車上。

官辦的川漢鐵路進展緩慢，集股籌款又弊端百出，四川紳商議論紛紛，到處充塞著不滿的聲音。時任工部主事的川籍京官王荃善，在呈送商部的一封信件中寫道：「路事之取道何處，動工何日，籌款何著，工程師何人，預算決算何在，頭緒茫然，不如民款民辦，為勢較順。」而四川各地回應商辦者甚多。錫良為順應民意，於一九〇五年四月照會在籍中書高楷為公司總董，委託選任各屬分董。

高楷，字綽然，四川瀘州高氏望族第九子，曾任直隸淶水知縣。此人熱心於辦教育，對修鐵路的事務並不在行，幹了沒多久就離任了。

一九〇五年七月，錫良期盼「官紳一氣，共籌軌政」，於鐵路督辦之下，設官紳總辦各一人，奏派沈秉堃為官總辦，喬樹枏為紳總辦。一九〇六年一月，奏派胡峻接任紳總辦，喬樹枏為駐京總理。二月，在成都文廟前街設立鐵路學堂，延聘教員，考選學生，定為兩年畢業，為培養鐵路人才之地。鐵路學堂舊址為清代四川名將楊遇春的故園，其後人楊正藩捐作鐵路公用，由此改建而成。

至此，官辦的川漢鐵路形式上已改為官紳合辦。

然而官紳合辦仍是徒具形式，實際大權還是掌控於官府，與官辦並無多大區別。是時全國憲政呼聲高漲，江蘇浙江等省鐵路公司已改為商辦。一九〇六年，四川留日學生成立「川漢鐵路公司改進會」於日本東京，辦刊辦報，呼籲商辦，又有四川地方紳商遙相呼應，發表《設立「川漢鐵路商辦公司」建議書》，措詞激烈，指責鐵路公司濫用資本金和任人不當，建議書云：「今日之川漢鐵路，就公家言之，僅有利於一幫豺狼之官吏；就私人言之，僅有利於少數牛馬之鄉紳；反此而最受害者，四川百姓也。蓋川漢鐵路公司之最大目的，固欲絞盡七千萬人之膏血，而填少數豺狼牛馬之欲壑而已，豈有他哉！」

一九〇七年二月，成都紳士伍肇齡等五十二人聯名提出了公司修訂章程，呼籲在股東會尚未成立之前，依照清廷所頒佈的《商律》選定總理、副理，以利公司儘快進入正常運作。

伍肇齡（一八二六～一九一五），字崧生，四川邛州人，道光進士，選翰林院庶起士，後授編修、侍講及侍講學士。先後主講邛州書院、成都錦江書院和尊經書院，任山長多年，培育了不少人才，有「天下皆翰林後輩，蜀中名士半門生」之譽，憑藉其在紳商中的影響力和號召力，年逾八旬的伍老先生有一呼百應的優勢。

有伍老先生等人的聯名呼籲在前，錫良順水推舟，於同年三月四日向清廷奏陳「商辦川漢鐵路公司續訂章程」折，將原設官辦一員，即予裁換。以喬樹枬為總理，胡峻為副理，定名為「商辦川省川漢鐵路有限公司」，另刻關防，正式進入了鐵路商辦時期。

此時距離錫良第一次上奏修鐵路的時間已有三年多了。三年多的時間，說長不長，說短也不短了，川漢鐵路公司卻始終無人具體責任，充任公司各種職務的官吏們於修築鐵路知識一竅不通，卻按月支領高薪，冗員多，開支大，坐耗股金，無法治癒的官場病，在理應充滿新銳之氣的鐵路公司上下蔓延。「資本久未鳩集，工程久未興行」，形同有名無實的空殼公司。包袱沉重，尾大不掉，甚至錫良也驚呼：「公司造端宏大，必資群策而後成，財政隸於藩司，尤應兼綜並理」。三年多的摸索，不如說是三年多的折騰，川漢鐵路公司總算又一次開始起步了。

當川漢鐵路公司由官辦改為商辦後，在北京的四川籍京官發起成立四川鐵路議會，呈請郵傳部立案成立，宋育仁被選為會長。鐵路議會的作用，是在商辦鐵路公司未正式成立期間，即以議會為監督機關，遇事與郵傳部接洽，實際上是商辦鐵路公司未成立之前的主要決策中心。鐵路議會成立後的第一件事，即是發起清查川漢鐵路公司帳目，應鐵路議會的呈請，郵傳部特派主事王宗元，會同川紳公舉之查帳員費道純，於一九〇七年五月至成都鐵路公司進行查帳工作。

一九〇七年十二月，郵傳部以川漢鐵路公司即將於宜昌開工，原駐宜總理喬樹枬遠在京師，難以統籌所有收股、購地、置料等相關事宜，即援引湖南粵漢鐵路公司奏派三總理成例，奏派喬樹枬為駐京總理，胡峻為駐成都總理，費道純為駐宜昌總理。此次奏派總理，雖依照《續訂章程》之規定，由政府派任總理職務，但此三位總理在官辦時期即已身任總理職務，他們與官方的關係較為密切，而與四川紳商關係較為疏遠。如此安排，埋下了日後各地士紳之間互相爭論的種子，成了四川各派紳商之間彼此意見分歧的導火索。

尤為可歎的是，在商辦川漢鐵路公司成立之時，清廷鑒於國家財力不足，對於各省地方官紳主持的商辦鐵路，大抵採取鼓勵支持的態度，以作為官辦鐵路的補充。然而僅僅過了一年之後，一九〇八年，清廷對於修鐵路的態度又發生了變化，而清政府的變臉，使危機四伏的社會加速度走向了全面崩潰。

悄然離川的總督

錫良督川辦新政，功績有口皆碑，《清史稿・錫良傳》對其督川政績給予了較高的評價：「時方議借外款修川路，錫良力主自辦，集紳會議，奏設專局，招商股，籌公股，複就通省田租歲抽百分之三，名為租股，數年積至千萬以上，股款之多，為中國自辦鐵路之最。」

但是鐵路就像是個燙手的山芋，誰要是一沾上，會被其熱度燙得寢食難安。川漢鐵路公司成立數年，光是理順公司從官辦到商辦的關係，就花了三年多時間，一直遲遲不能開工，「寸線未經勘定，一事未有端倪」。所謂修現代化鐵路，成了一張畫餅，清廷高層內部對此不無微詞。

官場的運作規律往往詭異莫測，貌似偶發事件，卻潛藏著某條必然的路徑，潛藏著一些鮮為人知的祕密，尋微探幽，能揭示出官場的某種生態環境。一九〇七年三月，錫良從四川總督崗位離任，奉旨調任雲貴總督，據說就源自於一個偶發事件。

話說四川樂山有個人名叫鞏固，進士出身，宦海沉浮多年，曾在廣東潮州、瓊州等地任過知府，退隱回鄉後，購買下幾百畝良田，耕讀自樂，安享晚年。

鞏固有個愛女，早年嫁給同縣舉人劉秉清為妻，不料劉秉清命薄，不久病故身亡，劉鞏氏便歸居父家，安閨守節，誦經茹素。劉鞏氏有個甥女姓俞，還有個表姪女姓石，二人的夫家均在外地做小官，家屬被留在原籍。俞氏、石氏自願跟隨劉鞏氏學習經咒文，在樂山城近郊修了一所家庵，推鞏氏做了庵主，俞氏、石氏分任執事。

三個孤女住在庵裡的日子一長，竟有荒誕的謠言傳出，說庵裡有蛇仙，一丈多長，經常與鞏氏同臥於床帷之中。有人活靈活現地說，打從尼姑庵附近路過時，曾聽見鞏氏與蛇仙喃喃私語。空穴來風，一時間杯弓蛇影，人心惶惶，更有好事者添枝加葉，說那蛇仙能化為白衣少年，行走於江湖，又說鞏氏上通神靈下通鬼，道行深不可測，如此這般蜚短流長，傳得遠近皆知，前來問事占卦、求仙拜佛的人絡繹不絕。

消息傳到樂山知縣的耳朵裡，心裡隱隱擔憂。前來蛇仙庵求蔔問簽的人群中，混亂著不少藏族男女的身影，此地離川藏邊區打箭爐不遠，巴塘事件發生後，漢藏矛盾一度激化，成為清廷的心頭之患。香客中萬一有「奸民」混跡其間，滋生事端，激發民族矛盾，知縣可是擔當不起的。

於是傳齊三班衙役，前往蛇仙庵進行查抄。鞏氏並非尋常女子，她原也是讀過幾天書的，研讀周易雜學，初通麻衣相法，遇事也不顯慌張，侃侃應道：「一不斂財，二不惑眾，三不幻形，自生自滅，隨緣去住，庵是家庵，存廢只求公斷。」知縣哪裡管得了這許多，喝令差役進到蛇仙庵搜查，搜到屋後，卻有活絡門閂，眾役猛力推開，沿石階而下，暗室裡儼然擺放著三張涼床，旁邊另有幾個皮箱子，也不知裝的什麼物什。

貼上封條，帶了收繳品，知縣帶著衙役回到縣府，擬了一道呈稿，文稿中云：「鞏氏身列衣冠，縱女造庵聚眾，妄稱活佛，顯然與藏有連。」上報到了知府。知府讀了呈文，見事涉川藏敏感詞，也不敢擅自做主，直接呈報給川督錫良。錫良此時正在為鐵路的事犯愁，本不想插手這等細碎瑣事，又見呈文中涉及到活佛以及西康邊區藏民，絲毫不敢怠慢，叫來幕僚仔細商量，決定將案牘據實向朝廷稟報。

再說告老還鄉的鞏固，本來打算在樂山安享晚年，卻不料陡生風波，給女兒修的家庵被人查抄不說，還訓斥他「教女無方」，將老夫抓進大牢裡關了好幾天，出獄後越想越氣，暗地派人進京城赴都察院呈控。經過一番銀子打點，都察院果然照奏，派川邊辦事大臣，前往查實奏複。

這川邊辦事大臣正是趙爾豐，他與鞏固原是認識的，前往調查之日，鞏固羅列了一個緣由，說知縣是因為期待賄賂不成，倒打一釘耙，查抄家庵是報復行為。趙爾豐叫來那位知縣當場對質，知縣如此這般，照原情說過一遍。問過當事雙方之後，趙爾豐在複奏中寫道：「嘉定（今樂山）縣辦事操切，幾陷無辜，請即革職。嘉定府同官同城，不無失察，應降一級。前署瓊州府鞏固，治家不謹，罰二萬兩，充為川邊賑款，房屋銀物等發還。白衣仙院充公，劉鞏氏及俞氏、石氏，交各該家屬領回管束，再有前項情事，從重治罪。總督不經查實，遽爾奏聞，亦有應得之咎，未敢擅擬，候旨定奪。」

有人說，趙爾豐的複奏過苛過嚴，其中也並非沒有道理。白衣仙庵一經官府查抄，蛇仙案遠播成都、重慶等地，在民眾中傳得沸沸揚揚。清廷垮臺前夕，神經變得異常敏感，深恐天生大變，萬一這樁小小的「淫祀蛇仙」公案激成民變，必將追悔莫及。弛世用重典，趙爾豐遵循古訓，不想讓清廷栽在他的手裡。

蛇仙案中涉及的幾位官員，一個革職，一個降調，川督錫良知悉趙爾豐的複奏後，膽戰心驚，官場中謀生活，日日如履薄冰，他當然知道其中的利害關係。趕緊差人進京，向慶親王奕劻送了一筆厚禮，請求保全。之後不久，錫良調任雲貴總督，雖說表面上是同一級別調動，明白人一眼就能看出這兩頂烏紗帽孰輕孰重。

錫良後來的情況簡述如下：離開四川後，先後擔任過雲貴總督和東北三省欽差大臣，清帝遜位，錫良即告病休養。在臥病的六年中，始終拒絕醫治和服藥，一九一七年病逝，終年六十六歲，賜謚「文誠」。

開對了處方抓錯了藥

清末連續發生的幾場戰爭（中日、中俄、中法之戰），均以中國人的屈辱而收場，戰爭喚醒了國人，要求中國採用立憲政體的呼聲越來越高，由於像張之洞、袁世凱那樣的地方實力派加入了這種大合唱，清政府再也不能置若罔聞了。一九〇六年九月一日，清廷下令全國各地開始憲政的準備工作。

一九一〇年，清廷與日、俄、英、法等國再起爭端，清政府依然採取一以貫之的軟弱態度，遭受到立憲派的猛烈攻擊。十六個省的立憲派代表聚集上海，組成了諮議局聯合會，隨即派出一個三十二人的代表團前往北京請願，要求迅速召開國會。這次請願行動，使政府作了幾點讓步，其中包括設立臨時的資政院，把完成憲制的過渡期縮短三年，由皇帝發出上諭，答應在一九一三年（原定為一九一七年）召開國會，並允諾此前公佈憲法。

任何改革都不可能一蹴而就，在施行了幾千年封建專制的中國進行民主憲政改革，尤其需要超人的政治智慧。遺憾的是，清廷統治者習慣了專制的權利，當民主憲政的巨龍還在窗外徘徊低吟時，他們為之歡欣鼓舞；但是當這條巨龍即將來到身邊時，他們臉上嚇得變了顏色。

清政府發現改革正在失控，似乎掉進了一個大泥淖，愈改革，權力愈少，威望越低，以往不可撼動的正統位置，遭受到前所未有的挑戰。要命的是，這時候，最高決策層偏偏又下了一著愚不可及的臭棋。

一九一一年五月八日，清政府下令裁撤軍機處，成立由十三名國務大臣組成的新內閣，以慶親王奕劻任總理大臣，那桐、徐世昌為協理大臣，下設外務、民政、度支、學務、陸軍、海軍、司法、農工商、郵傳、理藩等十部，以梁敦彥、善耆、載澤、唐景崇、蔭昌、載洵、紹昌、溥倫、盛宣懷、壽耆分任各部大臣。十三位大臣中，滿洲貴族九人（其中皇族又占七人），漢族官員僅有四人。這個以皇族為中心的內閣，時人稱之為「皇族內閣」。

改革立憲是大好事，但清廷統治者病急亂投醫，開對了處方抓錯了藥。取消軍機處，成立皇族內閣，等於是將權力從左手移交到右手，國人普遍感到失望，有部分激進者大為憤怒，極力宣導暴力革命。連一向溫和的立憲派也難免表露出了暴躁情緒，一份立憲派報紙在社論中發牢騷：「當歐洲人為成立議會而流血時，中國人卻在浪費墨水。」這種憤怒情緒，隨著皇族內閣執掌政權後具體政策的出臺，迅速向全國波及，猶如池塘裡投了枚石子，一圈圈漣漪向四周擴散。

皇族內閣成立的第二天，頒佈了鐵路國有政策，宣佈將此前已批准交商辦的鐵路幹線由國家收回，強行接管廣東、四川、湖南、湖北四省的鐵路公司，並與英、法、德、美四國銀行簽署借款協定，以路權相交換。

當時社會各種矛盾已是白熱化，尖銳激烈程度超出了一般人的預期和想像，皇族內閣「第一政策」一出臺，猶如丟了顆炸彈，引爆了轟轟烈烈的保路運動，除了將清王朝送上不歸路外，還將權力圈中的那些人物一個個送入政治漩渦的中心，成了火爐中的烤鴨。

張之洞點火，盛宣懷添柴

皇族內閣倉促出臺，被國人譏諷為愚蠢之舉，引發了普遍的失望和憤怒；皇族內閣成立次日宣佈的「第一政策」——鐵路國有政策，作為一項重大國策來說出臺得太草率，成了清政府滅亡的催命符。今天來看，鐵路國有政策本身並沒有錯，只是清廷在推行中操之過急，又缺乏足夠的權威性，最可悲的是在大多數民眾普通不理解的情況下，強行用錯誤的方式推行這個基本正確的政策，最終的結果自然是南轅北轍。

鐵路國有政策出臺，引發了聲勢浩大的抗爭風潮，朝野上下一致指責郵傳部尚書盛宣懷喪權辱國，膽大妄為，所有的屎盆子全都往他頭上扣。當時代理四川總督的王人文上奏朝廷：「請治簽字大臣（盛宣懷）誤國之罪。」成都將軍玉崐在家書中談及四川路事也說「本係朝廷失當，盛老誤國所致」。報紙輿論更是公開指出：「政府此次收回乾路國有，外間多聞係盛宣懷一人鼓動。」如此重大決策竟由一人鼓動即草率作決定，此論是一個煽情的說辭，激發了全國民眾同仇敵愾怒罵盛宣懷，但卻並不公允。有句話說，歷史發展的方向是社會各種力量合力的方向，鐵路國有政策出籠，也是「說來話長」的事兒。

用一句簡略的話概括是：張之洞點火，盛宣懷添柴。

在修川漢鐵路的問題上，張之洞原先始終堅持自辦。關於此，曾經有一段往事：鐵路大臣盛宣懷與美國合興公司簽定合同，讓合興公司負責承建粵漢鐵路，張之洞得知情報後，給朝廷寫了一封措詞激憤的奏摺，強行要求毀約。張的這一舉動受到了地方紳商極大的歡迎，「一時論者，方欣欣以收回利權自辦鐵路，為我國莫大之事業。」

一九〇七年九月十日，張之洞赴京入閣拜相，次年被任命為「督辦粵漢鐵路大臣」、「督辦鄂境川漢鐵路大臣」。置身於殘酷的現實中，張之洞有所醒悟，川漢鐵路公司成立數年，諸多關係始終未理順，張之洞常為國人空發議論、不幹實事的作派而扼腕歎息，又為國力孱弱資金匱乏而憂心如焚，一改此前的立場，認為只有向外國借款，才能從根本上解決問題。

一九〇八年，張之洞為籌得資金，與英、法、德、美四國銀行簽定了借款合約，共計六百萬磅。張之洞的轉變，被地方紳商認為是對國家的背叛，南方多省紳商多次採取上奏和請願等形式，懇請清廷毀約。

某種程度上，張之洞的舉動其實前後並不矛盾。他顯然明白鐵路主權對國家的重要意義，但問題的癥結在於中國當時確實沒有足夠的財力修建鐵路，在一封奏摺中，張之洞表達了他悲涼而又無奈的心情：「時閱數年，籌撥官款為數甚微，招集民股亦僅百數十萬元，毫不濟事，誠以中國財源枯竭，商力未充，欲成此縱橫兩大乾路工程（粵漢與川漢），舍借款無速能興修之方。」張之洞的巧妙之處在於將借款與路權決然劃開，絕對保證工程管理不旁落，材料、人力由中方籌措，洋人只負責借錢，不得插手路權，使借款變成了一個純經濟問題。

據說，張之洞病重之日，有某大臣探視病況，那天張之洞興致甚高，大談其一生是非功過，尤其對辦鐵路念念不忘，張說：「惟川漢粵漢兩路政，為數省命脈機關，鄙人初心，原欲歸鄂自辦，嗣因經濟不足，不得已而提歸部辦，議借洋款，大費經營。甫有萌芽，而外間謠言已起，文電交馳，鄙人亦只以鎮靜處之……」

關於借款，張之洞還有個比喻，就像一家借錢開的洋貨雜鋪店老闆，本錢不大，生意清淡，借的銀子沒法還，只好磕頭作揖，請求寬限還款日期。後來被逼不過，端出一碗摻合了砒霜的燒酒，要當著眾人服下毒藥。債主們扯住他不放手，不再逼他還錢，還商量著再借一筆錢，讓他把生意做大。張之洞笑著說，中國現在就像是那個洋貨雜鋪店老闆。

一九〇九年六月以後，寓居在北京白米斜街的張之洞患肝胃氣痛，服藥無效，病勢加重。臨死之時，川漢鐵路仍為畫餅，他有死不瞑目之遺憾。九月以後，即著手給清廷寫《遺折》，文中提到鐵路時感慨萬狀，末尾一段他這樣說道：「抑臣尚有經手未完事件，粵漢鐵路、鄂境川漢鐵路籌款辦法，迄今未定，請擬旨飭下郵傳部接辦，以重路事。鐵路股本，臣向持官民各半之議，此次粵漢鐵路、鄂境川漢鐵路，關係繁重，必須官為主持，俾得早日觀成，並准本省商民永遠附股一半，藉為利用厚生之資。此尤臣彌留之際，不能不披瀝上陳者也。僅口授遺折，叩謝天恩，伏祈聖鑒。」

全面繼承張之洞衣缽的是盛宣懷（一八四四～一九一六），此公字杏蓀，江蘇常州人，早年入李鴻章幕，深受器重，並從此開始了他的實業家生涯。盛宣懷先後經辦的企業有輪船招商局，湖北煤礦開採總局，大冶煤鐵礦務局，中國勘礦總公司，上海華盛紡織廠，漢陽鐵廠等。

盛宣懷是個亦官亦商之人，早在李鴻章手下任事時，李鴻章曾告誡他：「欲辦大事，兼作高官。」在中國這種官本位至上的國度，李鴻章的這套理論有著足夠寬廣的市場，盛宣懷也在從政經商的實踐過程中，體會到了「欲辦大事」對於高官的依賴。盛宣懷後來深有體會地說：「目前留此一官，內可以條陳時事，外可以維護實業。」是否可以這樣說，盛宣懷並非貪戀官位之人，他的做官，是為「欲辦大事」尋找一塊理想的墊腳石。

據胡思敬《國聞備乘》云：盛宣懷被委以主管鐵路、電信等重任，得力於清廷財政大臣載澤的援手，「載澤與粵黨爭權，窺其有隙可乘，遂賄載澤六十萬金，起用為郵傳部尚書。」盛宣懷多財善賈，玩政治也是大手筆，百十萬兩銀子在他來說算不了什麼。他亟欲謀求得此一官，目的還是要施展其宏大抱負。

載澤是端親王綿愉之後，他的妻子是光緒皇后隆裕之胞妹，隆裕在宣統朝成了皇太后，因此載澤在宣統年間也甚有權勢，出任度支部大臣，掌管了清廷的財政大權，是清末實權派重要人物。

一九一一年，盛宣懷升任郵傳部尚書，上任之初即被攝政王載灃召見，盛明確表示了鐵路築路權必須收為國有的施政觀點，提出建議，將各省自辦的鐵路收歸國家集中管理。攝政王載灃聞奏後「大為動容」，叮囑盛宣懷與外務部、度支部協商後妥善處理。盛宣懷是個明白人，他早已看穿了事情的本質，鐵路靠官辦不行，靠商辦同樣也不行，所謂「商辦」者，其實還是權責分離、產權不明的大鍋飯，各家鐵路公司戴著現代企業的大蓋帽，卻並沒有任何先進的商業理念，對西方企業制度也缺乏瞭解，畫虎不成反類犬，結局必然是一團糟。

盛宣懷在與英、法、德、美四國代表經過二十餘次艱苦談判之後，迫使四國代表進一步作出若干讓步。讓步的主要內容包括，四國銀行允許中方在借款期間有權將借款之半數存於交通銀行與大清銀行（原先規定只能存於四國銀行）；刪除了原定四國有權參與建造若干支線的條款。郵傳部在修改了張之洞與英、法、德三國所定的鐵路借款草約之後，進入到最後的簽約階段。

凡做大事須先造輿論，經過一番謀劃，由一個小人物出馬打頭陣。此人叫石長信，字恂如，安徽宿松人，光緒二十一年進士，曾任浙江道、湖南道監察御史，都察院給事中。據史書上記載，石長信是個有魏晉風骨也有趣味的官員，他曾在江西新余縣做了一任知縣，自認事情沒辦好，有些該做的事未做完，回家賣了田租，提著錢袋，來新余又複做一任。在現代人看來是不可思議的事情，石長信偏偏這麼做了。

他愛劍走偏鋒，這回出的又是狠招，一九一一年五月五日，七品言官石長信做了一件決定中國歷史走向的大事，在《給事中石長信奏請亟定鐵路幹線為國有折》的奏摺中，他提出將鐵路分為幹線和支線兩類，支線可由民間籌資承辦，幹線對於國計民生關係重大，斷非民間零星湊集之款所能圖效，應該歸於國有，希望朝廷「明白曉諭，使天下人咸知國家鐵路政策之所在，上下有所遵循」。他在奏摺中還列舉了德國、法國、奧地利、日本、墨西哥等國的鐵路均歸國有，而中國能把支線讓民間自辦，已屬其他國家民眾難以享受的特殊權利。

這是一個大膽的奏摺，上這個奏摺需要勇氣，清政府長期閉關鎖國，國人如井蛙觀天，社會滋生出濃烈的義和團情結，當時無論清廷高層還是社會底層或者是輿論界，都將向外國借款視作恥辱，斥之為「漢奸」、「洋奴」、「賣國賊」，石長信逆流而上，他頂住的壓力可以想見。不過，上奏摺時他頗有底氣，他的身後站著一個盛宣懷，而盛宣懷身後是掌管度支部大權的輔國公載澤。有這麼硬的後臺老闆撐腰，石長信信心爆滿。

果然，很快就有了回音，攝政王載灃贊其「不無主見」，交郵傳部評估。這是早已排練好了的雙簧戲，本來只是走走過場，沒有什麼好評估的，盛宣懷掌管的郵傳部奏道：「臣等謹案原奏各節，皆屬詳盡。而其要在乾路收歸國有，迅速籌辦；支路則仍可由商民量力辦理，此為要領。經臣部與外務、度支部王大臣，再四面商，意見相同。」

在收到石長信奏摺後，短短五天時間，清廷就完成了從上奏、部議、複奏到下詔的所有程序，一九一一年五月九日，以宣統的名義發出上諭，宣佈鐵路幹線收歸國有。

動盪的南方

雖說鐵路國有是適合當時國情的合理選擇，但修建鐵路需要通過向外國借款，這是激昂的民族主義情緒所不能接受的。當時，在中國大地——尤其是南方各省，「路亡即國亡」的觀念深入到各階層人士心中，保路成為整個中華民族的主旋律。當時在武漢，有一首民眾人人都會唱的《路亡國亡歌》：「倘使我民一心一身一腦一膽團結與之競，彼雖狡焉思啟難逞強權強……」來自於南方的激烈抗爭浪潮，使清廷產生了恐懼情緒。

《路亡國亡歌》的詞作者叫高旭，江蘇金山人，同盟會第一批會員，時在武漢與詹大悲、何海鳴等創辦《漢口大江報》，連續對盛宣懷、端方展開猛烈抨擊，指出立憲派叩頭上書的改良主義於事無補，警告國民若不立刻起來革命，必將導致亡國滅種無疑。

當時在武漢，還有個著名的學生領袖叫張伯烈，字亞農，湖北隨州人，早年經張之洞選拔留學日本攻讀法律，在東京時曾創辦湖北地方自治研究會，回國後任粵漢鐵路公司總理，後被推為湖北留日學生代表，與政府有關部門交涉。張伯烈學法律出身，口才又好，以英、法、德、美、日等幾國紛紛「慷慨解囊」願意借款中國為例，反問道：「此中必埋伏有種種陰謀，不然，何以群起相爭如此之劇烈？」在張伯烈的主持下，湖北省諮議局、教育會、憲政籌備會等單位發起組織鐵路協會，專以拒借外債自辦鐵路為目的。該協會致電清廷郵傳部、度支部，要求取消川漢、粵漢鐵路借款草案，以順應輿論而維持大局。

鐵路協會成立後，「農夫演說，洋洋數千言，士兵斷指，血淋漓，以及星士解囊，以助協會之費用。」鐵路國有政策出臺後，張伯烈、劉心源、宓昌墀等人赴京請願，聯名寫出奏摺請都察院轉奏皇上，陳述借外債修鐵路的利弊關係，同郵傳部爭論數月。

一天，張伯烈乘同伴外出談判之機，留下一封短信：內有『如不得請，死不歸寓』等語，同伴劉心源等人以為張是私自外出，並沒有太在意，過了幾天，張伯烈仍未歸舍，這才慌神了，召集在京湖北同鄉九百餘人四處尋找，終於在東四條的徐世昌府邸門前找到了他。此時的張伯烈雙目紅腫，數日未進食，淚已流盡，聲嘶力竭，當劉心源等人要拉起他時，張伯烈倒伏在地上，將「老母未葬」一事相托，並稱請願不成功誓不還家。劉心源等人齊聲跪下，與張伯烈抱頭痛哭，此事驚動朝野，徐世昌終於出面，答應了湖北代表的請求，代為轉呈奏摺。

鐵路國有政策出臺之初，反抗最早也最為劇烈的當數湖南省。一九一一年五月十四日，長沙各界群眾一萬多人舉行集會，要求清廷收回成命，聲稱：「如不得請，將來或外人或督辦到湘強行修築，立即集全力抵抗，無論釀成如何巨案，在所不顧。」這種魚死網破的姿態令湖南巡撫楊文鼎頭痛不已。兩天後，各界群眾再次聚集在巡撫衙門前，尤其是前來聲援的長沙株洲萬餘名修築鐵路的工人，一個個頭上纏著紅綢帶，鐵青的臉像是一組組不停流動的浮雕。鐵路工人們態度激烈，沿途高呼口號，聲稱若巡撫不答應代為上奏請政府收回成命，將會導致商人罷市，學校停課，民眾抗交租稅。

楊文鼎是江蘇武進人，與盛宣懷是同鄉，靠著這份鄉誼，他與當朝紅人盛宣懷的私交不錯。端方任兩江總督時，楊文鼎在其屬下任淮陰道，頗得端方賞識。到湖南後，恰好巡撫岑春煊因長沙搶米風潮遭到彈劾，楊文鼎順理成章當上了湖南巡撫。官場上一路順風順水，楊文鼎沒有料到大清王朝已臨近尾聲，此時的烏紗帽並非那麼容易戴的。見群情激憤，楊文鼎擔心事態繼續擴大，答應了民眾的要求，向清廷代奏湖南省諮議局的電文：「湘路能自辦，不甘借債。」

在寫給同鄉盛宣懷的私人信件中，湖南巡撫楊文鼎傾訴了他的苦衷：「湘省自聞鐵路收歸國有，群情洶湧，嘩噪異常，遍發傳單，恐滋煽動。若遽用強硬手段，必先與撫臣為難，立刻變亂，是以不得不允為代奏，以平其氣而懈其心。」盛宣懷能夠理解楊文鼎的苦衷，但是在時代的大變局面前，容不得他有絲毫的躲閃和退縮。盛宣懷回信安慰了同鄉幾句，卻又話鋒一轉，聲稱鐵路國有已成國策，向外人借債也已經簽署草約，決不可能更改。過幾天，朝廷回復發下來了，楊文鼎除了得到一頓嚴厲的斥責外，別無所獲。

再說廣東省。一九一一年六月六日，粵省鐵路公司召開大會，到會股東千餘人，堅持商辦，反對政府強佔廣東鐵路，在公司內設立爭路機關部，發動報刊極力為之鼓吹。不同的是，廣東未出現類似湘、鄂省那麼規模浩大的群眾示威活動，更像是一場不流血的和平請願。

其時兩廣總督是張鳴岐，字堅白，山東無棣人。原在晚清大臣岑春煊手下任文案，後以岑推薦，任廣西布政使，上任後即大力推行新政，得到清廷賞識，被任命為兩廣總督。一九一一年四月，廣州暴發了黃花崗起義，張鳴岐丟下全家老少，翻牆越屋至水師公所，指揮清軍士兵鎮壓，打死革命黨七十二人，起義失敗。此時剛剛經歷黃花崗起義不久，廣東省風聲鶴唳，張鳴岐從保路運動一開始便採取高壓政策，下令巡警道「傳示各報館，遇有反對鐵路國有言論，一律不得登載」。張鳴岐在加強壓制的同時，建議清廷在歸還股本問題上作出讓步。

張鳴岐的這一態度，被廣東境內的紳商們部分認可。其時，粵省鐵路公司協辦黃景棠，是廣東紳商的重要代表人物。黃景棠，字詔平，廣東臺山人，出身於南洋，父親黃福在新加坡、馬來西亞有許多產業和種植園，是南方著名僑商。黃景棠是一位很有理想和抱負的人，在清末廣東創辦近代企業的浪潮中，到處都能見到他的身影。在籌組粵省鐵路公司時，他帶頭認購十萬股，帶動了商人們踴躍認購的熱潮，很快聚集了四四〇〇多萬元，使粵省鐵路公司成為清末資本最雄厚的一個商辦企業。

一九一一年夏天，清廷鐵路國有政策出臺後，黃景棠多次鼓動廣州商人聯合抵制，並試圖舉行大型集會。然而黃的一切行動盡在祕密員警的掌控中，粵督張鳴岐在告示中一再對他進行警告和威脅，並對與黃關係密切的紳商們逐一摸底，針對性地展開攻心戰，在政府有關方面的脅迫下，原先反對鐵路國有的紳商們紛紛畏事退縮，黃景棠孤掌難鳴，在危險關頭遠走南洋，避開風頭。此後廣東的保路運動中心從廣州轉移到了香港，九月三日，廣東保路會在香港成立，廣州各界派代表參加，會後分別派人赴京請願及到南洋宣傳，但是影響力已經轉小，常常被人忽略。

在盛宣懷的主導下，由郵傳部擬定的對於各商辦鐵路的補償辦法裡，規定對集股成效甚小的湖南、湖北兩省歸還現款，對市價已經跌落至五成以下的廣東鐵路股票優先發還六成，但是對於已經籌集到巨額股本的川漢鐵路公司，清廷卻不肯償還任何現款，對於川漢公司在上海及其他地方虧損的股款，更是表明由川漢鐵路公司自行負責。

這一顯然不公平的補償辦法激起了四川紳商更大的憤怒，時有英國人戈菲在報紙上發表言論云：「和四川相比，湘、鄂、粵省的城市上流階層還是安靜沉默的。理由很明顯：在這幾個省，商人的所有鐵路股份都得償還。誠然，人民付出了『租股』一類的附加稅而一無所獲，但城市紳士總算把本錢弄回來了。他們的尊嚴和愛國主義感情，雖然受到了冒犯，在本省範圍內，他們雖然喪失了掌握鐵路並從中獲利的機會，但他們在經濟上沒有吃虧，所以接受政府決定。」而在四川，由於受到不公平補償辦法的刺激，該省紳商進一步聯合起來，反對清廷的鐵路國有政策，終於釀成一股無法收拾的滔天狂飆。

從一筆歷史陳賬說起

川漢鐵路最初的動議，與京城那次密談有關。按照錫良與張之洞最初的商定，這條鐵路的上段——即成都至宜昌段，由四川省修築；宜昌以下路段，由湖北省修築。張之洞心裡還有個小九九：川漢鐵路的線路要繞開長江流域，改成經當陽、荊門、宜城至襄陽，避免鐵路與水路兩條黃金運輸線「並馳爭利」。

鐵路修築方案一經透露，立即遭到鄂省紳商、學生的反對，提出的問題很尖銳：湖北境內的鐵路，為什麼要四川人來修？一時間說客盈門，各種信函如雪片般飛來，張之洞為之頭痛不已。其時他正為粵漢鐵路款不足而發愁，本來就資金匱乏，如果將川漢鐵路上段的工程也攬過來，實在太勉為其難，弄不好，非得讓這付重擔子壓垮不可。

另一方面，四川人聽說湖北在為鐵路鬧事，打聽鬧事的緣由，是怕川人搶奪他們修鐵路的權利，覺得既可笑又可氣。於是川鄂兩地的紳商、學生按地域自然分成兩大陣營，寫文章公開辯論、聲討乃至對罵。罵過一陣之後，四川人靜下心來一想：將來縱然千辛萬苦修通了全四川的鐵路，不通過鄂境也難以出川。這麼一想，不禁黯然神傷，也開始擔心起來。

民情反映到了兩邊總督府，錫良和張之洞都不敢怠慢，幾次互派幕僚游走於川鄂兩省省府，傳達兩位總督的意思，談判商量對策。如前章所述，胡峻拖著咯血的病體與張之洞徹夜談判，即為一例。經多次協商後確定：仿照粵漢鐵路湖南境內宜章至永興段由廣東越界代修的前例，將鄂境宜昌以上一段暫歸川省代修，訂期二十五年，由鄂省按原用工費備價贖回。

應該說，這是一個川鄂兩省都能接受的合理方案。

事實上在這前後，修築鐵路事宜確實有明顯進展：成都設立了胡峻任校長的鐵道學堂，延聘了留美學生陸耀廷、胡棟朝為鐵路工程師，在宜昌設立了鐵路分公司，並在成都、宜昌兩地開始實地勘測等。

川漢鐵路宜昌至成都段由四川代修雖已成定論，但是從何處動工，始終存在爭議。鐵路從宜昌至成都被分為三段，分別是：宜昌至萬縣、萬縣至重慶、重慶至成都。有人主張先修重慶至成都段，認為自古以來蜀道難，宜昌至萬縣段山勢險峻，工程浩大，應該先易後難，修完川省境內的鐵路後再去啃蜀道那塊硬骨頭。川省留日學生更是大聲疾呼，附和此議。新聘任的鐵路總工程師胡朝棟，廣東人，早年曾選派赴美國留學，專攻鐵路橋梁，獲得碩士學位，說話很有聲望，他在《四川》雜誌上發表文章《川漢鐵路宜從何地開工論》，支持鐵路應先易後難的觀點，認為只要成渝線建成，「凡縉紳學士富戶殷商雲集省垣，風行郡邑，蓋登高一呼，眾谷回應，是提綱先挈領，行遠必自邇也。」胡朝棟的文章得到了川省留日學生和商紳士子的認同和支持，代表了大部分川籍子民的聲音。

胡朝棟的文章是講道理，可是另有人在報紙上撰寫文章，卻不那麼講道理了。文章傳導激昂的地域對立情緒，散佈傳聞，說川漢鐵路已準備停建，「擬改由川北經陝達汴之說，已與法人議定借款包修」。報紙送抵湖廣總督府的案頭，張之洞看了怒火中燒，趕緊叫幕僚來擬定電稿，通知川漢鐵路公司總理胡峻，切忌輕舉妄動。電文中說：「借款之害，人人皆知，川人豈肯蹈其覆轍？」又說：「棧閣、秦嶺一帶，施工恐亦不易……」

胡峻起初對張之洞的來電並不在意，認為只是一封關於鐵路事務的普通往來函。一俟川督錫良知悉情況後，大為焦躁，急忙召集幕僚商酌對策。畢竟在宦途行走多年，錫良諳熟官場中的諸多潛規則，他讀懂了電文裡的潛臺詞，皮裡陽秋的文字，暗藏著奪去紅頂子的機鋒，不能不格外小心警惕。他親自擬了一封電報，向朝中大老張之洞詳加解釋，說壓根沒有停建川漢鐵路之議，也沒有鐵路改由川北經陝達汴一說，更沒有與法人議定借款包修，一切都是流言蜚語，望大老不必在意。又說，胡朝棟論川漢鐵路宜從何處開工，僅是他個人的書生之見，附和其議的也只是一些地方商紳，與四川督府無關云云。事情是解釋清楚了，但是張之洞心裡的疙瘩，卻沒有辦法完全化解。

錫良是張之洞的老部下。張之洞在山西當巡撫時，錫良任陽曲縣知縣，曾經得到過張之洞的保薦。此後交情，一直契合，錫良督川以來，對張之洞處處尊敬，不敢有稍許得罪。朝野上下人人皆知，清廷當時引領新政的主要有兩個人，一是袁世凱，一是張之洞。錫良當初提出修築川漢鐵路，就是出自張之洞的建議，入川之後，辦新政中的種種舉措但凡涉及鄂省的，他都會向張之洞請教，張之洞也對錫良大開方便之門，川省開辦新軍訓練教官缺人，張之洞主動借調留美學生劉錫祺赴川授課，錫良在成都設立新式槍廠，張之洞派來技術人員輔助指導。但是官場上的人際關係極其複雜微妙，戰戰兢兢，猶如踩鋼絲，容不得半點疏忽大意。

經此一番無趣的折騰，張之洞對錫良的態度冷淡了許多。有這麼一個故事：一次，錫良出巡途經武昌，張之洞在八旗會館設宴款待，開始的場面也還熱鬧，酒過三巡，眾人都喝到開心時，主人卻躺在紅木榻椅上睡著了，鼾聲大作，酒席上的錫良很是尷尬。張之洞的生活習性素來沒有規律，起居無常，這幾乎是人皆盡知的祕密，錫良也不便多說什麼，只好起身，率部下悄然離去。

張之洞早年是晚清清流黨的重要成員，中年以後，人生態度漸趨務實，為國人多發議論、不幹實事而感到無奈：「中國積習，患在急於圖利，而緩於辦事，議論紛紜，遊移不決，以致坐誤事機。」對於川漢鐵路公司雖成立多年卻形同空殼，也殊多不滿，認為中國財源枯竭，不足以支撐修鐵路的鉅款，必須向外國銀行借貸，才是解決問題的良策。這之後張之洞積極謀劃向洋人借款，促使清廷在鐵路國策中大變臉，最終導致清政府垮臺——當然，這些都是後話了。

維新黨人喬樹枬

張之洞與四川也有著千絲萬縷的聯繫，僅就辦新政而言，他賞識的四川籍弟子有楊銳、劉光弟、喬樹枬等。戊戌六君子之一的楊銳，早年張之洞慕其才，召入幕府重用。戊戌事發之後，張之洞曾經動過營救楊銳、劉光弟的念頭，因消息不靈通而導致計畫失敗，事後使得張之洞懊惱不已。楊銳、劉光弟在菜市口被殺頭了，他們的維新派同黨喬樹枬卻劫後餘生，僥倖逃過一劫，對於這名維新派弟子，張之洞尤為珍視，他上奏給朝廷舉薦英才，讚譽喬樹枬「規劃精詳，遇事能見其大」，評語甚高。

喬樹枬（一八四九～一九一七），四川華陽人，字茂萱，別字損庵，光緒舉人，曾任刑部主事、監察御史、學部左丞等。《學部左丞喬君墓表》中說他「為人練達多智略，凝然雅步，以先進自期許，守高風亮節。」喬樹枬與劉光弟私誼深厚，相傳劉光弟被薦，是因為喬樹枬與陳三立交好，言談中「時時稱述光弟行誼」，陳三立轉告滿腦子維新思想的父親陳寶箴，故得以任軍機章京。楊銳、劉光弟遇難後，喬樹枬不避罪譴，趨哭棺殮，在當時蔚為佳話，時人廣為傳誦。

或許是喬樹枬過於梗直，在處理人際關係上，是他致命的「短板」。一九〇八年，張之洞舉薦喬樹枬在學部任職，喬上任不久，就與同事關係鬧成了僵局，由此引發一系列人事糾葛，甚至導致了學部其他人對張之洞的怨恨，張之洞無計可施，只好設法將喬樹枬調離。修川漢鐵路，張之洞自然想到了四川籍弟子喬樹枬，在張的建議下，一九〇七年三月四日，改為商辦的川漢鐵路公司舉喬樹枬為總理。

任職不到一個月，喬樹枬很快發現，他的公司總理是個空頭銜。喬樹枬是身居京城的京官，對遠在成都岳府街的鐵路公司毫無遙控能力，鐵路公司裡的一切事務，均由公司副理胡峻謀劃指揮。更讓他氣惱的是，四川地方紳商清一色站到了對立面，指責他的官派身分，嘲笑他是只掛名拿薪不辦事的空殼總理。

一九〇八年元月，經由各方面協商，郵傳部奏請援照湖南粵漢鐵路公司設三總理成案，改派胡峻為鐵路公司成都總理，費道純為駐宜昌總理，喬樹枬為駐北京總理，以三總理名義組織總公司，地點設在成都。

川漢鐵路公司設三個總理，北京總理統領全域，成都總理負責籌措謀劃，宜昌總理管理實地勘測和施工，宜昌段是川漢鐵路率先開工的項目，因此實權最大，也為各方利益集團所看重。這裡有個小插曲：首任宜昌總理是費道純，四川閬中人，曾任過瀘溪知縣，上任時已經年屆六旬，懷抱滿腔熱忱投身鐵路勘測，不坐藍呢小轎堅持步行，和工程技術人員一路爬山涉水，沒料到行至興山縣，就在崇山峻嶺中病故了。繼任者是王秉恩，四川成都人，接任總理時六十五歲，此人愛好藏書字畫，對修鐵路的工程完全外行，明擺著是過渡性人物，不到兩個月便提出辭呈，宜昌總理改由喬樹枬兼任。

這樣一來，喬樹枬實際上仍然還是掌控著鐵路公司的大部分實權。

四川地方官紳對喬樹枬心存芥蒂，矛盾總爆發的契機是因為一次查帳。

一直以來，四川紳商都對鐵路公司裡那些官派身分的人不滿，他們言辭激烈地說：「川漢鐵路公司之最大目的，因欲絞盡七千萬四川人之膏血，而填少數豺狼貪吏之欲壑而已，豈有他哉！」鐵路公司由官辦改商辦後，四川紳商提出要查帳。

依據四川諮議局之議案，推舉郭成書、陳一夔為查帳人，登船奔赴宜昌展開工作。

查帳工作從一開始就遇到了麻煩，進展得很不順利。帳目繁雜，簿冊淩亂，猶如一團亂麻混亂不清。更讓人氣憤的是，經手職員馬開泰、周文彬等百般刁難，聲稱未接到總理喬樹枬的命令，不肯交出公司帳簿。經董事會再三催促，方始交出部分，隱匿其他帳冊不報。查帳中還發現，帳簿內容裡有撕去篇頁、新舊紙張不符、挖補塗改、記數而未列名、列名而未記數等混亂情形，弊端隱然浮現。追問經手帳簿之職員馬開泰，馬開泰以《商律》規定董事不得查帳為詞推脫。

查帳的結果，使得四川紳商義憤填膺，四川諮議局通過川漢鐵路公司呈文錫良，請主持公道，嚴懲貪污犯罪。他們嚴正指出，鐵路公司本應每年公佈帳目，報請郵傳部和鐵路公司董事會備查，但因駐京總理知樹枬一直未召集同鄉股東會議，也不派人查帳，日積月累，導致帳簿混亂不清，此事喬樹枬應負全責。他們還進而得出，「議改章程以期公司之組織完善，而舉商辦鐵路之實」，企圖進一步擺脫官府的束縛，以獲得更多的經營自由。

明眼人一眼就能看出，查帳實則隱含著權力之爭，鐵路公司帳目混亂有多種原因，有在現代鐵路企業經營管理上能力和經驗不足的問題，也有官場腐敗、任人唯親、包袱沉重、尾大不掉的因素，冗員多，開支大，坐耗股金，充任公司各種職位的官吏們，於修鐵路的知識一竅不通，卻按月支領高薪等等。把這些賬統統都算在一個人身上，矛頭直指喬樹枏，多少有點不公平。

喬樹枏雖說看出了其中的端倪，卻也無可奈何。《華陽縣誌．喬樹枏傳》中說喬在兼任鐵路公司北京、宜昌總理期間，不滿者大肆攻擊，「樹枏每被謗，不輕置辯，遇親友問訊，則長歎曰：『老僧自有不見不聞之法耳。』」由此可見，喬樹枏畢竟是通達之人。不過，即便此公再通達，在被川籍同鄉紳商屢屢攻擊乃至誣衊的情況下，也難免不心存憤懣，何況他與四川地方紳商之間的矛盾已激化，幾至不可收拾，找個替手溜之大吉，是他眼下最真實的想法。

「傳臚公」履新繼任

接替喬樹枏出任川漢鐵路公司宜昌總理的人是李稷勳。

李稷勳（一八六〇～一九一九），字姚琴，四川秀山人。從小學業優良，在家鄉名傳一方，戊戌年赴京趕考，獲二甲一名進士，人稱「傳臚公」。按清制，傳臚公是替皇帝唱榜的人選，除了要求人長得帥，還須聲音洪亮，口齒伶俐，可見李稷勳當年之不凡。《清史稿》稱他「精衡鑒，重實學，博學善古文，專步趨唐賢，意致深婉」，入仕後改庶起士，授編修，充會試同考官。

李稷勳中進士後，曾在老家秀山辦過礦務局。當時察勘清溪、孝溪溝有銻礦，縣人集資開礦，推李稷勳主其事。但終因礦源不豐富（是雞窩礦），加之技術力量不足而作罷。辦銻礦失敗後，李稷勳的人生一度跌入低谷，縣裡紳商百般指責，將責任全部推到他頭上，一氣之下，李稷勳憤而北上，重返京城，臨行之際賦詩贈友人云：「男兒不仕儒冠賤，長嘯拂衣去鄉縣。驅馬黃塵九陌深，青銷朱門人沒見。悲歌入市尋狗屠，五年落魄雄心孤。有時痛哭櫪下馬，夢醒秋風虛上烏。」表達了他孤憤的心情。在京城經友人推舉，在新成立的郵傳部裡謀了個左丞參議的職位，過起了小京官的清閒日子。

一九〇九年春，李稷勳母親病逝，他回籍丁憂，秀山比鄰宜昌，李稷勳往返途中，都須在宜昌停留，宜昌素來都是出入四川的集散地，尤以繁華的水碼頭著稱，江上桅帆密佈，港口常有數千艘船隻停靠，守候在河邊的船夫苦力無數。川漢鐵路公司成立以來，宜昌城一夜之間變成了「鐵路城」，鐵路局的人口數倍於宜昌原住人口，大街小巷做買賣的，打牌賭博的，散步溜狗的，甚至教堂裡唱讚美詩的，到處都有鐵路局員工的影子。

修鐵路是宜昌歷史上從未有過的大事，李稷勳不能不多加留心，何況此時他的身分特殊，是清廷郵傳部的官員，修鐵路歸口郵傳部管理，因此他對這條路有著與常人不同的感情。從南方回到京城後，他向老上司喬樹枬講述了這一路上的感受，對修鐵路尤表熱心。李稷勳小喬樹枬九歲，正當年富力強，又在家鄉辦過礦務，富有實踐經驗，是接替宜昌總理合適人選。經喬樹枬提議，任命書很快發下來了，李稷勳成為川漢鐵路公司第四任宜昌總理，與李稷勳同時被任命、同期抵達宜昌的，還有川漢鐵路總工程師詹天佑。

李稷勳抵宜後，才知道修鐵路的複雜性遠遠超出了他的想像。其時鐵路公司已改官辦為商辦，租股集資的工作正在進行中，國人踴躍認股，人人視路事若家事，他們把「鐵路捐」視作一種「愛國捐」，家家戶戶參與，集腋成裘，這種狀況成為當時社會的主流。但同時也存在著不同的聲音，比如有戶部主事杜德輿等人呈文都察院，為民請命，斥責「鐵路捐」擾民，謂認股其實與加賦無異，甚至將之比喻為「敲骨吸髓」。取消租股之議猶如暗潮洶湧，對修鐵路的資金保障形成一種威脅。逢到這種時候，李稷勳心裡也不儘然，他想，如果不採取認股方式，五千萬的巨額資金將從何而來？

當時的《字林西報》登載了李稷勳的一篇文章，標題為《讀中外各報感言》，文中寫道：「又見各埠中國報紙，登載有關本路事件，訕議百端，或曰『京函』，或曰『川函』，或曰『股東公啟』，皆不署名，既無姓氏，直與匿名揭帖無異。然言雖無據，而觀者滋惑，鄙人竊心憂之。如所載喬總理樹枬吞款七十萬，本屬毫無影子之談，為此言者，必有深怨於喬君，不知事實難誣，此等蜚語，以喬無損，於路事大有妨害。何也，差認股者方拮据輸將，而辦事者乃任意吞蝕，市虎成疑，杯蛇滋怯。」

李稷勳擔心反對「鐵路捐」的聲音會影響國人的投資認股熱情，他在這篇感言中說，據聞有川籍鄉人暗中想要取消租股，又值「川路改進會」一幫學人宣導廢除租股，在報紙上展開討論，這本來是正常的學術探討，怕的是這種探討被人利用，拿學術觀點去四處鼓動，挫傷國人的認捐積極性。四川總督錫良力持「租股不能遽廢」之政見，而四川紳商中，有經驗的老成持重者也支持國人認租，「其始因事而移怨於人，今複因人而移怨於路，余既有所聞，又不能不盡情傾吐以告我鄉人。」

李稷勳說他自投身路事以來，靜心默察，深恐川鄂民眾為謠言疑惑，導致租股收入驟減，宜萬鐵路，成功無期，將來或由政府收回，或由外國借款者承接修建，皆趨勢之必然。「路權一失，股利空懸，餘不能不痛哭流涕，為吾全川父老昆弟告也……故不辭苦口極言。至於我鄉人之能否聽受，實未敢知也，撫書三歎，無任泫然。」

正當這邊李稷勳在為籌措路款擔憂感言時，那邊鐵路公司查帳再起風波，郭成書、陳一夔等人的查帳報告正式公佈了，除鐵路公司內部周文彬等人的貪污行為外，最為嚴重的是四川銅元局借款事件、上海施典章營私舞弊案，這兩大經濟案，將其上司喬樹枬捲入到湍急的漩渦中，差點被滾滾洪流吞噬。

鐵路公司當了冤大頭

郭成書等人的查帳報告稟明，川漢鐵路公司成立數年，集資款管理混亂，有人從中搗鬼，貪污腐敗行為嚴重，「種種浮冒侵蝕，實屬駭人聽聞。」其中數額最多、影響最大、也最為人關注的有兩樁案牘。

一是公司成立時，川漢鐵路會辦沈秉堃、蔡乃煌等人提出，先借用集資款項一五〇萬兩設立四川銅元局。銅元局設在重慶南岸蘇家壩，在此之前，四川沒有製造銅元的資格，四川人使用的貨幣都是武昌銀元局所鑄的銀元。錫良督川之後，決計改變這種狀況，擬由多方面籌款試辦銅元局，其中川漢鐵路公司墊款銀元二百萬兩，引進英、德機械設備各一套。

投資之初，講明瞭投資款作為公利之股，等銅元局贏利後連本帶息償還。這本來是川人辦新政的大好事，可是廠房修建了，機器安裝了，清廷卻遲遲不表態。沒有政府授權，銅元局不能開張，根本產生不了任何經濟效益，廠房和機器閒置不說，又發生了一個意外，裝運原材料的輪船在長江三峽湍急的航道中被惡浪打沉了十幾艘，造成的損失巨大。這樣一來，銅元局的欠債猶如一個黑洞，莫說付息，連收回本金也難。說直白點，鐵路公司墊付的銀子成了一筆呆帳。

另一樁案子更窩囊。川漢鐵路公司駐上海辦事處主管財務的負責人施典章，字子謙，四川西充人，曾任廣州知府，當時是川漢鐵路公司總收支及上海辦事處保款員。此人犯了兩個不可饒恕的大錯。

一是將巨額存款存入上海錢莊，不巧遇到金融風暴，正元、謙余、兆康三家大錢莊破產倒閉，所欠款額一四〇餘萬兩無力償還。為這筆鉅款，四川總督趙爾豐與上海道台蔡乃煌互發電文切磋，商量解決辦法。按照蔡乃煌的處理方案，三家錢莊共欠款四百餘萬，其中洋款一四〇萬，華款三百餘萬，清算結帳後，擬採取先償還洋款的辦法。為此趙爾豐大發雷霆，在電報中指責：「其如何歸償，應憑眾商議決斷，無先償洋款之理」。這事最後鬧到了清廷軍機處，仍是不了了之，那筆數額巨大的款項成了入海之泥牛。

更糊塗的是施典章竟拿鐵路公司存款去搞風險投資，購買英國藍格志火油股票四八五股，計款銀八十五萬二千餘兩，藍格志火油公司倒閉，股票成了一張廢紙，又一筆鉅款打了水漂。川漢鐵路公司派人到上海查帳，施典章滿臉冤屈，說他很無辜，鉅款存入錢莊，誰也不會想到錢莊會破產。購買藍格志股票，也是向川漢鐵路公司北京總部稟報了的。北京總理是喬樹枬，並不否認有這回事，但是他說沒想到股票風險如此之大，竟會血本無歸。這件事的處理結果是：施典章成替罪羊被收監入獄，最後死在了監獄裡。

川路股款來之不易，四年多共籌集款銀一一〇〇餘萬兩，銅元局挪用虧損在前，上海施典章倒款於後，共損失股本五百萬兩之多，「竭小民之脂膏血汗，傾而付之東流」，可見體制不順暢，往往容易成為貪污腐化的溫床。

兩案公佈後，尤其是施典章挪用公款事件爆發，引起了川省紳商之間的嚴重摩擦和衝突。駐京總理喬樹枬備受批評，謂其長期包庇施典章，終釀至不可收拾之局面。川漢鐵路公司在京股東在全蜀會館開會議事，川籍京官李文熙痛陳鐵路本為全省公益之事，卻被私人把持，以致路事敗壞，認為駐京總理喬樹枬責任重大。李文熙，四川奉節人，官內閣中書，早年曾留學德國，在川籍京官中說話很有分量。在全蜀會館的那次會議上，確定了三項步驟：一是在京同鄉官紳聯名，公呈郵傳部及都察院；二是致電上海川路董事局，就近查封施典章之家產；三是致電四川總督及川路董事局，要求罷免喬樹枏的駐京總理職務，立即照章選舉公司駐京總理。

另一個與之遙相呼應的人是張羅澄。此公字岷遠，四川長寧人，曾中舉，中法戰爭後，寫了《越南事平作》，抨擊李鴻章妥協求和的政策。時王文韶任直隸總督，張羅澄憂國情急，攔轎呼冤稟狀，自稱「大清義民」。王文韶於次日傳見，優以禮貌，等張羅澄坐下便問他有否功名？他稟詞云：「大清義民張羅澄謹稟大人閣下，義民蜀人也，去春入都，秋間見時事危急，仗劍出關，所遇非人，事謀不用……」侃侃而談，被王文韶所賞識。又曾寫信給台南劉永福，表達欲赴臺灣參加保台抗日鬥爭。

張羅澄聲名遠播，影響力巨大，他致函郵傳部，揭露鐵路公司經營之積弊，矛頭直指喬樹枏，請求郵傳部撤換其駐京總理職位。張羅澄深恐不能將喬樹枏扳下臺，又私下寫信給郵傳部新任大臣盛宣懷，信中云：「尤可怪者，樹枏串通施典章虧倒鉅款，吾蜀京官等或控訴，或奏參，無不欲食樹枏、典章之肉者，不識大部是何居心，不恤人言，竟調典章之侄施愚在部編訂路律！」

信中提到的施典章之侄施愚，也是四川涪陵人，字鶴雛，號小山，早年曾留學日本，回國後任翰林院編修。施愚也是有新思想的一個人物，一九〇五年，清廷擬施行憲政，派端方等五大臣赴美國、日本等國考察，施愚即為考察憲政大臣的顧問團成員。其叔父施典章買賣股票失敗，東窗事發，川人同聲譴責，施愚站出來打抱不平，到全蜀會館去當眾演說，並散發傳單，說投資股票本來就有風險，賺錢或虧損，都是商家尋常事，施典章並沒有什麼責任。

施愚的演說不能說沒有道理，但在當時的情形下，施典章已成眾矢之的，施愚為之辯護，結果可想而知。施愚的行為還影響到了喬樹枬，說起來施愚調郵傳部編訂路律，與喬樹枬並沒有什麼關係，施愚能進郵傳部，走的是通天人物盛宣懷的路子，可是憤懣的川籍京官，還是把所有的帳都算到了喬樹枬頭上。

郵傳部責成喬樹枬自糾，在一份《〈旅京川路股東分會廣告〉辯證》的文件中，喬樹枬針對川籍京官對他的指責逐條辯誣。他說：自充任四川鐵路駐京總理以來，身受譏評，難堪忍受。原不必斤斤計較，求諒於人，只宜靜候查辦，不須申辯。但是看了旅京股東分會所出的廣而告之，所指陳的種種劣跡，關係一己聲名猶輕，關係全路利害甚重，覺得有逐條分析、解釋之必要。

喬樹枬的辯誣文字摘錄幾條如下：

廣告：一切職事皆樹枬一人私自委派，川民概不聞知。

答：枬為駐京總理，京局數人為枬委派，不敢辭責。上年兼攝宜昌事時，亦頗有委用之人，均經報明總公司。此處各有許可權，何敢逾越？即偶有所知，亦須告知總公司認可，呈明川督核定或奏派，似不得謂之私自委派。至川地數千里，川民數千萬，若一一聞之，則無必要。

廣告：放膽妄為，倚樹枏為奧援，有恃無恐，推原禍始，樹枏實為罪魁。

答：枏既非全路總理，又無節制滬局之權，施君典章奏派管款在光緒三十一年八月，枏奏派駐京總理在光緒三十三年十月。其間相去二年，枏既無從為奧援，更無從為禍始罪魁。

廣告：凡一切用人理財諸務，遂得為所欲為，視路政為一己所專，視股款為私家所有，遍植私黨，多立名目，先後舉派駐川總理曾培、駐宜總理費道純、李稷勳等，均捏造同鄉京官公舉，朦請川督奏派，而京官實未聞知，全川股東更無從過問。

答：京官公舉曾君培、李君稷勳，列名者現在都中，皆自署銜名，是否由枏捏造，可以查問。但舉雖出於京師，實則成都總公司召集省城各界股東開會通過（股東總會未成立之前，凡有大事，皆就省城股東開會公決），然後呈由川督奏派。先是費君道純丁憂回川，經前督錫良奏派為駐宜總辦，及後郵傳部奏改駐宜總理名稱，並未經京官公舉，無所用其捏稱。……以上各事，四川督署及總公司皆有案牘可查。

廣告：此次滬款倒閉後，同鄉京官特開會議，樹枏反飾詞卸責，謂典章此次失敗與己無關。若如所雲，則問駐京總理，不知；問駐川總理，不知；問駐宜總理，不知。設將來成都、重慶、漢口等處相率倒閉，諸總理勢必仍諉為不知。是直以千餘萬之鉅款皆擲諸至危至險之地，而無從著落。試問總理所理何事？經手人虧倒串騙，不問總理更問何人？亦安有占公司最高機關，獨攬進退事之全權，而亦可諉為不知之理？

答：觀此條，固明知有三總理矣。乃前段又謂枏平時獨攬其權，似乎矛盾。總之，施君是否駐京總理所舉用之人，平時存放款項是否與駐京總理直接，自有奏案，自有公評，自有函電確據。謂駐京總理當分任其責，揆諸古人與人同過之義，枏不敢辭。謂駐京總理當獨任其責，當與施君同罪，且為罪魁，恐亦未為定論矣。

平心而論，鐵路公司出現帳目混亂、貪污挪用等現象，主要是因為以前的官辦體制所決定，並不能由喬樹枏一個人負全責。但是四川紳商和部分川籍京官卻不肯放過，抓住施典章案窮追猛打，不斷地給郵傳部等部門施加壓力，致使喬樹枏狼狽不堪。

在多方面的壓力之下，郵傳部也挺不住了，走出了「丟卒保車」的一步棋。在奏摺中，除了歷數施典章的過失請求朝廷懲處外，捎帶搭上了喬樹枏。奏摺中云：「惟喬樹枏總公司全域，於滬款方倒，事前毫無察覺，一任施典章所為，以至糜爛至此，實屬無可辭咎，應請撤銷四川川漢鐵路駐京總理。」

撤職的文件很快下發，和鐵路公司一樣，喬樹枏也成了冤大頭。不久保路運動事起，喬曾受封四川宣慰使，清帝退位，喬樹枏返京都，不當民國的官，卒於法源寺。

消息傳到了宜昌府

鐵路國有的上諭傳到了宜昌，李稷勳憂心如焚。

自從上任川漢鐵路駐宜昌公司總理以來，正當壯年的李稷勳也曾經雄心勃勃，想在任上幹出一番事業。上任伊始，李稷勳極力主張川人自辦鐵路，反對向洋人借款，在報紙上屢次發表的文章以及致友人的信件中，他反復表述過這一強硬觀點。

川漢鐵路駐宜昌公司始成立於一九〇六年，蹉跎數年，屢換總理，歷經挫折，方才由李稷勳於一九〇九年八月接任。兩個月後，一九〇九年十月二十八日，川漢鐵路在宜昌鐵路壩正式舉行開工典禮，有一張發黃的老照片清晰地記錄下了當時的情景：身著清朝官服的李稷勳站在人群正中央，表情莊重肅穆，他的旁邊是頭戴禮帽、身穿西服的留美工程師詹天佑，以及詹的助手顏德慶。照片中的各方代表有三四十人，有洋人、紳商、警員、軍官、職員等，從他們焦灼期盼的眼神中，依稀還能讀出國人對夢中那條鐵路的憧憬和渴望。

鐵路開工那天，李稷勳、詹天佑從粵漢、京張等鐵路線調集員工六千多人，雲集宜昌鐵路壩，更有中外來賓接踵而至，觀者達數萬人之多，將寬暢的鐵路壩擠得水泄不通。李稷勳宣佈開工的聲音無比宏亮，尾音有點兒顫抖，激起了現場雷鳴般的歡呼，他深深為之感染。他怎麼也不會想到，短短兩三年後，一場美夢成泡影，成為刻石也難於銘記的一段傷心痛史。

據宜昌地方史志記載：「於是攻金攻木攻石之工，鐵泥沙土竹木陶埴之材，汽電機體鞄革鋼鎚之器，銀銅之貨，駢埴咽塞，自夷陵達秭歸三百里間，同時興作，徒夫萬千，是為川路開工建築之始。」川漢鐵路動工的第一段為宜昌至秭歸，分設十個工程段，計畫五年竣工。全段鐵路築路工人最多時超過四萬人，氣勢恢弘，令人鼓舞。不過，當時技術設備落後，基本靠用最原始的鋤頭、鋼釺等工具劈山修路，築路進程之緩慢可想而知。在宜昌以西二十二公里處，至今還存留有一截當年的鐵路遺址，隧洞的拱形門上鐫刻著幾個斑駁的字：「上風埡山洞——秀山李稷勳題，宣統二年六月」。屈指一算，路基修到二十二公里處的上風埡時，距離開工時間已經有八個月了。

及至鐵路國有的上諭傳來，時間又過了將近一年，李稷勳正帶領築路工人篳路藍縷，艱辛奮戰在鐵路線上。他的第一反應是驚愕不解，在給成都川漢鐵路公司總部的電文中，李稷勳旗幟鮮明地表達了觀點：「川路既欲收回，則川省人民鐵路用款，應照數撥還現銀，若盡空言搪塞，苦我川人，當抵死爭之。」電文結尾，李稷勳略微透露了一些他當時的環境以及內心的苦衷：「敝處工役數萬，現准部示，毋庸停工。……而訛言日滋，人心惶擾，鎮靜防維，心力交瘁。」

讓李稷勳「心力交瘁」的事，最大莫過於鐵路公司的尷尬處境。他私底下對部屬說，鐵路開工有兩年了，築路工人雲集了二十多萬人，現在忽然宣佈鐵路國有，二十多萬鐵路員工如何安置？再說了，光說收歸國有，目前動工的路段怎麼辦？是停工等待還是繼續修路？還有鐵路局招聘了那麼多工程師、技術員，現如今該如何打發他們？李稷勳還有個隱隱的擔心，宜昌是開埠較早的通商口岸城市，這裡洋人多，教堂多，外國公司多，經常見到有外國兵艦遊弋在長江上，一旦出個什麼事，擔心會引起國際糾紛，倘若洋人與政府動了交涉，自己丟官丟命不說，就是宜昌百姓和鐵路公司幾十萬員工，只怕也脫不了干係。

李稷勳的擔心並非多餘，自從鐵路國有的上諭傳佈，鐵路公司便門庭若市，每天人來人往，川流不息，其中有衙門官員、地方商紳、包工頭、租股股東各色人等，或詢問，或質問，氣勢洶洶，眾怒勃勃。起初李稷勳還逢問必答，殊不料來人提的問題越來越刁鑽，有的是他根本不能解答的，於是選擇了躲避，安排公司屬員出面釋疑。說起來這也怪不得他，鐵路國有是國家政策，李稷勳這樣的小人物豈能奈何？再說政策框架剛剛傳達，諸如補償還款之類的具體事項，上頭還沒有出臺細則條款，他是不能亂表態的。

過了幾天，仍然等不來上峰新指示，鐵路只好全線停工。這一來，商紳股東更是坐不住了，紛紛群起而圍攻之，公司早上開門的的第一件事，就是維持穩定，勸慰上訪者消氣，直到太陽偏西，上訪的人流依然不斷，有的人講道理，也有的人動手拉扯推搡，還有的人貼標語、扯橫幅，討還股金是他們的主旋律，不斷有各種新消息在城鎮和鄉村四處流竄，有傳聞，有謠言，更多的是捕風捉影。

前來討賬的一些股東見李稷勳躲著不露面，情緒更加憤怒，揪住公司一個高級職員的衣領，大聲喝令讓他交人。這名職員也有性格，擼起袖管大聲吼叫，與對方推推搡搡，掙得臉紅脖子粗，爭吵變成了肉搏，許多幹活的鐵路工友也參與進來，不一會兒，桌椅板凳被推翻，玻璃器皿被搗碎，公司內部一片狼藉。聞訊趕來的警察局整隊彈壓，員警見眾怒勃勃，不敢輕易犯其鋒芒，急忙向宜昌府告急。知府袁某，即下令駐防部隊整隊前往彈壓。眾多築路工人見防營士兵列隊而來，一時奔相走告，霎時聚集了數千工人，上前抵擋，打死清軍士兵二十餘人。

群體事件一下子鬧大了，並且死了二十多人，李稷勳感到忐忑不安，四處活動地方鄉紳出面調解，鬧事雙方的情緒才稍有緩和，圍觀群眾遂漸漸散去。這等大事，自然得向北京郵傳部報告，然而適逢此時，電報局收到命令，凡與鐵路抗爭有關的電文一律不准收發，李稷勳再三解釋，電報局職員仍是搖頭，稱要嚴格按規矩辦。李稷勳無奈至極，只好採取變通辦法，送上一張銀票並設宴款待，電報局才勉強答應代發。《鐵路國有案》一書中評價道：「是役也，雖未至於燎原，實為路事激變之始。」

心灰意冷的詹天佑

川漢鐵路關係到清廷中西部大局，不可輕率處置，興建之初，章程即明確規定「本公司專集華股自辦，不附洋股」，又提出「延請本國人為總工程師」。經過一番推舉議論，眾望所歸的人選是詹天佑。此人字眷誠，廣東南海人，早年曾入美國耶魯大學就讀，回國後到中國鐵路公司任總工程師，京張鐵路即出自於他的工程設計。

詹天佑第一次從北京到宜昌是一九〇九年十一月二十七日。時值初冬，臨行前，鐵路公司駐北京總理喬樹枬設宴款待，席間溢滿熱騰騰的話語。修鐵路是當時中國的頭等大事，國人皆有「路興國才興」之感慨，詹天佑出征，身上背負的是全民族的厚望。他在給友人的書信中寫道：「修此鐵路，縱有千難萬難，也不會半途而廢，為夷國恥笑……所幸我的生命，能化成匍匐在華夏大地上的一根鐵軌，也算是我坎坷人生中的莫大幸事了。」其昂揚鬥志，溢於言表。

初到邊遠小城宜昌，留給詹天佑的印象是蠻荒落後，城區並不算大，有一半地方是川鄂轉運碼頭。他在城郊選擇了一片寬敞地，搭起一排簡易倉庫和工棚，又在附近搭建起幾間小木屋，既當宿舍又當辦公室。詹天佑留過洋，生活上免不了有西洋做派，他在小木屋後邊開闢了一片苗圃，種上花草，點綴工地上略嫌枯燥的生活。

川漢鐵路開工儀式那天，詹天佑站在李稷勳身旁，聽著聲震長空的歡呼聲，也為激昂的場面深受感染。但是隨著工程的進展，各種矛盾日益變得複雜緊張，這個赴美國留過學、接受了西方文明薰陶的轉型期知識份子，由滿腔熱忱逐漸變成了疲於奔命，及至鐵路國有的上諭頒佈後，鐵路施工現場停擺，他個人的情緒更是變得心灰意冷，其間演變的心路軌跡，值得國人深思。

長期穿山越嶺，與那些奔放而又略顯粗野的築路工人打交道，成天面對的是鋼釺、水泥、枕木、炸藥等，勿庸諱言，詹天佑當時的工作、生活環境極其艱苦，甚至可稱惡劣。這些倒還在其次，更讓詹天佑難受的是各種關係沒能理順。按照當初北京總理喬樹枏的委派，詹天佑雖為工程技術人員，但掛名「會辦」，也就是說不單純只管工程技術，也具有築路之行政管理權。然而在實際中，這一商定原則一直未得到執行。這麼一來的結果，經常是他設計的技術方案得不到權力的支援，往往成紙上談兵，其苦惱可想而知。而川漢鐵路公司內部人事關係錯綜複雜，隨著修築工作之展開，表現日益突出，也使詹天佑感到極不適應。

在給友人的一封信中，詹天佑談了一件事。

測繪工楊升，在勘測路基時與一座寺廟中的僧人發生了爭執，雙方由辱罵變成鬥毆，後來築路工人也參與其中，演變成一場大規模的械鬥。事情處理結果讓詹天佑大失所望，按詹的意見，應將爭吵雙方交送政府審問調查，做出公正的處罰，可是偏有人糾纏於要追究工程司「管理不善」的責任，矛頭直指詹天佑。工程司平時只管技術不管行政，根本理不清問題的癥結所在，加之管理理念的衝突，使得詹天佑出離憤怒。他在信中寫道：「如果他們反對工程司的活動，則我們宜放棄全部事務，由他們來負責！！！我們還有許多其他鐵路，何必擔憂不需要我們？你有機會時，請注意一下李總理，看他說什麼。……這就是中國的辦事手段，越困難越好，如果每一個人都是在和諧地進行工作，那就什麼也聽不到了！」信中所說的「李總理」是李稷勳，透過這段文字能看出，詹天佑與鐵路公司高層的矛盾已現端倪。

鐵路國有政策出臺後，宜昌鐵路公司召集股東開了一次會，股東們全都拒絕政府收回國有，堅持商辦，會上群情激憤，像是一堆沾上火星就會燃燒的乾柴。詹天佑隱隱擔憂，在致友人的信中說：「我們這裡積怨太深，我希望就此了結。我正處於困境，將要遇到難題，只有天曉得其結果將會如何。」

在另一封信中詹天佑又說：「這裡沒有可依靠之人，卻還要把他們當作是善良的同僚。一俟我得到自由，我就要另謀他職（或者改行）。所有這些難題都落在我和我們的工程司以及學員身上，尤其是我所處的位置，我須承擔這一切。生活就是如此！！！」一連三個驚嘆號，表達了詹天佑內心深處的孤憤。

詹天佑與李稷勳的矛盾，終於來了一次總爆發。保路運動之初，宜昌有築路工程承包人馬榮清率眾抗議，包圍了鐵路公司，李稷勳致電清廷告急。正值鐵路大臣端方抵漢口，李稷勳赴漢向端方請示，交談中李稷勳提到了加薪事宜，並稱詹天佑支薪不到差，且薪金比自己的要高很多，為之牢騷滿腹。端方與盛宣懷電報商量後，決定提高李稷勳的收入，停發詹天佑的薪金。此事被詹天佑知曉後，激起了他更大的憤懣，在給友人的信中寫道：「至於四川鐵路的未來，可以肯定的是，美國人將予接管，而對中國人來說，則無任何希望。因此，我們如果再花費心思，那將如修築空中樓閣，毫無意義了。我們的好日子已經過去了！！！所有的好命運均已離開中國人而去，而我們必須甘心居於次等地位，二等地位？不！！！比這更壞。是啊！我想我們必須另謀他職了！」

此後詹天佑赴廣東任粵漢鐵路公司總理，再也沒來過宜昌這塊傷心地。

第三章 天下未亂蜀先亂

保路風潮的各種勢力分佈

當湘、粵、鄂省為鐵路權鬧得不可開交時，成都方面「尚且寂然不無動作」，頂多只是來點溫文爾雅的抗爭，而抗爭的目地也只是為了要回路款。一個叫石體元的當事人在《憶成都保路運動》一文中回憶道：「鐵路公司於四月底接到了清廷初六、十一兩個命令，特約集各法團和駐省的股東於五月初一日在公司內會商應付辦法。到會的人數不多，諮議局的常駐議員全體出席，情緒尚不過激，對收歸國有問題初未極端反對，只要求政府把商辦公司歷年的用款和上海的倒賬、開工的費款，一律承認，償還六成現金，搭用四成股票，並把宜昌所存現金七百餘萬兩和公司陸續收存的股款，統由此次召開的特別股東會自行議決處理。公司即根據這個決議，具文呈請督署轉電清廷……這次會議，完全遵循法定程序，作平和的請求。」

當時有一份影響力巨大的刊物為《蜀報》，主筆鄧孝可，在《蜀報》上頻頻著文，盛讚鐵路國有政策，提出了「爭款不爭路」的口號，只要求政府承認和償還四川民眾的股款，其發表的《川路今後處分議》一文，代表了四川省紳商立憲派主流的觀點。

文章中說：川人對鐵路國有和四國借款，不主張從根本上反對，只提出有條件之要求。理由是，借款如能通過資政院，不以鐵路作抵押，借款又有確實的用途，償還時不波及川路，就不必作「根本」的反對。政府收回鐵路如果能按期速成，以政府龐大的實力，將來或能擴建為川藏鐵路，同時修路時如果能用川人、購川材，就不必爭論國有還是商辦。鄧文中還強調說：鐵路國有可以免除租股的擾民累贅，將來政府退還了路款，四川省可以用這筆錢來「辦幾件至要至善之事」，如擴大川航事業、扶植川省銀行、籌謀教育基金、興辦礦工各實業等。鄧孝可的文章通篇洋溢著和平基調和樂觀主義情緒，與後來立憲派在保路運動中的激烈態度形成了鮮明的對照。

鄧孝可（一八六九～一九五〇），字守源，四川奉節人，早年曾與蒲殿俊等赴日本留學，經常與一幫留學生邀約了去箱根國立公園看櫻花。當時立憲派魁首梁啟超先生就住在箱根附近，鄧孝可等人借看櫻花為名，實際上是去聽梁啟超講演。一九〇七年，鄧孝可回國後投身於實業救國，遊說夔州府知府，得其支持，以官本三萬兩白銀創辦了官督商辦的夔府寶華煤炭公司，統買統銷夔州府屬各煤窯的煤炭，由鄧孝可親任經理。一九〇九年，四川省成立諮議院，鄧孝可作為夔州府的議員代表，被選舉為諮議局文牘部主事。將夔府寶華煤炭公司經理一職，交給了其胞弟鄧孝然。

為了更加有效地掌握輿論工具，一九一〇年八月，由省諮議局骨幹議員和紳商頭面人物集股五千元，成立了以蒲殿俊為社長，朱山為總編輯的《蜀報》社，並將《蜀報》作為省諮議局的機關報。《蜀報》從一九一〇年八月十五日創刊，出版六期之後，改由鄧孝可接任主編。《蜀報》主要內容是宣傳預備立憲和地方自治，間或也討論國學，評述外著。蒲殿俊、蕭湘、鄧孝可、楊任欽、葉治均、黃言昌、沈宗元、白堅、程瑩度等四川立憲派重要人物，均有論著或譯述在該報上發表。鄧孝可更是以其才思敏捷、文筆犀利而馳名。《蜀報》發行量一千多份，四川許多州縣都設有代辦處，重慶、上海、北京等地還設有分售處。該報內容豐富，規模較大，印刷和裝訂都比較精美，一時被稱為蜀中報業巨擘，在四川各界特別是在社會中上層有較大的影響，鄧孝可也因此成為四川省家喻戶曉的人物。

鄧孝可在《川路今後處分議》的「附記」中還寫道，對於鐵路國有政策和借款「孝可絕不主張根本上之反對。外債借入，去夏動議時，亦曾力持反對論。然彼時國會期間未縮短，監督機關未立，今國會既轉瞬即開，政府於款之用途又確確一再言之；如借款以整頓幣制，又為我國生死關頭，吾黨（立憲黨）素所主張，今惟當力求其實踐所言耳，故謂無根本之反對之理由也。」結尾處又寫道：「至於謂他省反對正烈，吾不可不從同，則彼此情形不同，豈可不自察內情，盲從他人。一鬨之市，豈足以污吾輩矣。」

立憲派態度如此鮮明，只要能夠償還路款，四川紳商可以和清政府保持一致。儘管在鄧孝可發表這種觀點時，川漢鐵路公司股東內部也有不同的聲音，「函電紛馳，爭議囂然」，拒不承認清廷接收川漢鐵路，認為四川應該像湘、鄂、粵三省一樣，以更激烈的方式展開保路鬥爭。但是不可否認的是，當時溫和的立憲派還是佔據了主導地位。然而，後來發生的一系列事件，一步步將四川保路運動引向縱深，也將立憲派「逼上梁山」。

這中間的詳細過程，後面章節將會逐一敘述。一九一一年六月十四日，四國銀行團借款合同寄達成都，四川紳商爭路的調子陡然高昂起來了，開始全面攻擊郵傳部尚書盛宣懷。曾經堅持承認鐵路國有政策，只主張爭回路款和維護憲政的鄧孝可，在《蜀報》第十二期發表了《賣國郵傳部！賣國奴盛宣懷！》的文章，態度為之一變，文中寫道：「十七日得讀盛此次借款原奏，始恍悟其奸。夜乃得讀其借款合同，嗟乎！誰能夢到其奸欺如是哉！……我自信四川非無人性、非屬野蠻之血性男子，今可以起矣！」文章痛罵盛宣懷云：「此無論朝廷煌煌日以立憲號召人民，即我國四千餘年無論如何時代，東西兩半球無論如何野蠻，亦無如盛宣懷此舉之毒手辣心、野蠻黑暗之甚！既奪我路，又奪我款，又不為我造路。天乎！此而欲讓川人忍受，除非吾川七千萬人死盡，婦孺盡絕，雞犬無存或可耳！否則不能忍受！有生物以來無此情，有世界以來無此理，有日月以來無此黑暗，有人類以來無此野蠻，而今乃有盛宣懷如此橫蠻以壓迫我四川之人！」

語氣之尖銳，措辭之激烈，皆為罕見。一向溫和的立憲派為何如此暴怒？他們與清廷大臣對抗的背後，隱藏著的是對朝廷的強烈不滿，這顯然與清廷厚此薄彼不公平的鐵路補償條款有關。廣東方面發還六成現銀、四成國家無利股票，湖南湖北方面對商股悉數發還現銀，其餘的給國家保利股票，唯有四川方面，「不分民股、商股、官股，准其更換國家鐵路股票」。憑什麼爭路激烈的湘、粵、鄂省能夠補償現銀，而四川人只配「准其更換國家股票」？而且這種所謂的「國家股票」，將來極有可能是無法兌現的空頭支票，如此一來，四川人好不容易籌集起來的巨額資金，豈不是要落得個血本無歸嗎？

於是川中譁然，清廷的政策如此藐視四川人，這不僅是對四川人切身利益的剝奪，也是精神上的侮辱。不就是因為四川人鬧得不如湘、粵、鄂省激烈嗎？四川人向來都是有血性的，不信可以走著瞧。

一九一一年六月十七日，四川保路同志會成立，四川人開始全面反抗。

此處梳理一下當時盤踞和潛藏於四川省的各種政治勢力，這些政治勢力錯綜複雜，大體上可分為：

一、川省當權者，如王人文、趙爾豐、玉崐、周善培、尹良等。這些人中，因各自在官場中的處境、利益不同，對待鐵路國有政策的態度也不完全相同，有時甚至截然相反。

二、立憲派代表為首領的紳商群體，如蒲殿俊、羅綸、顏楷、鄧孝可、彭蘭村等。他們主張社會變革，但希望能平穩過渡，反對激進和巨變。他們對清廷皇族內閣和鐵路國有政策也有不滿，但那是「恨鐵不成鋼」的不滿。保路運動之初，他們只是要求收回路款，上述鄧孝可文章的觀點或可視為他們的政治宣言。然而隨著保路運動的一步步發展，他們最初的立場和觀點均發生了複雜的變化。

三、革命黨人物以及同盟會員，如張瀾、吳玉章、龍鳴劍、朱之洪等。他們歷來的政治主張是推翻滿清，利用一切機會和清政府唱對臺戲，其成員身分大多數是隱蔽狀態，潛伏於軍營、警營、學校、工礦、農場等處。保路運動之初，他們並不處於主導地位，但是在將保路運動從非暴力抗爭推進到大規模民眾武裝起義的過程中，起了關鍵性的作用。

四、四川的哥老會，又稱袍哥，相傳是「洪門」的一個分支。一般來說，幫會屬於祕密社會中的非公開性組織，但是在保路運動中，四川哥老會遍佈全省，從地下發展到地上，成為四川大多數成年男性直接加入或接受其控制的公開性組織。四川省辛亥反正後，袍哥組織更加公開化，各市縣遍立「公口」，革命黨人也依靠和借助袍哥力量接管清廷政權。如重慶蜀軍政府以重慶仁、義兩堂袍哥為基本力量；成都大漢軍政府都督尹昌衡自立「大漢公」，自任龍頭大爺，其軍政府被時人指斥為「哥老會政府」等。

五、老百姓。此時「民眾」已成了一個被人利用的空洞詞語，老百姓為了保護自己的利益——那鋪在鐵軌上的半根枕木，絕大多數人都被裹挾進了哥老會組織裡，拿起鋤頭、扁擔、鐮刀、文件耙、土槍、鳥銃等武器，揭竿而起，驗應了「革命是人民群眾的狂歡節」那句話。

鑼鼓已經敲響，大幕即將開啟，以上各色人物都將在這個舞臺上表演一場場大時代的悲喜劇。不過在暴風雨來臨之前，巴蜀大地暫時還是平靜的。

詔書傳到了成都

鐵路國有的消息雖說早已有傳聞，但是當詔書真正傳到成都時，四川諮議局和川漢鐵路公司裡的那些立憲派頭面人物，反倒沒一個人吱聲。在清政府忽然變臉的第一政策面前，他們一個個面面相覷，不知道該如何辦才好。

第三天，位於成都岳府街的川漢鐵路總公司召集了一個股東臨時會議，時任勸業道的周善培，是修鐵路的主管部門領導，應邀參加。據周在《辛亥四川爭路親歷記》一書中說：到會的各方代表有兩三百人，鐵路公司總理曾培宣讀了上諭後，請大家討論發言，當時的觀點分為兩派：一派認為四川商辦鐵路已久，人才財力耗費不少，政府忽然變臉，對四川究竟有何利弊尚不可知，不能輕易表態贊同；另一派認為，川漢鐵路修了兩年，效果甚微，只怕三十年也修不成功，加之銅元局借款、上海施典章倒賬虧損，照這樣子下去，錢用光了鐵路卻毫無蹤影，不如讓政府收歸國有，既可減少川人負擔，又有希望修成鐵路。

次日，四川總督府正好召開各司道官員會議，周善培將前一天鐵路公司的會議情況作了彙報。此時的四川官場高層已經發生了一些變化，走馬燈似的換了幾輪官員——一九〇七年三月，錫良奉旨調任雲貴總督，四川總督由趙爾巽接任；一九一一年三月，趙爾巽調任東三省總督，四川總督暫由四川藩台王人文代理。

王人文（一八六三～一九四一），雲南大理人，白族，在貴州、廣東、陝西等地做官二十餘年，仕途生涯從小縣官做起，一步步爬到代理四川總督位置。出任四川布政使不久，原川督趙爾巽調任東三省總督，川督由王人文代理。滿以為代理只是過渡，王人文咬咬牙花了很大一筆銀子，期待轉正，不料三個多月後，朝廷的人事任命名單發下，卻沒有他的份。趙爾巽食言，將四川總督的位置給了他的胞弟——原川滇邊務大臣趙爾豐，而王則被派往接替趙爾豐的位置。對此安排，王人文極為不滿，言談舉止不免有所流露。酒酣耳熱之際，常發牢騷：「兩宮辭世，喪服初滿，即以鉅款制戲服，以官職為市場，國事不綱，於斯極矣！」對身邊三兩知己，則把話說得更加透澈：「一大把年紀了，還被派往邊陲蠻荒之地，以素昧邊事者辦理邊事，豈有不鑿枘（格格不入）者乎？」

那天王人文召集的司道會議上，各司道台官員態度也有不同。周善培心繫新政，有意維護立憲派，屁股坐在鐵路公司一邊，傾向性比較明顯，聲調不高卻很有穿透力。他說：「鐵路收歸國有，臣不勝歡幸，以為天佑中國。豈料又聽到郵傳部向洋人借款的消息，臣反復思量，不覺戰慄。怕的是一借外款，則必有抵押，必受監督，中國修鐵路卻受外國制約，川人無不憂心如焚。」

周善培話音剛落，藩司尹良開口了：「上諭叫辦的事，我們做臣子的只管去照辦就是了，何來那麼多囉嗦話！」尹良的怒容寫在臉上，刺得周善培很不舒服，於是綿裡藏針地說道：「雖說是照辦，卻有一點不能不提，就是憲法問題。欽定資政院章程定明：對外締結條約要交資政院通過；

又欽定各省諮議局章程定明：本省權利興廢事件要交諮議局通過。眼下兩項手續均未完備，借款就已經簽字，商辦鐵路收歸為國有，恐怕還有波折。」尹良長著一顆唯馬首是瞻的腦袋，凡是上頭的指示一律照辦，哪裡去想過這些複雜的法律法規，聽周善培說得頭頭是道，一時也想不出什麼話反駁，咕嚕道：「這些北京一定考慮過了，不需要我們操心。」

在場的提學司、提法司、巡警道等一干司道官員，都是在官場中久經歷練之人，誰也不輕易發表意見，眼睛朝代理川督王人文這邊看。王人文面帶憂色，不時地歎氣：「此事怕有麻煩，我們慢慢看吧。」這種模棱兩可的表態，說了等於沒說。這也怪不得王人文，從內心裡說，王人文贊同周善培的講話，他肚子裡憋著一股對清廷的怨氣，只是人在官場，有些話不方便直說。何況王人文知道，藩司尹良並非等閒之輩，此人官場上有背景，是前任四川總督趙爾巽的表侄，又與鐵路大臣端方有親戚關係，尹良有這麼硬的政治靠山，王人文得罪不起。後來的事實證明：尹良對王人文暗中不滿已久，他向趙爾豐告密，詆毀王人文袒護保路紳商，並迭電北京方面，致使清廷對王不再信任。這是後話，以後還會提到這個人。

再說一個人叫彭蘭村，號樹棻，四川雙流人，早年曾被選派赴日本留學，回國後在安徽任候補知縣，一九〇五年回家鄉雙流創辦學堂，後因學款不濟而停辦，彭蘭村也辭職到了成都，入四川諮議局，被選為川漢鐵路公司主席董事。據彭在《辛亥遜清政變發源記》中講述：鐵路國有的上諭發佈後四五天，王人文曾親赴岳府街造訪，與鐵路公司主席董事彭蘭村、副主席董事都永和、公司總理曾培等負責人商談徵求意見，彭、都、曾等人一籌莫展，也拿不出什麼辦法，王人文又邀約鐵路公司諸要員一起前往四川諮議局，會晤議長蒲殿俊、副議長羅綸，意欲商議出一條良好的對策。

蒲殿俊建言：「鐵路公司有股本、股權關係，非另行開會不能解決，諮議局只能糾舉其違背法律手續。為公司計，莫若先號召旅省各州縣人士聚眾研究，諮議局亦可加入，在民眾充分討論的基礎上，再召集臨時股東會議決。」王人文扭頭問副議長羅綸有何意見，羅綸表示贊同。

四川諮議局成立於一九〇九年十月，地方各省成立諮議局，是清廷應時局變化而預備立憲的重要步驟之一。諮議局成立前夕，蒲殿俊已從日本留學回國，在京城任法部主事，因久有文名，又通曉新政，為川人所推崇，省城各方紛紛函電邀其返川主持大局。在川省諮議局成立大會上，蒲殿俊以高票當選。依照章程，諮議局的職權包括議決本省興革事件、預算決算、稅法、公債等，川省諮議局成立後，立憲派人憑藉諮議局的合法地位，在當時成為一種顯著的政治力量。

王人文當然知道這股政治力量的重要性，他之所以來和蒲殿俊等人商議，除了隱形發洩對清廷的積怨外，從某種意義上說，何嘗不是也想借助這股政治力量，為自己在官場上呼風喚雨增添幾枚籌碼？

對蒲殿俊的建言，王人文沒有明確表態。不表態就是默認，也可理解為縱容，這之後成都紳商、學生紛紛組織起若干個「同志會」，對鐵路國有進行研究，這些「同志會」雖然還不像後來的「保路同志會」那麼激烈，卻是保路運動的萌芽。為了使這些討論深入人心，家喻戶曉，四川紳商創辦了若干白話報刊，如蒲殿俊、鄧孝可主筆的《蜀報》，池汝謙主編的《西顧報》，江敘倫主編的《白話報》，以及《啟智畫報》、《保路同志會報告》、《四川獨立新報》、《蜀江報》、《大岷報》、《益風報》、《寰一報》、《四川公報》等數十種。

一個封閉專制的國度，凡事一放任研究就可能出問題，晚清這個腐朽的政權本來已經瀕臨崩潰的邊緣，開啟民智，形同掘墓。如果把推倒滿清比喻為拔大樹的話，清廷內部的許多開明官員此時也無形中站到了拔大樹的隊伍中，從中央到地方，上下一起用力，左右反復搖晃，這棵大樹再也沒有不被拔掉的道理。清廷垮臺後，《清史稿》稱王人文為清朝「罪臣」，雖然當「罪臣」並非王的本意，但不能說沒有道理，王人文當時的放任、袒護甚至縱容，客觀上確實幫了清廷對立派的大忙，大大動搖了清王朝的根基。

保路暗潮已洶湧

風起於青萍之末，成都的大街小巷，已是暗潮洶湧。各團體、各學校到處都在開會，研究鐵路國有和借款合同，社會上充滿了不滿和抗議之聲。

一九一一年五月二十八日，川漢鐵路公司召開臨時股東大會，緊急商討對策。到會股東七二二人，其中立憲派人及其支持者占多數，也有少數同盟會員參加。這次臨時股東大會是保路運動升級的一個轉捩點，鐵路公司大廳中間搭起了一個又高又大的講演台，簽到處的長條桌旁，擠滿了前來參加會議的人，交通一度為之阻塞。開會的時間到了，公司主席董事彭蘭村站起來首先發言：「此次鐵路收歸國有，係屬非常變局，各位股東諒已明曉洞鑒。」一番開門見山的話語之後，彭直奔主題：「按照公司慣例，還須有兩個多月才開股東會，惟屆期尚遠，眼下情形又刻不容緩，因此請各位來商議，望大家指示方略。」

接下來有都永和、鄧孝可、龍鳴劍、龔煥辰、張森楷等股東發言，人心慘痛，議論紛紛，多數股東贊成鐵路收歸國有，但必須無條件償還路款；也有少數股東堅持不承認清廷接收川漢鐵路。針對清廷在鐵路問題上的大變臉，會議決定了一條應急措施：在川人中選派口齒伶俐者充當聯絡員，赴京、滬、鄂、湘、粵以及四川省內各州縣去遊說宣傳，爭取最廣泛的社會同情和支持。

會議進行到中途，忽然有人大聲喊：「合同書到了。」所謂「合同書」，指的是郵傳部向英、德、法、美四國的借款合同，川人正為鐵路收歸國有、償還路款遇到了麻煩而擔憂，對於始作俑者盛宣懷充滿了憎惡和怨恨，很少有人去分析借款合同的具體內容，而是情緒化放大到了極致。大家正在觀望，只見有人飛步跑上了主席臺，才開口說了一句「鐵路完了，四川也完了！」立刻倒在桌案上失聲痛哭起來，台下的人群也受到感染，又想到買的鐵路股本有可能拿不回來，也跟著嚶嚶哭泣開了，起初是幾個人小聲哭，一會兒，哭的人越來越多，低聲哭泣變成了號啕大哭，有的哭得抱成了一團，有的一邊哭一邊踢腳、拍桌子，吼得屋瓦都要震動了。照料會場的八個員警也丟了警棍，伏在旁邊一同號哭起來。

這個悲慘的場面持續了半個多小時，有人站出來說話：「諸位這樣哭也無濟於事，要保路就得請護院電奏，才是辦法。」一句話提醒了在場的股東，於是眾口一致地喊道：「走，我們去總督衙門抗議！」

人們讓年近八旬的翰林院編修、白髮老翁伍肇齡走在隊伍的最前頭，伍老先生堅持不坐轎，由兩個人攙扶著，緊隨其後的是羅綸、劉聲元、池汝謙、彭蘭村、葉秉誠、林山腴、鄧孝可、蒙裁成等人。川籍作家李劼人在長篇巨著《大波》中，曾生動描述過這一壯觀場景：「一大群氣派十足的紳士們緩緩走出，穿公服的不少，但也有只穿一雙薄底青緞官靴，戴頂有品級頂子的紅纓緯帽或玉草帽，而一裹園的藍綢長袍上，僅套了一件對門襟、大袖口的鐵線紗馬褂的。好些都是諮議局議員兼租股股東。後面又是潮湧的人，大約是沒有資格的，只管穿著各種各色長衫，偏沒有一件馬褂，也沒有一頂緯帽或玉草涼帽，但聲勢很大……把站在兩旁專看熱鬧的人都裹去了不少。」

岳府街離總督府有三四里路，早已有人將遊行的情況向王人文匯報了，王人文態度還很沉穩，說道：「不用慌，快請他們來。」一個多小時後，遊行的隊伍到了總督府，王人文站在屋簷下迎接，一邊說：「大家儘管發表意見，我的責任該辦的，有能力辦到的，都不會推辭，一定會替四川人辦。」王人文的話贏得了一片喝彩。

在場的好幾位會眾輪流發言，說話時，語氣無不激烈，有且說且哭的，有哭得泣不成聲的，也有光哭不說話的。綜合起來的大意是：川漢鐵路是光緒皇帝批准辦的，不能收歸國有，四國借款合同應該作廢，請政府收回成命，如果不收回，川人一定要力爭到底。發言完了，有人提出要請王人文代為電奏清廷。

王人文聽完了，要答話，他身體矮小，怕大眾看不見，讓人搬了張方桌，站在桌子上聲音宏亮地說：「四川總督是政府派來代表四川人辦事的。四川人對政府有什麼意見，總督有代你們轉奏的責任。你們快把方才所說的一切具個呈文來，我立刻代大家電奏，代大家力爭，一爭不行，就再爭，哪怕爭到丟了官，能把我的責任盡到了，丟官也是快樂的。」

他的話贏得了一片歡呼聲。站在隊伍最前列的伍肇齡老先生顫顫巍巍地走過來，當眾一膝跪下，滿頭的白髮直往地上搗，嘴裡不停地嘀咕著什麼，眾人見此情景，也跟著一起跪下，有人高呼「青天大老爺」。王人文趕忙讓人把伍老先生扶起來，他自己也被人扶下方桌，忙不迭地向伍老先生還禮，又連連向眾股東拱手道謝。

據石體元在《憶成都保路運動》中回憶：四川成立保路同志會，是蒲殿俊、羅綸等二十餘人連夜祕密商談的結果，係空前所未有的大舉動，必須同下決心，擴大陣營，整齊步伐，不避危險。經過再三磋商，決定了三個步驟：一是以同志會作先鋒隊，各州縣成立分會，喚起全省民眾一致行動；二是以股東會為大本營，按原定日期舉行股東會議，以壯聲威；三是以諮議局為後盾，支持同志會、股東會，提出彈劾政府。步驟既定，隨即指定負責人分別推動工作，準備下一步的各項保路活動，遍地狂飆即將點燃，浪潮蜂擁而至。

川督王人文貶官始末

據周善培《保路運動親歷記》一書透露：保路同志會成立後，王人文曾向周交底，對成立同志會這件事不便公開承認，唯有採取「不干涉」的辦法。對清廷好交待，保路同志會這邊的群眾也能諒解。

但其時王人文的處境頗為艱難。鐵路國有的上諭發佈後，川人反抗情緒激烈，王人文為安定人心起見，向朝廷代奏了「暫緩接收鐵路」和「暫緩公佈停征股租」的兩項請求。兩天後，清帝下旨申斥王人文，認為鐵路事「一經定為國策，決無反悔之理」，並要求他對滋事者嚴厲制裁，「倘有匪徒從中煽亂，意在作亂者，照懲處亂黨例格殺勿論。」

捧讀上諭，王人文滿心酸楚，面有憂色，認定路事前途叵測。不過，王人文此時已是橫下了一條心，他還想再去搏一搏。這次彈劾的目標，直指郵傳部尚書盛宣懷，他將周善培叫到總督府，關起門來祕密商談，逐條指陳盛宣懷的「欺君誤國」之罪。

三天後，周善培帶著奏摺來見王人文。這份奏稿是周善培的嘔心瀝血之作，稿中有些句子是他頗費了些心思的，如：「盛宣懷此次主定合同，即有委曲難求共諒之隱，然非一人而可以謝外人，可以謝天下，可以消外患，可以弭內亂；臣知朝廷必不愛一盛宣懷，而輕聖祖列宗艱難貽留之天下。臣知盛宣懷之忠，亦必不惜捐一身以愛朝廷，且知盛宣懷之智，亦必知合同苟難修改，朝廷即予優容，而天下之怨望既深，則未來之患方永。」讀到此節，王人文也點頭稱是。奏稿有七八頁，王人文足足看了一個多鐘頭，終於讀完，他表情肅穆，提起筆來，在奏稿上添了一句：「請罷盛宣懷以謝天下，然後罷臣以謝盛宣懷。」這才抬起頭來，眼睛望著遠方，神情若有所思。

周善培沉默片刻，開口說了想法：「這是直言無忌的一本奏摺，多年以來，朝廷也很少見過。朝廷若聽了，自然是朝廷之福；不過依我看，朝廷不聽的可能性更大。」王人文輕輕「哦」了一聲，眼睛看著周善培，聽他繼續往下講：「如果朝廷聽不進去，怪罪下來，說輕點，大人恐怕會被撤職，說重點，只怕會有不測之風雲……」周善培欲言又止，王人文早已懂了弦外之音，正襟危坐，冷靜地說道：「我從二十歲中進士，到今天不過二十九年，做到這個地位，朝廷待我不薄。不幸遇到這等關乎國家安危存亡的大事，如果我閉口不說，不但對不起朝廷，也對不起四川人民。」

奏摺呈上去了，卻被留中不發處理。清廷的態度十分明確，認為王氏袒庇川人，違抗朝旨，不久即命他交卸工作，赴京聽候處置。

那些日子王人文的人生跌落到一個低谷，他要頂住來自各方面的壓力，每天須應付大量公文，以及不斷傳來的群眾集會演講消息，電報函件紛至遝來，絕大多數都是報憂添堵。

前任川督趙爾巽致電王氏，請其解散保路同志會，嚴飭鬧事之徒，「不然於公不利」，王人文將電報壓在案頭，置之不理。又有諮議局議長蒲殿俊轉來一封電函，是川籍御史趙熙發來的，大意為，藩司尹良屢次三番致電北京，詆毀川督王氏，務請注意。看過這短短一行電文，王人文一臉苦笑，攤開雙手道：「如今這年頭，實心想辦點事真難，謝謝朋友的關照。」這些煩心事還未了結，又從西康邊地傳來消息，新任川督趙爾豐已啟程，正日夜兼程趕往省城……王人文苦笑道：「這個爛攤子，他早日來接管了正好。」

聽到王人文即將要調走的消息，眾多川人依依難舍。這天，在周善培為母親壽誕舉辦的生日宴會上，王人文應邀出席，同時參加的還有保路同志會諸首領。酒過三巡，諮議局副議長羅綸端著酒杯，領著十幾個人過來，要給王人文敬酒。羅綸道：「平時我是滴酒不沾的，今天捨命也要喝三杯，代表四川人民謝謝護院，替四川人爭路，功德無量。」說完連幹三杯，頓時臉色通紅，走路也搖搖晃晃起來。王人文本來就滿腹酸楚，經羅綸這番話一激，禁不住也連幹了三杯。王人文喝酒是海量，平時喝一二十杯也不會醉，這天的宴會上，他喝了不到十杯，竟自大醉，眼中淚光閃爍，被人扶上轎子時，忽然像個孩子似的嗚嗚哭了起來。一時之間，成都官場上暗中傳開，都視為怪事。

王人文卸任赴京前幾天，保路同志會召開大會歡送，羅綸在開場白中說道：「此為保路同志會送愛國者，非以四川紳商送川省大官也。」王人文身著官服，面色冷峻，並沒有多說什麼話，只是拱手稱謝。原定八月二十五日啟程，取道川東，沿長江而下經宜昌、武漢，輾轉北上進京。臨行之前有消息傳來，川東沿途各地紳商紛紛設帳迎送，氣氛甚為熱烈，又暗藏著緊張，王人文恐生意外，遂決定改穿便服，於八月二十七日祕密出城，繞道西安北上。

辭別了成都，王人文走走停停，此時保路運動已層層推進為武裝暴動。十月二日，王人文行至西安，忽有陝西巡撫錢能訓來訪，出示軍機處密劄，令王人文在原地聽候查辦，據傳有逮問之議。十五日，上諭到，王人文跪下接旨，清廷著令撤去王人文侍郎銜及川滇邊務大臣職，交內閣議處。此時辛亥革命已經爆發，陝西隨即宣佈獨立，清廷原本想要懲處這個罪臣，卻再也無能為力了。

民國後，王人文定居京津，不再入仕途。一九三七年，寓居天津的王人文七十四歲，常常憶及往事，不堪回首。深恐文件陳舊年久散失，將當年的幾封上疏自輯成冊，重讀再三，禁不住老淚縱橫，題名《辛亥四川路事罪言》，付之石印，序中云：「知我罪我，俟諸異世。」

趙爾豐成都赴任

王人文離川後，四川總督一職暫時空缺，盛宣懷、端方聯名致電趙爾豐，催促他「速赴川任，鎮撫群情」。從川藏邊地傳來消息，說趙爾豐即將啟程，不久即可到省城。消息傳到成都，保路同志會一千人緊急開會，聚在一起商議對策。

蒲殿俊說：「好不容易遇到個好官，做通了王人文的工作，如今保路運動正開展到節骨眼上，王護督調走，又來了個不好說話的趙爾豐，這該如何是好？」順著蒲殿俊的話題，在場的人各抒己見，有的說堅持抵制，給他個下馬威；有的認為此法不妥，應該先禮後兵；有的建議派人去迎接趙爾豐，以博得其好感，有利於將來的工作。

經過一番商議，決定派鄧孝可、葉秉成赴新津縣迎接趙爾豐。又擔心鄧、葉二人沒在官場任職，人微言輕，分量不夠，由鐵路公司總理曾培出面，邀請提法司周善培一同前往，便於從中周旋。周善培推辭道：「我已不管路事，再說臬司出省城必需具奏，我是不能自由出省城的。」只好通過諮議局蒲殿俊等人在上層疏通關節，周善培拿到了准許出省城的批文，這才跟隨鄧孝可、葉秉成一同到了新津縣。

原以為新津是西康至成都的必經之地，趙爾豐必定會至此停留，誰知提前一天到達，次日等了一整天，未見到趙爾豐的影子。再往前一站是邛州，匆匆趕到，又等了一天，還是不見趙大帥的蹤影。向地方官打探消息，卻是一問三不知，說根本就沒聽說過有這回事。周善培一行數人意興索然，眼看再等下去也是白搭，只好收拾行裝回到了成都。

回成都後才弄清了事情的原委：按原定計劃，新任總督大人應當乘八人抬的綠呢大轎，前面鳴鑼開道，後隨大隊侍衛，沿途縣官和百姓叩拜接送，走邛州、新津這條線到成都，可是趙大帥生性儉樸，不願擾民，堅持要走另一條線路，騎馬上省。相傳，趙爾豐在雅州府駐紮了幾天，祕密會見了前來迎接的川省藩司尹良等人。

自從錫良當年送趙去川藏邊地，一幹就是六年，平心而論，趙大帥治邊有功，架鋼橋、辟道路、靈運轉、通郵驛、辦學堂、開墾殖、免烏拉、興商務……舉凡種種，功績卓著。僅改土歸流一項，「收歸邊地東西三千餘里，南北四千餘里，設治者三十餘區，而西康建省之規模初具。」深受清廷好評。有部奇書《艽野塵夢》，「湘西王」陳渠珍著，講述其戍邊的傳奇經歷和愛情故事，書中有段文字寫到趙爾豐的戎馬生涯，非常生動傳神：「……有指最後一乘馬者，衣得勝褂，繫紫戰裙即趙爾豐。既過橋，全軍敬禮，爾爾飛馳而過，略不瞻顧。諦視之，狀貌與曩在成都時迴殊。蓋爾豐署川督時，鬚髮間白，視之僅五十許人也，今則霜雪盈頭，鬚髮皆白矣。官兵守候久，朔風凜冽，猶戰慄不可支，爾豐年已七旬，戎裝坐馬上，寒風吹衣，肌肉畢見，略無縮瑟之狀。潞國精神，恐無此矍鑠也。」

一九一一年，趙爾豐年滿六十六歲，依然精神矍爍，炯炯有神，滿頭威武的銀髮，像頭銀白色的獅子。在雅州府，他冷靜地聽取藩司尹良的彙報。尹良說，四川省的紳士已不像從前，自成立諮議局以來，紳商們都不聽話了，稍有意見不合，他們便要爭論。大帥接任後，倒要好生對付才是。趙爾豐冷笑一聲，躊躇滿志地說道：「這都是王人文懦弱，把這些人給慣壞了，從前我護理川督時，他們倒還巒文靜，不信短短幾年功夫，這些人就變了個樣。四川人的脾氣是服硬不服軟，古時候諸葛亮從嚴治蜀，人人說他好；劉璋治蜀寬大，個個罵他昏庸……」

這番密談，是趙爾豐對成都情況的一次摸底調查。辛亥年閏六月初八，西元一九一一年八月二日，趙爾豐終於抵達了成都。當天，全城文武官員齊集在武侯祠，迎候新總督到任。一場簡單的歡迎儀式後，官員們簇擁著趙爾豐，威風凜凜地到了總督府，然後是正式接印，由戈什哈把要傳見的人依著官階品級，排成次序，拿著手本引到大花廳。三揖之後，各自應酬幾句，端茶送客，一天的時間就這麼過去了。

「消防隊長」緊急出動

「鐵路國有」上諭頒行後，在湖南、廣東、湖北、四川等省迅速爆發了抗議浪潮，引發了清政府的全面危機。僅僅過了十天，一九一一年五月十八日，清廷緊急任命端方為督辦粵漢、川漢鐵路大臣，然而，二十世紀初的中國鐵路好像是一條帶有咒語的絞索，誰碰誰倒楣，因為這個任命，端方在晚清的暮色蒼涼中走向了斷頭臺。

端方（一八六一～一九一一），字午橋，號陶齋，滿族正白旗人。當年有官場諺語云：「京城旗下三才子，大榮小那端老四」，大榮指榮慶，小那指那桐，端老四指端方。這三位才子不僅有學問，擅詩文歌賦，好金石書畫，而且思想行為新潮時尚，與那些滿清頑固派形成了鮮明的對比。尤其端方，一生曆仕南北，總督一方，在晚清政壇顯赫威風，許多大事件中都擔當了重要角色，連帝師翁同龢也贊許他「讀書多」，「勤學可嘉」。

端方在官場上一路升遷，兩年前卻栽了個跟頭。事情的起因小得像顆芝麻，端方當時任直隸總督，一等一的封疆大臣，僅因為在給慈禧太后舉行葬禮時，他安排手下士兵砍了幾棵樹，拍了幾張照片，騎馬衝撞了神道，便遭致貶職丟官，可見官場之處處兇險。表層現象背後隱藏的真相是：他與袁世凱的關係走得太近，是袁的兒女親家，而偏偏袁世凱是攝政王載灃的宿敵，端方得罪載灃於無形。不僅如此，端方得罪的人還有楊崇伊、鐵良，他從直隸總督位置上被扳下臺，就與這兩人有直接關係。

陳芝麻爛穀子的事不多說了，端方下臺後賦閒在家，本來相安無事，不料命運乖舛，碰到了那條倒楣的鐵路。

啟用端方任鐵路大臣，是他的好友那桐首先倡議的。據當時的《申報》消息透露：鐵路國有政策出臺後，引起了南方多省民眾公憤，風潮初起，幾乎釀為不可收拾之局。總理大臣奕劻見此事不易處理，召來那桐祕密商議，那桐請啟用端方督辦鐵路，理由是，端方曾任湘、鄂兩省督撫，與兩省官民甚有感情，若令其前往，善為勸導，必能消弭患無形。事實證明那桐的說法並沒有錯，湘鄂兩省對於端方出任鐵路大臣確實傳達了友好的熱情，湘鄂鐵路協會發電致京往賀，表示了歡迎的態度。

據《北華捷報》一九一一年五月二十七日的一篇文章說，端方本來就不贊成鐵路國有，他對自己被任命為鐵路大臣也不甚樂意，認為此事棘手，曾繕寫奏摺推託，請另派大員前往。端方還對盛宣懷進行過勸說，要求朝廷廢止鐵路國有政策，以免刺激粵、湘、鄂、川等各省眾怒，而引發全面騷亂。可是清廷並不理會他的意見，只命令他勤謹履行職責。

既然上折請辭不被允准，端方便採取拖延出京的辦法進行軟抗。學者張海林在《端方與清末新政》一書中分析：端方一方面對盛宣懷進行最後規勸，試圖逆轉鐵路國有政策，另一方面不斷地上奏朝廷，提出更多上任視事的前提條件，同時在京城會見湘、鄂赴京紳商代表和物色鐵路工程師人選，做出準備南下的姿態。端方還向內閣提出了三個條件：一不負責勸解抗路風潮；二不受郵傳部節制；三是遇有外交糾紛請隨時調員襄贊，「並懇電致沿路各督撫須和平，勿專制強硬，以致激變。」

端方在京拖延期間，一心期盼朝廷會改變鐵路國有政策，但是他的期待最終還是落空了。六月十六日樞臣會議，專議民眾反對鐵路國有事，會上各大臣大都不置可否，只有總協理奕劻和郵傳部大臣盛宣懷說了幾句檯面上的話，會議繼續堅持盛宣懷鐵路國有的既定政策。散會之後，端方默然而退，他的悲劇命運在那一刻最終敲定了。

一九一一年六月二十九日，端方在上諭和朝臣的催促下，極不情願地離京南下。據其大弟端緒後來回憶，端方上任鐵路大臣之際，特地將留學日本、對鐵路素有研究的小弟端錦召入幕中，當時端錦在京城拿到了一紙任命書，正準備赴河南上任，收到端方的電召，放棄了赴豫任官的想法，隨兄端方前往南方。到了武漢，又接到朝廷聖旨，催促端方入川平亂，端錦見兄長途無人隨侍，且蜀中亂勢正洶，遂決意隨兄入川，「希冀沿途竭力勸諭，以報國家，亦即所以報兄也。」沒想到頗有變革新思想的端家兄弟二人後來竟同時被殺頭，真讓人不勝唏噓。

火山口上的李稷勳

節骨眼上，給趙爾豐製造麻煩的人是李稷勳。

說起來這也怨不得李稷勳。鐵路國有上諭發佈後，川漢鐵路陷於全線停工，望著已經鋪好枕木的長長的鐵路，李稷勳痛心疾首。更讓人頭痛的是因停工激成民變，出動員警，釀成死二十餘人、傷若干人之大禍，雖說最終事件平息了，但留在心上的傷痕卻永難癒合。

為安定人心，李稷勳讓屬下印刷了幾萬份《告鐵路工人書》，廣為散發，傳單中云：「我李稷勳有一日命在，決保諸君不死；我李稷勳有一日飯吃，決保諸君不餓。」公司總理與鐵路員工捆綁在同一輛戰車上，使得築路工人們大為感動。

李稷勳不僅這麼說，也是這麼做的。此時鐵路大臣端方已到湖北，李稷勳頻頻乘船下漢口，向端大臣訴苦和討教。端方對鐵路國有政策本來就有抵觸，與李稷勳一拍即合，二人激揚文字，各自發表對鐵路事的諸多感想。不過，議及具體還款事務，如「川路公司宜昌實用工料之款四百餘萬，部奏何以只准給保利股票，不能與湘粵一律發還現金」等等，端方便支支吾吾，語焉不詳。為維護朝廷的威嚴，有些話不便明說，只好打太極拳，將此事推給了郵傳部，讓李稷勳進京去找盛宣懷。

李稷勳進京後，第二天去見了盛宣懷，沒開口已是滿臉愁容，訴說了擔任宜昌總理一職以來的種種艱辛，話匣子一經打開，猶如滔滔不絕之洪水，說到激憤處，聲音竟幾至哽咽。盛宣懷不動聲色地聽著，顯得耐心十足，像是個有經驗的獵手，早已在前方布好了陷阱，只等獵物往陷阱裡跳。等李稷勳情緒平靜下來，盛宣懷搭腔了，首先對李稷勳盛讚一番，誇他自從到任以來，深知責任重大，始終不渝克難奮進，而薪水每月支五百金，僅及總工程師詹天佑的四分之三，實難敷用，對此卻毫無怨言，殊為難得。

盛宣懷的高帽子一戴，李稷勳心裡通順了許多，先前鬱積心中的怨氣，也消散了十之七八。只聽盛宣懷又說：「我已經通知財務，即刻起增加夫馬費五百兩，任李總理差遣，望能為工程著想，始終其事，一手辦成，切實承擔，萬不可中途卸肩。」盛宣懷的話，使李稷勳心裡熱呼呼的，不由得有些感動了。

接下來盛宣懷轉入正題，說到鐵路收歸國有的國策，以及修路經費緊張迫不得已向洋人借款的苦衷。李稷勳對鐵路收歸國有以及政府拖欠路款遲遲不還的態度，原先也與大多數川人無異，與盛宣懷一番密談後，他的立場、觀點發生了變化，站到全國一盤棋的高度，他逐漸理解了清廷鐵路國有政策，對政府採取現款換取股票，今後逐年兌現還款的措施，也由反對變成了贊同。他向盛宣懷表態：願意將宜昌公司剩下的七百萬交由政府處置，換成國家鐵路股票，以後無論贏虧概由國家接收。三天後，李稷勳向成都公司股東會發了封電報，講明瞭宜昌公司七百萬已由政府接收的事實，並倡議成都公司也照此辦理。

李稷勳的觀點立場倒向盛宣懷一邊，使四川紳商大為光火，消息傳到成都，頓時猶如炸開了鍋，保路同志會召開職員評議員會議，在集會上，有六七千人高呼口號：「火燒盛宣懷！炮轟端方！油炸李稷勳！」鐵路公司特別股東會也異常憤怒，當天電告李稷勳，限令十日內將宜昌公司的關防帳冊等一併交出，成都總公司已派人來接管；並擬好了電報發往北京，督促郵傳部，責令李稷勳辭職。

但是此時郵傳部頒佈了規定，凡是事涉鐵路的電報，電報局一律不准收寄。無奈之下，只得走官方路線，請勸業道胡嗣芬、警道徐樾，將電稿呈四川總督趙爾豐代發。當天民眾群情激奮，坐在會場上不願散去，一直等到胡嗣芬、徐樾從總督府回來，說明趙爾豐願意代發電報，方才一齊起立，對趙大帥表示謝意，隨後三三兩兩散去。

起初，趙爾豐確實有代發電報的想法，他甚至還在電報上親筆添加了幾句話，但是臨到送去電報局時，有門下幕客勸他，說這個電報發不得，若是發了，北京會懷疑大帥屁股坐在四川人一邊，以後再說話就有困難了。趙爾豐一想也對，將已簽發的電稿壓下，讓人找來周善培，委託周去給保路同志會蒲殿俊等人解釋，說他不能代發電報確實是有苦衷。周善培拿著趙爾豐簽了字的電報稿，同蒲殿俊商量了半天，也是不得要領。

蒲殿俊說：「趙大帥當眾宣佈了代發的，卻又忽然反悔，這事不好辦。」周善培說：「這封電報，如果強行要趙大帥代發，只怕他也會代發；擔心的是，趙大帥代發了電報，以後在政府方面說話恐怕會不靈了，少了一座溝通的橋樑。」蒲殿俊說：「不管怎樣，這封電報都一定要發出去，讓外頭曉得我們四川人的血是熱的。」最後商量的結果是將趙爾豐添加的幾句話刪掉，交電報局發出。其時成都電報局正好換任，無人負責，譯電員見電稿上有趙爾豐的簽字，二話不說，稀裡糊塗就將電報給發出去了。

很快便回饋了消息，電報有好幾封，都是對鐵路公司股東不利的。一封是兩湖總督瑞澂和鐵路大臣端方的會同電奏電文，云：「查川省集會倡議之人，類皆少年喜事，並非公正紳董，詢之蜀人，眾口僉同。非請明降諭旨，派李稷勳仍留辦路，並責成川督懍遵迭次諭旨，嚴重對付，不足以遏亂萌，而靖地方。」另一封則是內閣發下的上諭：仍令李稷勳駐宜昌暫管路事，督辦大臣未接收之前，不許離開。

對於保路同志會來說，這簡直就是公開下了挑戰書。據說，趙爾豐接到這兩封電報時，也是頗費躊躇，把一幫幕僚叫到簽押房，商量該不該把電報轉給鐵路公司股東會。在場的幕僚分為兩種意見，有的主張轉送，有的不主張轉送，其中以不主張轉送者居多。

對這一切，鐵路公司股東會並不知情，一連給李稷勳發了幾封電報，質問李為何還不交帳離職？李稷勳回電說，他之所以不離職，自有原因，並反問說，難道連內閣寄發的上諭都沒有看見嗎？實在不知道，可向川督趙大帥請教一下，就會明白了。

等到水落石出，兩封電報擺在保路同志會諸位面前時，眾人全都被驚呆了。看來清廷毫無轉圜的意思，更讓人不能接受的是，電報竟指責川人「皆少年喜事，並非公正紳商」。這麼兩封電報，無異於丟下了兩枚炸彈，激起了成都大變，一場規模浩大的罷市浪潮呼嘯著席捲而來。

函電紛馳爭說李

原應為川漢鐵路公司說話的李稷勳，屁股卻坐到了郵傳部一邊，將川路現有的七百餘萬兩股款交給了郵傳部，以此作為國有鐵路股金，繼續用此款修築宜昌至秭歸的鐵路。無論李稷勳這麼做出於什麼想法和目的，都與四川紳商的思路大相徑庭。四川各界人士紛紛致電郵傳部，堅決討伐李稷勳的背叛行為，稱李是卑鄙無恥的小人，一時間李稷勳成為焦點人物。

一九一一年八月八日，川漢鐵路公司以董事局的名義給李稷勳發了一封電報，指出李將事權暗移，路款並送，會眾異常激憤。要求李稷勳迅速給北京內閣發電報，自行辭職，解除宜昌總理職務。五天後，川漢鐵路公司特別股東會再次致電李稷勳，令其限期辭職，請十日內將經手關防、款項等一切事宜，交會計局杜成章暫行管理，等再議定選舉合適人選到宜昌接辦。

川漢鐵路公司特別股東會成立後，會長顏楷、副會長張瀾來到總督府，請川督趙爾豐代奏一份糾劾盛宣懷、李稷勳的電文。電文中云：「今駐宜總理李稷勳，無總公司之知會，無股東會之決議，並無四川總督之命令，有何權能可以達部交涉？而郵傳部大臣盛宣懷，亦複不知有諭旨，不知有度支部，不知有四川總督，更不知有總公司全體股東，藉李稷勳一身為媒介，遂悍然稱川路事權於郵傳部及督辦大臣之手。一塵不驚，趙幟已拔。以沒覆用間之術，施之於朝野交際之間，為國民者能不怯乎？」

電報明確地表示，川漢鐵路公司一日未請旨明白交涉，則事權一日不能脫離公司眾股東之手，李稷勳只是一個為鐵路公司放羊的人，豈能將他所放牧的羊群作為禮物牽出去獻人？李這麼做，實際上已成為公司的罪人。今李稷勳擅自作主，損害全體川人利益，孰不可忍。本日已由全體股東開會決議，照章將李稷勳辭退。鐵路事權並非盛宣懷一家之私事，有何不可告人，而與一分公司總理私相授受，強行佔據公司現款，行同強盜，事同騙局，損朝廷之威信，辱內閣之政策。

針對四川紳商方面的斥責，盛宣懷絲毫不願讓步。他在多個場合公開為李稷勳撐腰辯護，認為鐵路收歸國有政策既定，李稷勳的身分就不再是川漢鐵路公司宜昌總理，而是代表政府出任宜昌總理，換句話說，李現在的身分與川漢鐵路公司無關，川漢公司對李的所作所為無權過問。八月十六日，盛宣懷連續發出兩封電報，分別致函鐵路大臣端方、湖廣總督瑞澂，請求兩位朝廷重臣聯合上奏內閣，力保李稷勳繼續管理宜昌路局，電文云：「工程既不能停，仍派李稷勳暫理，以免地方滋事。李稷勳係奏派總理，因正值官商交接之際，若驟易生手，在工地有夫役數萬名之多，不可不慎。且值天雨時節，已成之工，稍有損壞，將來部員接收，若點驗含糊，則公家之虧損不少；若認真估計，則其害必及於股東。」

端方雖然對鐵路國有政策心存腹議，但是遇事將國家利益擺在首位的大道理他還是懂，在這個動盪的歲月，尤其需要他這個朝廷派出的鐵路大臣恪守清律，穩定壓倒一切，容不得出現意外風潮。在給盛宣懷的回電中端方云：「與總督瑞澂細心籌商，決定非留李稷勳不可。」

此前一天，端方還致電盛宣懷，請盛轉呈內閣，電告趙爾豐不准川人擅行更換奏派宜昌總理。明確表態說：李稷勳是政府奏派之官員，豈能任由川漢鐵路股東會提議更換？似此無理取鬧，必釀事端，應請內閣電告趙爾豐主持。此事一誤，萬難再誤。

八月十八日，端方和瑞澂兩位大臣聯名致電內閣，請留李稷勳繼續擔任川漢鐵路宜昌總理，並慎重指出，由趙爾豐轉呈的川漢鐵路特別股東會的那封要求解除李稷勳職務的電報，目前已在社會上廣為傳播，造成了惡劣的影響，宜昌鐵路施工現場人心惶惶，地方治安也不再安寧，「雖經瑞澂電飭地方官切實曉喻彈壓，能否不致滋事，尚難預料。」

在端方、瑞澂、盛宣懷這三位重要官員的影響下，清廷內閣最終作出了讓李稷勳留任的決定。然而這個決定卻並沒有給李稷勳帶來半點好處，反而不折不扣坑苦了李稷勳。宜昌鐵路公司訂有《蜀報》、《西顧報》、《啟智畫報》等幾種報刊，每天翻開那些報紙，從頭版到末版到處充塞著辱罵李稷勳的文字和漫畫，讓他如坐針氈。從家鄉秀山縣不斷傳來消息，自從川漢鐵路股東特別大會開過之後，成都罷市罷課，群情洶湧，如今四川老百姓人人都在罵盛宣懷和李稷勳，李家的祖墳已經被一些人挖平了，先人的屍骨暴露在風雨中，還有人揚言要去砸毀李家的祠堂，這樣的消息令李稷勳感到格外寒心。

一九一一年九月一日，心力交瘁的李稷勳終於不堪重壓，向清廷提出了辭呈，在發給盛宣懷的一封電報中，李稷勳部分傾訴了他的委屈：「謂此次亂事，係為郵傳部硬派李稷勳而發，殊堪驚異！……勳既於路事無補救，徒貽口實，萬分惶悚！應請迅商川督院，另舉派賢員來宜接辦，以自人言，實為公便。且因近日冒暑病泄，精力驟減，宜昌工人逾萬數，關係地方治安，設有疎虞，貽誤匪淺。」

嘔心瀝血的官員

李稷勳向郵傳部提出辭呈之後，並沒有馬上得到解脫。他遇到的那場危機，其根源十分複雜，當時的人們無法理解，以至於若干年後的今天，當我們撥開重重迷霧，回望一百年前的那些人與事，對李的處境也只是一知半解。

除了要忍受來自四川同鄉的數不清的惡毒謾罵之外，李稷勳還必須面對川漢鐵路宜昌段全線停工的殘酷事實。川漢鐵路率先在宜昌至秭歸段動工，李稷勳經手購買東山寺至石板溪一帶良田數千畝，修築車站、倉庫、住宅區和辦公大樓，城區人口也隨之大增，東門一帶開始繁盛起來，新開的餐館、澡堂、煙館、雜貨鋪等無數，鐵、木、竹等手工藝匠人聚集，生意興旺，是近代宜昌的一個繁榮時期。當時的築路工人有四萬餘人，全線停工後，鐵路公司陷入無組織管束的癱瘓狀態，「路工且變，中西商旅一日數驚，婦稚游離，雇舟東下」，加之革命黨乘機煽動，宜昌府隨時都有可能出現大亂局。

李稷勳的擔憂並非空穴來風。就在前幾天，宜昌警察局發來一份密件，告知近日查獲了一起亂黨謀劃暴動事件，與保路風潮有關，尤需要密切關注。為首的人叫張百祥，四川廣安人，一九〇五年赴日本入東斌學校學習軍事，在此期間參加同盟會，一九一〇年回國，奔走於四川、湖南、湖北、江蘇、江西等省，聯繫會黨，號召起義。一九一一年春，張百祥以包工頭身分潛入川漢鐵路工地，密謀策動鐵路工人罷工未遂，又與潛入宜昌警界的湖南同盟會員胡冠南、四川人胡紹堯、雲南人嚴紹陵等組織公益會，有會眾二百餘人。保路運動風起雲湧之時，張百祥等人密謀於四川會館，成立川漢鐵路研究會，以研究政事為名，行革命宣傳之實。宜昌警察局的密件云：日前張豐祥、胡紹堯二人已被抓獲入獄，嚴紹陵等會眾作鳥獸散，正在通輯之中。

宜昌警察局將這件事向湖北總督瑞澂報告後，瑞澂極為重視，特別調派第四十一標第一營和第三十二標第二營兩支部隊，由管帶戴壽山、楊正坤帶隊，連夜趕赴宜昌駐防。並連發數通電報，叮囑宜昌知府和鐵路總理李稷勳等人，加強戒備，防止亂局擴大。

宜昌警察局破獲了這宗案件，只能說幫助李稷勳解除了部分心頭之患。每天面對著無數前來詢問的人群，每天看著從鐵路工地上撤退下來那些枕木、鋼軌、道釘等等對象（川漢鐵路已經全線停工，工程所有物資陸續拆除運往廣東，移作粵漢鐵路營建之用），李稷勳的心情百般不是滋味。當初為修築這條鐵路，耗費了數不清的日日夜夜，也耗費了無盡的心血和汗水，誰知換來的卻是一片罵聲。知我者謂我心憂，不知我者謂我何求，悠悠蒼天，此何人哉！

眼下李稷勳最為擔心的，是即將被遣散的四萬多鐵路工人，路款已上繳國庫，現銀告罄，而手中沒有銀元，要想遣散數萬築路工人只怕比登天還難。當時與李稷勳同居宜昌城內的英國籍稅務官葛禮在給上司的往來電報中，客觀講述了宜昌城此時的危急局勢：「宜昌全城銀元奇缺，人們拒收鈔票，認為不再有什麼價值。前幾天大清銀行有庫存銀元時，曾儘量把鈔票兌現，現在庫存銀元已經兌完，不得不關門停業。」又云：「鐵路工人很可能會發生暴動。發給他們工資的鈔票現在已經買不到食物。大批的中國居民離開宜昌。宜昌人心很不安，金融恐慌，各種離奇的謠言到處流傳著，鐵路公司急需現銀發放工資。因為電報局只代收發英文電報，鐵路公司請我代發電報，呈請漢口鐵路局長想辦法借款，立即運送銀幣和銅原來宜昌。在這大革命的特殊動盪時期，我擔心漢口鐵路局長也弄不到現銀，即或弄到，也來不及運到宜昌，因為鐵路工人一兩天內恐怕就要暴動了。」

從英國稅務官葛禮冷靜描述的文字中，也許能夠稍許體味到一些李稷勳當時焦頭爛額的處境。據宜昌商務分會當時的一份報告稱：「自武昌軍興，道路阻塞，川路公司無款接濟。工人嘩變，各鄉迭傳警報，築路工因無錢購買食物，常在所在地滋擾，地方大震。旅居宜昌的外國商人，尤以路工暴動為懼，時來鐵路公司探問消息。」宜昌商務分會的這份報告中詳細講述了李稷勳當時的一段遭遇：武昌起義爆發後，宜昌商務分會正在一間房子裡召集會議，議題是勸說市民募捐糧餉，李稷勳親赴會場，即席發表演講，力陳路款支絀及工廠危險情形，詞意激烈，講到動情之處潸然淚下，感動了會議室的許多紳商代表。宜昌紳商界與李稷勳的關係素來融洽，如今川漢鐵路公司數萬工役麇集，亟需籌募鉅款方能適時遣散，李總理遇到了難處，且事機甚迫，稍一猶豫不決，則後果不堪設想。

萬分危急之下，宜昌商務分會給剛剛就任的湖北都督黎元洪拍發了一封加急電報：「武昌鄂軍都督黎鑒：照會敬悉。宜昌八月二十七（西曆一九一一年十月十八日）夜已複漢土，民軍全餉商會擔任。惟宜昌向缺現款，現在路工尚有數萬人，非二十萬銀元不能接濟。如稍有遺誤，工人紛擁來城，彼時大漢之師剿則難施，聽則作亂，恐誤大局。應請派『快利』輪船運款來宜，即裝工人回津。此款以宜昌鹽稅統捐擔保。如此辦法，可無他虞。再宜昌今晨晴爽，人心大定，市面照常，特賀。乞速電複。」電報發出的當天，即收到了黎元洪的回電：「商會鑒：電悉。欣慰。款照撥，陸續撥寄。」

兩天後，武漢軍政府派財政部長胡瑞霖，押送現洋五萬元趕赴宜昌，當面交給宜昌鐵路總理李稷勳清點查收，並派出十餘名專員攜帶現款，由城防司令部派士兵護衛，奔赴鐵路沿線的多個施工點，將拖欠的工款散發給工人。到農曆九月中旬，全線築路工人陸續遣散，有北方工役萬餘人聚集宜昌，當由川漢鐵路公司全權負責，特雇輪船，運送到天津。「內有一千餘人，不肯回到北方，自願效力於民軍。複由李稷勳商請司令部，揀選精壯，編入軍伍。嗣後攻克荊州，有決死隊電稱勇敢，該處工人實居多數。」

宜昌反正之後，李稷勳因及時籌款遣散築路工人，護衛地方治安有大功，被推選為宜昌商會會長。此後李稷勳沒有再回四川，晚年定居宜昌，開過藥房，普濟市民，直至終老。其間，李稷勳與兩個人的交往，值得一提。

一是清廷御史、川中名宿趙熙（一八六七～一九四八），字堯生，四川榮縣人，蜀中「五老七賢」之一，世稱「晚清第一詞人」。趙熙一生讀書不倦，家有藏書數千卷，多精心評點。光緒年間進士，授翰林院庶起士，曾先後彈劾奕劻、趙爾巽、盛宣懷等權貴，尤其是在四川保路運動期間，多次上奏摺為四川父老鄉親說話，朝野震動。武昌起義後，趙熙從京城返回四川，途徑宜昌，時李稷勳在離宜昌鐵路壩不遠之處築「東山草堂」，接待應酬八方來客。

李稷勳與趙熙在宜昌東山有過一席長談。李稷勳自稱「罪人」，但是他對自己如何變成「罪人」一事極不理解，耐心解釋將工程款繳給郵傳部的初衷，是想化解川人與清廷的對抗，促成川漢鐵路早日開工，只有鐵路建成通車了，國家才能興盛，也才能早日為川人爭回路款。誰知道好心竟被當作驢肝肺，真叫做狗咬呂洞賓，不識好人心。趙熙苦笑著安慰了他幾句，以被放逐的楚國詩人屈原為例，為之排遣憂愁。臨別之際，趙熙從旅行箱內拿出一幅林紓的水墨畫相贈，林紓的畫作氣勢磅礴，意境開闊，於松濤雲湧深處，不經意地點綴一名童子，寫意中融入了工筆的嚴謹，十分耐人回味。

李稷勳為這幅畫作題詩云：「……江山破碎何遽忽，世事瀾翻風轉燭。四郊戰壘長蓬藋，江淮落葉涼風肅。賃居難求陽羨田，山賊恣伐永嘉木。況值梁益焦兵火，故園已恐無松菊。獨攜此卷西陵泊，相逢邀看東山竹。展圖三歎心骨悲，茲事棄置等覆餗。中夜敲床索新句，檢拾篇章滕歸舳。明年松根健夏涼，知君飽噉溅眉菽。乞分尋尺青玉虬，種向棋軒卻煩溽。」李稷勳的詩在晚清頗負盛名，《清史稿》贊云：「意致深婉，得風人之遺。」經歷了這一番劫難之後，李稷勳以我手寫我心，詩作中自然流露出的真摯情感，更是感人至深。

李稷勳在宜昌東山草堂接待的另一位客人是鐵路大臣端方。當時武昌起義尚未爆發，端方在清廷的一再催促之下，乘船西行來到了宜昌。在風景怡人的東山草堂，李稷勳設宴款待。席間，談及自己心中堆積的委屈，李稷勳泣不成聲。端方起初一言不發，沉默良久後安慰道：「常言說好事天慳，個人得失也還罷了，這條鐵路，不知還要折磨多少人！」端方的話，李稷勳當時並不太理解，直到一個多月後，端方兄弟二人在四川資州被新軍士兵殺害，頭顱運抵宜昌時，李稷勳才真實體味到那位鐵路大臣心中，有著比他深刻得多的痛苦和煩惱。

一九一九年，李稷勳病逝於宜昌。據他的好友回憶，李稷勳的晚年過得還算安穩祥和，只是偶爾憶及當年鐵路事變的那場風波時，目光中仍然會不經意地流露出驚懼的神情，亂局中驚心動魄的經歷，帶給李稷勳的傷害實在太深了。晚年李稷勳撰寫有《四川商辦川漢鐵路宜昌工廠志痛碑並序》，碑文四四〇〇多字，詳細敘述了川漢鐵路修建的起因、勘探、修築、借款以及倉促收尾的全過程，以示志痛。碑文中有自我辯誣的句子云：「保路破約之聲，波蕩千里。余慮朝野相持急，事且益壞，終苦吾民，爰本初意，屢電陳列利害，言爭路非宜，當合謀責取償款，乞少從容。會眾不許，且滋疑謗，因請解職，又不得遽去……」

李稷勳病逝後安葬於東山之上，墓旁栽種了一排松樹，草叢中兀立著那塊勒石《志痛碑》。從東山可以俯瞰宜昌鐵路壩，那是他曾經嘔心瀝血的地方。民國年間，宜昌紳商界人士每年清明都要登山對其祭祀，寄託哀思，有挽聯曰：「鐵因畲，撰述猶新，讀劫後留碑，墮淚有同羊叔；津亭宴，風流頓息，對鏡中遺像，買絲欲繡平原。」歷經百年滄桑，那塊勒石碑已不知蹤影。

背叛者

北京城裡有若干川籍京官，對家鄉的那條鐵路始終高度關注。也許是身在局外的緣故，旁觀者清，在鐵路國有的問題上，他們中間有一個派別的京官態度顯得理智客觀，能夠冷靜地看待故鄉土地上遍地燃燒的血與火。

這一派京官中為首的有兩個人。

宋育仁（一八五七～一九三一），字芸子，四川富順人，光緒進士，翰林院編修，早年曾任出使英、法、意、比四國公使參贊，考察西方政治、社會、經濟制度，回國後參加維新組織「強學會」，後回重慶辦商務礦務，先後興辦過洋車、洋燭、玻璃、煙捲、藥材、白蠟、竹棕、青麻、煤油、煤礦、銻礦等，一度為四川紳商界顯赫的領袖人物，由他一手創辦的《渝報》是四川報業之始。

另一個人是甘大璋，字少南，四川遂寧人，曾提任軍機章京，時任內閣侍讀學士。甘大璋少時習書，寫得一手清秀的書法，平時看他寫的書信堪稱享受，可是現在心情不好，少有閒情逸致。面對四川出現的一片亂局，甘大璋憂心忡忡，他提起筆，給郵傳部尚書盛宣懷寫了一封密箚：「川路反對國有，爭廢合同，現雖釀成大勢，其實主動者不過京官值年數人。」

所謂「值年」，即為當值的那一年在朝廷中承應差事或擔當某項工作，當時在京都川漢鐵路公司「值年」的，是川省諮議局議長蒲殿俊的姑丈胡峻，甘大璋在密箚中透露，有胡峻在背後支持，蒲殿俊鬧事的底氣更足，糾集學界好事者十數人，私報主筆數人，推波助瀾，蠱惑人心。每次開會，旁聽者十之八九是士紳良民，大多數隨波逐流者並不知情，流竄其間的還有哥老會的袍哥，或者土匪余蠻子的餘黨，大亂根源在此。為今之計，非嚴辦不可，只要緝拿為首諸人，保路同志會便立即解散。密箚中甘大璋還附了份名單，並表態說為了國家的前途和川人的利益，他願當政府的馬前卒。

這封密箚引起了盛宣懷的高度重視，他決定與這位侍讀學士好好談一談。

郵傳部的辦公場所原在東城麻線胡同京漢鐵路總局舊址，後搬遷至西長安街路慎親王府西邊，新修建了一幢小洋樓。雖說也是衙門，但沒有那麼多繁瑣禮節，迎面一座比人還高的大座鐘，給人的感覺是十足的西洋派頭。與甘大璋的這次密談之後，盛宣懷轉守為攻，打前陣的人自然選擇了甘大璋。

具體做法是，由甘大璋出面牽頭，遊說在京城的川籍京官，聯名投書朝廷，表明川人的立場態度。奏摺云：川漢鐵路籌款靠租捐，專害農民小戶，非數十年不能湊成一股，利永絕望，害難脫身。路線延長，原估額九千餘萬，且現開工二百餘里，九年方能完工。若全路竣工，需數十年，後路未修，前路已壞，永無成期。職等以為路歸國有，自屬國家應行政策，並非與民爭利……

這份奏摺是幫郵傳部盛宣懷說話的，但也還不失公正。奏摺指出：四川股東們疑慮既失其股東之利於前，又將擔其借款之害於後，換句話說，川人爭路是表相，爭款才是根本，怕的是股租血本無歸。在這份奏摺上簽名的川籍京官共有四十六名，他們是禮部丞參宋育仁，翰林院編修施愚、賀維翰，內閣中書董清峻，度支部員外郎聶興圻、主事杜德輿、廖廉能、張啟愚、李炳廖、曾鴻鑫、劉毓槃、秦允中、李模、朱美瑛、民政部郎中衛清亮、主事馮精忠、七品警官楊光湛等。

四十六名川籍京官聯名投書的消息公佈後，在京川人大為憤怒，於全蜀館開會，到會者百餘人，惟帶頭簽名的甘大璋、宋育仁、施愚等人未到。眾川籍京官七嘴八舌，議論紛紛，談論的焦點是，四川路事當由川省多數股東所決定，甘大璋等人不可越俎代庖，再說，即便要聯名投書，也應該由川籍京官的「值年」來辦。在場的京官中，有在奏摺上簽了名的賀維翰等十餘人，處境頗為尷尬。

賀維翰，字儒楷，四川彭州人，時任翰林院編修，當初簽名他也是無可無不可的態度，多半還是看在宋育仁、甘大璋的鄉誼情面上，現在看到眾多川籍京官同仇敵愾反對盛宣懷，他不願意站到眾人的對立面，被川籍京官們當作靶子，於是漲紅著臉申辯，當初的簽名並非出自本意，而是被人竊名，此話一出口，立刻成了新的興奮點，在眾多張嘴巴的群攻下，其他簽名人也扛不住了，有的說是被竊名，有的發表聲明退出簽名，只有四川議員萬慎等少數京官，仍堅持原先的觀點，站出來為甘大璋等人辯護，但是很快「被眾人呵斥下臺」。

全蜀館開會後的第二天，川籍京官「值年」派僕人送來一份通知單，告知上一天開會的情況，通知單中說，在甘大璋、宋育仁等人的聯名投書中，發現被竊名者達二十九人之多，請問甘大璋是何種原因？據《四川保路同志會報告》（第二十號）云：甘大璋看過通知單後十分氣惱，當場將通知單撕碎，譴責那些退出簽名的川籍京官，並當庭大罵送信之僕人。

雖說宋育仁、甘大璋等贊成鐵路國有之理由甚為充分，但是這一行徑還是為川人所深惡，川人對其恨之入骨，憤怒指責宋育仁、甘大璋等人「賣川求榮」。有人在《蜀報》上發表文章云：川省建立保路同志會，不數日而署名入會者，已逾十萬人，川人豈無病而呻吟哉？辦鐵路之資本皆川人膏血，辛苦投資，如農民期望有好收成，忽聞甘大璋等四十六人一呈，呈中主點，則在請川路各款一律換為鐵路股票。是吾川路股本不翼而飛，斷送於甘大璋數人之手矣。今吾川人有正式詰問條款如下：一，川路股東會購之股，統計不下數千萬，四川京官中占最小部分，甘大璋等於四川京官中，又為最小部分。請問以何等資格，代表全體股東？二，吾川人如承認國有，則股本全數發還，趙璧趙完。川人自有之財產，非自己處理不可。請問甘大璋等有何等權力，能處理他人之果？三，就上渝所發表數目，股本實少四五百萬，假令如是結帳，甘大璋等能否一力賠償？

那段日子對甘大璋來說堪稱淒風苦雨。除了一幫不同觀點的川籍京官大大找上門來辯論聲討，鬧得甘府雞犬不寧外，更難堪的是四川遂寧老家來信訴苦，告知保路同志會挖了甘家祖墳，甘氏祠堂也開除了他家的族籍，並揚言要燒房子，更有激烈的言辭，要派人赴京暗殺，讓他千萬小心云云。宋育仁的情況並不比甘大璋好，老家的祖墳也被挖開，祖先的屍骨被拋棄在荒野裡暴曬，本來是意見之爭卻變成了意氣之爭，經歷了這一番折騰，甘大璋、宋育仁不僅聲名狼藉，而且心灰意冷，後來在四川會館中，很少見到他們出頭露面了。

歷史的荒唐在於：甘大璋、宋育仁等川籍京官贊成鐵路國有政策，本意是體恤川人修鐵路的艱辛，又深恐鐵路公司有人侵蝕經費，要求鐵路公司將一切收支帳目及未用款額結帳報清，幫助川人盡可能多地要回路款。但是他們的舉動，被四川同鄉當成了「背叛者」的可恥行為，不僅未能平息川人的怒火，反而使這把火燒得更旺，掀起了更大規模的抗爭浪潮。

被煽動的血性

據當事人回憶：四川保路同志會成立時，羅綸主持會議，鄧孝可、劉聲元、程瑩度等議員相繼演說，矛頭直指盛宣懷、李稷勳等，全場情緒激動，爭先恐後報名發言。會議進行到一半，忽有人報，代理川督王人文蒞會，會場鼓掌歡迎，請王登臺訓示。王人文的訓詞簡單，態度誠懇，先說諸位的爭路意見他深表贊同，但望能嚴守秩序，依照法定手續進行，並表態說，他將一如既往支持川人的保路運動，不避辛勞，不怕丟官。話說得至誠至懇，台下人們聽得激動萬分，有人禁不住眼眶紅了。

王人文被一陣熱烈的掌聲送走後，會議接著開，由羅綸上臺宣佈，保路同志會不設會長，只設總務、文牘、講演、交涉四部，各部設部長一人，部長不是名譽職位，而是要承擔責任敢於冒險的，故要由有勇氣之人報名自認，再由大會通過。通過一番組織程序，會議議決由江三乘、鄧孝可、程瑩度、羅綸分別擔任四部部長。當天夜晚的連夜商談中，羅綸提出，為防止萬一發生出軌行為，使王人文感到為難，希望各部在交涉言詞中，要避免直接攻擊清廷的言論，追思光緒皇帝批准修建鐵路的往事，多加飾詞頌揚，只集中攻擊盛宣懷等少數人，保證保路運動平穩有序地進行。

現在看來，當時保路同志會領導者們的心情是複雜和矛盾的，他們既要反對向外國人借款修鐵路的行徑，為川人爭回路款，又擔心投鼠忌器，引起政府的不滿和鎮壓，使四川人蒙受更大的損失。然而被點燃的血性像一團團烈火，在成都及川省各地迅猛燃燒，火勢一旦蔓延，連當初的點火者也控制不住了。

青年學生郭沫若是會議當天的目擊者，若干年後其著述《反正前後》中，他生動地記錄了當時的情景：

會場設立在一個天井裡面，頂上搭著敞棚，周圍是清一色的舊式建築。講臺是以前的一座戲臺，前面擺著張方桌，靠牆壁和兩側放著一排太師椅，臺上台下的人坐定了，鐵路公司總理彭蘭村站起來搖鈴宣佈開會。

劈頭討論的便是鐵路國有問題。關於這個政策的情形，好像是鄧孝可起來報告的。他的報告很平淡。他本來是贊成國有政策的人，後來隨著潮流的進展卻成為了保路同志會的急先鋒。在他報告完了之後，接著是羅綸登臺。羅綸是一個白皙的胖子，人並不很高，他一登臺，向滿場的人作了一揖，開口便是：

「——各位股東！」很宏亮的聲音，「我們四川的父老伯叔，我們四川人的生命財產——拿給盛宣懷給出賣了！賣給外國人去了！川漢鐵路完了！四川也完了！中國也完了！」

接著就號啕大哭起來，滿場也都號啕大哭起來——真正是在號啕，滿場的老年人、中年人、少年人都放出了聲音，在嗚嗚嗚地痛哭。

——「是可忍孰不可忍呀！嗚嗚嗚……」

——「我們要反對，我們誓死反對！嗚嗚嗚……」

——「反對賣國賊盛宣懷！反對賣國機關郵傳部！」

連哭帶叫的聲音把滿場都哄動了。羅綸在臺上哭，股東們在台下哭，連在場的員警、公司裡的雜役都在哭。不消說我們在旁邊參觀的人也在哭。已經不是演說，不是開會了，會場足足動搖了二三十分鐘。

接著還是羅綸，在他看見稍稍在鎮定的時候，以他很宏大的聲音叫出：

——「我們的父老伯叔！我們，我們，我們，要誓死反對！」

——「我們要誓死反對！」砰的一聲，在桌上一拳，台下也同聲反響一聲，大家也在自己的席上呯的一拳。

——「我們要組織一個臨時的機關，一方面我們要聯繫本省的人，另一方面我們要聯繫外省的、全國的同胞，我們要一致反抗，反抗到底！達不到目的，我們四川人要商人罷市！工人罷工！學生罷課！農人抗納租稅！」

——「贊成！」

兩三百人同聲叫出的這「贊成」的聲音，要用古式的修辭來形容，是有點「聲震屋瓦」。

就這樣，鐵路公司的股東大會搖身一變，就變成了川漢鐵路的「保路同志會」。成都的大街小巷，到處搭起了演講台，學生們組織了軍樂隊，吹著軍號，奏響大小鼓點，招攬來無數聽眾，主持人搖響銅鈴，宣佈演講開始，全場頓時安靜下來，只見輪番上臺演講者一個個慷慨激昂，台下聽眾熱血沸騰，到處是熙熙攘攘的人群以及此起彼伏的口號聲、歡呼聲……一九一一年的夏天，成都這座城市被層層熱浪包圍著，隨著炎熱的氣浪一起撲來的，還有波瀾壯闊的政治浪潮。

講一個「推波助瀾」的故事，也許有助於理解當時的局勢。

郭樹清，四川資陽人，家境貧寒。此人是個秀才，念念不忘的是功名二字，四川省辦新政時，成都辦了個法官培訓班，由全省一四二州縣各保送學生八名，共一千多人，於一九一一年四月底開課，郭樹清被資陽縣推薦為學員，前來應考。

正當此時，周善培由勸業道改任提法司，正好主管這件事。周上任時，看到卷宗裡有份積壓已久的諮文，是四川省諮議局發來的，上面寫道：「各州縣保送學生有差役訟棍、地痞、煙館堂倌，品類甚雜，法司不予甄別，全部收錄，畢業後派充地方法官，必為地方之害，請飭法司嚴行甄別。」周善培到任後，諮議局又來催促，周本是維護諮議局的人，對諮議局的這份提案深表贊同，於是定期出題考試，不料一字不寫交白卷的有五百多人，只寫兩三行字的有四百多人，周善培將這些人全部淘汰，只留下了兩三百名學員。

不知道那位郭樹清是什麼原因，也屬於被淘汰者的行列。郭樹清好不容易等到了這麼個機會，滿懷希望，一路辛苦，從資陽步行到成都，誰知卻是一場夢。他在省城盤垣數日，手頭的一點盤纏已經花光，小客棧的老闆天天催交房租，一想到家中妻兒還在等候他的好消息，頓感萬箭穿心，急火攻心，從此精神恍惚，逢人便罵周善培為「周禿子」，時而哭，時而笑，時而以手捶胸、頓足大號。

此時正值清廷發佈鐵路國有上諭，成都數萬群眾捲入到保路運動的浪潮中，沒有什麼人去注意這個瘋子。殊不料，不久郭樹清投井自殺，憑空又掀起了一場軒然大波。

郭樹清的遺體被從井裡打撈起來後，有人提出：在保路運動進行的關鍵時刻，郭樹清不能白死，郭是烈士，他是以死抗爭，應該讓烈士死得有價值，如果將這件事進行渲染，造成輿論，就能夠激發保路群眾的鬥志。

這一策劃被保路同志會採納了一半，具體為：郭樹清的精神失常，是因為參加保路同志會成立大會那天聽了演講、見到川人寫血書，受了刺激，他深感體弱多病，又報國無門，遂採取投井自殺的極端行動來鼓舞大家，力爭破約保路，不達目的誓不甘休。整個事件中不提周善培，是因為「周大人正在扶持我們，我們不能得罪周大人」。

一九一一年七月一日的《四川保路同志會報告》，發表了一篇《嗟乎郭君竟先死》的文章：「樹清郭君，資陽人，寓東御河街二十二號莊公館，聞盛宣懷賣路事，憤極大病，五月二十八日夜，出大廳且哭且呼曰：『吾輩今處亡國時代，幸我蜀同道諸君具熱誠，力爭破約保路，但恐龍頭蛇尾，吾當先死以堅諸君之志。』當郭君高聲疾呼時，廳前人咸以為病憤語，未之怪也。後二日郭君竟不見，六月初一日晨，寓中廚役突見井中一人浮水面……」

第二天的《四川保路同志會報告》日報又刊登了《郭烈士殉路詳情》：「烈士名樹清，號煥文，資陽附生，家極寒，年三十二歲，親丁惟烈士妻及一幼女，無怙恃伯叔兄弟。五月某日，應法官養成所考試，步至省，遂病，常住寓所未出。前月二十三日，友有舉盛宣懷賣國詳細事以告者，烈士聞之，連以手捶胸，頓足大號，語不成聲。由是病越劇，對人、煢居皆涕泣，常憤恨曰：賣國奴，竟無殺者乎？予病甚，可何如！對姘居語及同道會，則歡呼；及盛則大詈；恐同道會不能貫徹，則大憂。二十八夜乃有廳前大呼事（已見昨報告）……廚役發現其遺書，錄如下：『同志會諸君，破約保路，關係全國存亡。所慮者死志不決，虎頭蛇尾，吾國危矣！清請先死，以為堅諸君之志。樹清臨命留呈。』」

「烈士」是策劃製造的，「遺書」是莫須有的，但是效果卻是震撼人心的。郭樹清生前貧寒，死後得到哀榮，其事蹟見報後，保路同志會人士紛紛撰寫詩詞、挽聯和祭文，盛讚郭烈士「一杯黃土尚容身，投井救亡泣鬼神。」

保路同志會為郭樹清舉行了一場聲勢浩大的追悼會，微胖的羅綸上臺致詞，他報告的內容大略為：促路同志會成立以來，召開了多少次演講會，各街各界成立了多少同志協會，報名參加同志會的約有多少萬人，派出了聯絡員、交涉員、演講員多少人，在各州縣成立了多少分會等等。「人心奮激若此，足使宵小喪膽，」接下來羅綸談到保路同志會成立半個多月來全省各地取得的成果時，聲音變得激昂起來：有跳井自殺的；有破指流血表示決心的；有五天五夜走一千多裡路來省城參加保路聚會的；有六十多歲老教官甘願為同志會犧牲的；有十三歲女孩子誓死願隨代表赴湯蹈火去叩關的；有幾歲小娃娃積攢零花錢交給同志會的；有丟官不做來幫助同志會做事的；有將半生唱戲積蓄捐為會費的……總而言之，萬眾一心，眾志成城，全省的民眾都已經行動起來了。

四川人素來以有血性著稱，但是血性一旦失去了理智的控制，就如同放出鐵籠子的野獸，會給社會以及自身帶來傷害。多年後，明眼人一眼能看出，在這次策劃包裝事件中，血性是被人為激發而起的，為達目的，不擇手段，這種思緒定式下製造出的中國式悲劇太多，這之後四川終於被拖入到一個無序的深淵。

女子保路同志會

四川人的愛國熱情一旦煽動起來，就如同荒野裡呼啦啦燃燒的山火，順著風勢燃燒，迅速彙集成了一片血與火的海洋。《四川保路同志會報告》是保路同志會的會刊，每一期新出版的刊物上都刊登著成都及全省各地的最新動向：「重慶同志之愛國熱」、「江津同志之愛國熱」、「雙流同志之愛國熱」、「大足同志之愛國熱」、「雅安同志之愛國熱」、「宜昌同志之愛國熱」等消息反復地刺激四川人的神經，使得他們與清廷的對抗情緒越來越激烈。

至這年的七八月份，四川省每個縣市都成立了保路同志會，成立保路同志會的還有省城成都市的幾乎每條街道，以及各個階層、團體、行業，紳商、學生、農人、挑夫、學徒、剃頭匠、茶館老闆、土司頭人、僧尼道士等各色人等，會眾達數十萬人，紛紛奔走呼號，或捐銀洋，或寫文章，或發傳單，參加到這一場規模空前浩大的保路運動中來。

據一九一一年九月一日《啟智畫報》記載，僅八月三十一日這一天，清真教保路協會就在成都成立了二十餘處，染房街、玉龍街、陝西街、余慶橋、走馬橋、染腚街、君平街、黎花街、紅照壁、丁字街以及滿城八旗皆成立了保路協會。由此而推，可見當時川人之熱情。資料顯示，從四川保路同志會成立到發生成都血案的兩個多月時間裡，四川省有七十六個州縣成立了同志會分會、協會，總數達一二四個之多。

其中的女子保路同志會，尤為引人注目。

四川女子保路同志會的發起人，是成都女子師範學校的高材生朱李哲華。朱李哲華原名李毓，出身在一個普通的耕讀人家，進入成都女子師範學校後，接受新文化的薰陶，迅速成長為一名舊時代的新女性，在學校內外各種演講、集會的場合，到處都能看見她活躍的身影。

在此期間，李毓已改名為李哲華，她認識了成都一家民辦報紙的青年主編朱山，字雲石，四川江安人，這位二十歲剛出頭的青年才俊，談吐風趣，文筆犀利，以其過人的才學深深吸引了新女性李毓。但是，朱山當時已經娶妻馬氏，他的妻子馬蘭，出身在一個書香世家，知書達禮，溫婉賢慧，朱山沒有任何理由去寫一紙休書。處於熱戀時期的李毓和朱山，維繫他們感情的還有一個重要因素，即為新時代的因素，二人都是新時代的熱血青年，志同道合，反叛傳統、打破舊禮教是他們的共同想法。朱山說服家人，採取「兼祧」的方式（兼祧是封建宗法制度下，一個男子同時繼承兩家宗祧的一種習俗），朱山以出繼叔父之子的名義，迎娶了朱李哲華。

保路運動興起，四川省諮議局機關報《蜀報》創刊，以「監督行政，促進立憲」為宗旨，朱山出任《蜀報》主筆，在他所寫的《創刊辭》中，措詞異常激烈，力主報紙要有獨立精神。《蜀報》發行之後，朱山更是名噪一時，被譽為蜀中報界之新銳領袖。朱李哲華也不甘落後，於六月二十一日投書保路同志會，要求成立女子保路同志會，信中云：「設使川路不保，川省隨亡，則生不能入朱山之室，死不得葬瀘水之濱，而未來之子女，已先負有四十年之外債。」又云：「朱李願與女同志數十人，各典釵環，聚集千金，有能誅國賊者，以此壯行色……擬仿貴會大旨，組織保路女子同志會，以為回應。至於死生禍福，誓與川路共之。」

朱李哲華寫這封信時的激昂情緒，可以想像得到。六月二十八日，四川女子保路同志會於成都新沙玉街十七號宅院裡召開成立大會。是日陰雨，屋簷之下雨珠不斷，仍然有許多女會員手拂蓋頭、步行踏水而來。感人的場景一幕接一幕：有左手扶娘右手牽妹者，有白髮老婦柱著拐棍前來報到者，一個年逾古稀的老太太，來不及等待轎子，徑直來到了會場……會議開始，由發起人朱李登臺演說成立之理由，朱李演說時，座中相對嗚嗚而立，時而響起一陣陣「努力努力」的助威聲。會議選舉廣安蒲氏任總幹事，西充羅氏、趙氏任總務部幹事，張孝苾任文牘部幹事，宜賓李氏任講演部幹事，江安朱李任交涉部幹事。並當眾推舉朱李赴京及湘鄂粵等省，聯合外地有良知的女子共同保路。朱李當場表示：赴湯蹈火，義不容辭，如果此去不能生還，望各位保路女同志買絲線為朱李繡一肖像，以志紀念。

悲壯的情緒彌漫在整個四川省，人人都受到了感染，踴躍捐資參與。川劇名旦楊素蘭，郭沫若在《反正前後》中盛讚她是「天才」女演員，在成都市婦孺皆知。楊素蘭演技高超，除主工青衣、正旦外，還兼演其他旦行，表演細膩，唱腔清脆，聲形俱佳，極富感情，其拿手好戲有《三擊掌》、《殺狗驚妻》、《長生殿》、《風箏誤》等，時為川劇名班「三慶會」的當家會長。為支持立憲派領導的保路運動，將一生積蓄的八十畝田產全部捐贈給保路同志會，雖然此次捐贈被保路同志會婉謝，但楊素蘭的事蹟還是傳遍了大街小巷，有不少詩篇讚頌她的行為，其中有一首寫道：「豔說素蘭字也香，羞煞學士甘大璋。竟教敗類涼肺腑，激說優孟熱肝腸。」其實這裡是弄錯了，真實的楊素蘭是梅蘭芳式的川劇旦角，他是男性川劇名師，男扮女妝，幾至亂真，被不少後人誤當作了女子。

四川女子保路同志會公約中寫道：「我們女人家首飾是極容易的事，擱在家裡又不能生利，不過是不戴，拿出來就可以救困扶危，定國安邦，日後路成又是名利雙收，望我女界念之念之，幸勿忽諸。」在當時社會並不透明的情況下，楊素蘭的事蹟更是大大激發了四川婦女捐錢捐物的積極性，成都女子師範學校的圖畫教師張女士，參加女子保路同志會的當天，將自己的畫資捐入會中作經費；崇慶縣端淑女學教員劉宜征、楊佩蘭，因該縣保路同志會成立苦無經費，特捐出平時積攢的手工藝品若干件，送與會眾出售，以資襄助；成都市學道街劉墨寶之妻徐氏，丈夫死後尚未安葬，即攜銀四十兩來鐵路公司捐贈，鐵路公司不肯接受，徐氏哭泣著反復聲明是丈夫生前的遺囑，她必須照辦，後經再三勸說，方始「持銀含淚而去」；嘉定縣牛華溪有一個年僅十歲的倪姓女學生，將歷年所積蓄的壓歲錢和糖果錢大洋五塊，請老師代寄給保路同志會，隨五元大洋還附了一封熱情洋溢的信，信的末尾有一個紅色的指印——那是倪姓女學生在課堂上咬破手指頭留下的印記。

女子保路同志會的成立，使得平時鎖在深閨中的女子紛紛走出了家門，匯入到保路運動的洪流中。女人參與政治往往憑直覺，她們的參與更加擴大了保路運動在全社會的廣泛影響，保路運動這場大火越燒越旺了。

保路運動中的童子軍

一九一一年六月十七日，四川保路同志會在岳府街成立那天，有個十二歲的少年要求上臺演講。少年面前是洶湧咆哮的人潮，他一次次往大會主席臺跟前擠，又一次次被熙攘的人群擠得退回來。少年高高舉起拳頭，臉脹得通紅，大聲喊叫：「我要發言！」可惜他稚嫩的童音被喧囂的掌聲和口號呼喊聲浪淹沒了，幾乎沒有一個人聽見。這個情景被大會主席臺上的主持人羅綸看見了。羅綸剛剛作了演講，激昂的情緒還未能完全平靜下來，他快步走過去，抱著少年上臺，讓大家靜一靜，聽那位少年發表演講。

少年名叫黃季陸，字學典，四川敘永人，當時是成都強國高等小學五年級的學生。四川保路運動中，黃季陸、黃斌等人組織成都小學生三百餘人，發起成立了小學生保路同志會，簽名薄上「間有血書者」。在那天的演講中，黃季陸用尚未褪盡稚嫩的童音抗議清廷出賣路權，提議初等小學學堂的學生每人每天捐錢一文，高等小學學堂的學生每人每天捐錢二文，積少成多，助修川漢鐵路。《四川保路同志會報告》第十一號和第十二號，分別題為《小國民大發愛國熱》和《感天地泣鬼神之小學生》，記錄了當時的情形。

第十一號報告云：午後三點鐘，有小學生六人持保路同志會簡章來到保路同志會總部，會晤總務部袁君，三揖言曰：余等憤恨盛（宣懷）賊賣國，欺我皇上，願設小學生保路同志會以死抗爭。已集合三百餘人，但是沒有會所，懇求總部給一間空房暫做會所。少年言語慷慨，態度急迫。袁君當時答道：此事須經總部幹事會議討論，私人不能作主。約以明日午後三點鐘給答覆。袁君擔心打擊小學生們的愛國熱情，轉請蒙公甫君招待。學生等見蒙仍三揖言如上，蒙公甫問其宗旨，小學生回答：破約保路。蒙公甫曰：約不破路不保，又當如何？小學生回答：我等願赴京城面見攝政王、郵傳部，以死抗爭！蒙公甫曰：小豪傑何必死，要死也是我們年歲大的當先，留下你們這些火種，等待他日完成強國之夢！說著蒙公甫的淚水順著臉頰流淌下來，小學生們深受感動，也當場大哭不止。

第十二號報告是前一份報告的延續。在這份題為《感天地泣鬼神之學生》的報告中，講述了事情後來的演變：經過總部幹事會議討論，決定婉轉勸說少年們解散，不能貿然將孩子們拖入到保路運動的大潮。次日午後三點鐘，少年推舉了十五名代表至本會事務所來聽回音，由保路同志會領導人蒲殿俊、羅綸、鄧孝可等親自接見。蒲殿俊等說明了幹事會議的決定，學生代表黃季陸堅決不從，言語極其真摯感人。當時所有的旁觀者無不為之感動，皆歎息淚下。後來經過反復勸說，勸其暫且讀書，養成大國民之資格，備將來愛國之用。學生代表黃季陸認為，成立小學生保路同志會的章程報告已經發出去了，不能失信於人，並講述了小學生們昨日在海會寺集會，遍尋會所而不得的諸般痛苦狀。蒲殿俊等立憲派首領面面相覷，臨時經過一番討論，決定讓出保路同志會的會場，供小學生們演講一期，但是成立小學生保路同志會的方案，仍然不能通過。

這份報告在結尾處寫道：「今祝該可敬愛之童子家中父兄婉解其意，勿縱勿遏，勉其成大，則非獨本會同人之幸也。童子隊中簽名冊間有血書者。嗟呼！為父兄者慎勸其勿再如此。天乎！演出此極端悲慘之劇，罪果在同志會眾乎？抑在盛宣懷之蠱惑政府耶？該童等章程甚有理，致因甚不欲再言，此事避不登，惟錄其名如下：發起人：黃學典、黃斌。贊成員：林先榮、舒士傑、林明川、黃乃淦、周桃、張傳本、甘寶清、鄧全海、余朝榮、史滙源、陳家駿、晏永清、湯士清、張國權、曾傑、曾申如、舒昌龍、劉紹承、程光燦、陳風、湯士浚。」

關於童子軍的發起人黃季陸，這裡略說幾句。隨著保路運動的升級，趙爾豐逮捕了蒲殿俊、羅綸等保路同志會首領，囚於總督府，消息傳出，成都全城震駭，民眾扶老攜幼，號泣呼冤，潮水一般地從四面八方湧向總督府請願抗議，要求釋放蒲殿俊、羅綸等人。十二歲的黃季陸帶領著一群小學生，勇敢地參加到請願抗議的行列中。槍聲響起時，小學生們四處逃散，黃季陸也幸運地脫險。辛亥革命之後，黃季陸先後赴上海、北京、檳榔嶼等地求學，畢業於復旦公學。又赴日本、美國、加拿大等國留學，歸國後曾任四川大學校長等職。

川漢鐵路特別股東會

趙爾豐上任後的第三天——一九一一年八月五日，在成都南校場召開了川漢鐵路特別股東大會，意在給趙爾豐一個下馬威。事後看來，這次特別股東大會，是保路運動的一個重要轉捩點。

早在保路同志會成立以前，川漢鐵路公司即有規定：「公司遇有緊要事件，董事局可隨時召集眾股東舉行特別會議。」需要說明的是，此時四川紳商方面已掌控了四川省諮議局、川漢鐵路公司以及保路同志會等多個組織機構，召集股東特別大會，可以名正言順地調集川省各州縣股東進城，壯大力量，共同保路破約。股東特別大會的任務很艱巨，要同清政府合法抗爭，就必須物色一個既有聲望、又能被清廷認可的人選擔任，經過蒲殿俊、羅綸、彭蘭村等人慎重商議，決定由顏楷任會長，張瀾任副會長。

開會這天，由川漢鐵路公司董事局主席彭蘭村、總理曾培等人，特意去總督府請趙爾豐出席。下午兩三點鐘，趙爾豐身穿官服，帶著一幫司道官員來到會場，一陣掌聲過後，賓客各自就坐。大會由羅綸主持，最先上臺發言的是兩個青年學生股東，一個姓閻，一個姓羅，這是事先安排好了的，先讓閻、羅二位學生股東表明強硬的態度，迫使趙爾豐收斂鋒芒。閻、羅演說完畢，全場分別報以熱烈的掌聲，趙爾豐第一次見到這般熱烈的群眾集會場面，臉上略微露出不悅的表情，主持人羅綸請他上臺訓話，初來乍到，不便多言，因此他這天的「訓詞」簡短謹慎。

趙爾豐的訓詞大意如下：「本督部常年邊關戎馬，與諸君別久矣。今天聽從朝廷安排，回川做官，下車伊始，正值鐵路公司開會，得與諸君子會晤一堂，倍感歡欣。訓詞愧不敢當，只想同大家說幾句知心話，鐵路一事關係重大，各位務必謹慎從事，惟當維持秩序，恪守範圍，力戒無事浮誇之議論，務求適當之解決辦法。諸君具有愛國之熱忱，此事必將得到合理的解決，本督部堂有厚望焉！」

趙爾豐話音剛落，張瀾幾大步搶上講臺，發表演說道：「适才趙大帥的訓詞，大致謂朝廷因川人籌款困難，故借外債來修路。趙大帥的話，我們股東是很明白感激的，但是終究有不解之處——」接下來張瀾提出了一連串質問，氣勢銳不可擋。結尾幾句話云：「古人說，哀莫大於心死，又說陳叔寶全無心肝。如使我們四川的股東，四川的人民，盡是心死，盡是全無心肝，大家可以回去對孺人，弄稚子，享安逸的福罷了。如若我們四川的股東，四川的人民並未心死，並不是全無心肝，大家起來，爭保路呀，破約呀！」

翻檢《四川保路同志會報告》第三十號記載，張瀾平時有點口吃，但這天的演講卻是神采飛揚，其間數次被掌聲打斷，報告中有「拍掌」、「掌聲震屋」、「眾大叫拍掌」、「眾大拍掌，聲震瓦屋」等語二三十處，可見會場氣氛之熱烈。

張瀾的這次演講，是保路同志會與趙爾豐的首次正面交鋒，史稱「張瀾舌戰趙爾豐」。其初衷是想來個下馬威，效果恰好相反，不僅未能嚇著趙爾豐，反而引起了他的憤怒。全場為張瀾吶喊助威，一次次掌聲雷動，彷彿是打在趙爾豐臉上的巴掌，鬧得他十分難堪，臉面上下不了臺。據周善培《辛亥四川爭路親歷記》記載，開會後的第二天，各司道上院，藩司尹良氣憤地說：「昨天股東特別大會鬧得太不像話，那些埋怨朝廷的話太激烈了，大帥才到任，張瀾就將大帥無理責備一番，尤其荒唐！」尹良說這話時，趙爾豐就在旁邊，他的臉色鐵青，但畢竟在官場歷練已久，說話還是很有分寸：「總督是代表政府的，自然要替政府受點委屈，張瀾的批評，並不單純是針對我的吧？」說完哈哈一笑，將話題岔到了一邊。

讓趙爾豐倍覺尷尬的並不僅僅只有這一件事，彭蘭村在《辛亥遜清政變發源記》中，記錄了趙爾豐與顏楷之間的一段嫌隙。

顏楷（一八七七～一九二七），字雍耆，四川華陽人。顏家世代為官，他年幼時進京赴考，贏得翁同龢的賞識，後從著名學者王闓運就學，考中進士，任翰林院編修。一九〇九年，廣西巡撫張鳴岐奏調顏楷赴桂協會新政，一九一一年四月，他從廣西回成都度婚假，正遇上保路運動如火如荼，顏楷親身經歷，大受感動，主動承擔了保路同志會幹事長職務，後被推舉為股東特別大會會長，一來是因為他通曉法律，頗負清望，更重要的是其父顏伯群與趙爾豐曾是官場同僚，能夠在新任川督面前說得上話。

趙爾豐回任四川總督時，正值盛夏，按照常例，這種季節凡拜見者可免穿厚重的官服。這天顏楷來拜見趙爾豐，卻依然著褂懸珠，連摺扇都沒有帶，以守官場規矩表示誠敬。總督府簽押房裡先到者有羅綸、張瀾二人，正好在與趙爾豐談論路事，雙方爭執不下。僕役遞上名帖時，被羅綸、張瀾看見，遂謂三人同為一事求見，可一起來談，趙爾豐正在氣頭上，勉強應允。身著官服的顏楷進了簽押房後，見趙爾豐不穿官服，只著廣衫，對身著官服的顏楷絲毫不講官場禮節，只顧臉紅脖子粗地與羅綸、張瀾爭辯，心中已大不悅。在一旁靜候一會，趙爾豐依然不加理會，顏楷氣不打一處來，竟呼僕役去珠及袍褂，僅穿著襯衫，大呼進扇，連連搖拂不止，邊搖扇子邊說：「天氣熱得很咧！」顏楷如此舉動，大大有損於總督威儀，趙爾豐十分不悅，加之顏楷又加入到羅綸、張瀾一邊，口口聲聲稱「川人保路破約，是準備了要流血的！」，趙爾豐心中更加惱怒。

這天趙爾豐送走他們後，再也不提與四川紳商代表見面的事，採取避而遠之的策略。談到顏楷其人，趙爾豐曰：「顏太史究竟年少，也是喜事之徒。」此後，「少年喜事」四字，成了尹良等人向北京密電的常用語，在清廷看來，四川保路同志會諸人，皆是「少年喜事」。這並非公允的判斷，更糟糕的是這種判斷最後影響到其決策。顏楷有幾句話頗能代表保路同志會諸人的想法，他說：「我們其實都是愛戴朝廷的好臣子，只是不忍心看見朝廷為奸臣蒙蔽，把路權拱手讓給洋人，使瓜分之禍接踵而來。」彭蘭村也在《辛亥遜清政變發源記》中為顏楷辯護：「顏在京時，目不旁瞬，口無邪言，終日在寓所焚香靜坐，寫字讀書，交遊亦多理學中人，故以謹厚名，人皆以恂恂儒雅稱之。嗣聞顏趙相爭，遂多是顏而非趙，以趙性素暴，顏性素淳也。」

儘管趙爾豐對保路同志會不甚滿意，但他上任之初還是採取了隱忍不發的策略。在致內閣的奏電中，他認為「秩序尚不紊亂」，換言之，趙爾豐此時還認為川省局勢盡在其掌控中，他有十足的把握來儘快平息這場保路風波。

大火越燒越旺了

顏楷從總督府走出來後，心還是顫慄不已。他手上拿著兩封電報稿，正是瑞澂、端方的合奏以及內閣發下的上諭，看來清廷毫無轉圜的意思。更讓人不能接受的是，電報竟指責川人「皆少年喜事，並非公正紳商」。這封電報無異於丟下了一顆炸彈，激起成都大變，一場規模浩大的罷市浪潮呼嘯著席捲而來。

「這麼往死裡整，不是要把四川人逼上梁山嗎？」顏楷小聲嘀咕著，趕緊讓轎夫起轎，回鐵路公司總部向大家報告情況。

八月二十四日上午，股東特別大會緊急召開臨時會議，會場早先是一座戲園，正前方擺張方桌，靠牆壁兩側放了一大圈太師椅，整整齊齊坐滿了紳商代表。見顏楷的轎子到了，眾紳商代表紛紛起立，有人拍起了巴掌，會場上響起稀落的掌聲，卻被顏楷用手勢止住了。只見顏楷走出轎子，步履踉蹌地碎步走上台，還未開口，眼眶竟先紅了，會場上忽然安靜下來，只聽顏楷用嘶啞的聲音宣讀電文，字字血，聲聲淚，激起了眾人的滿腔憤慨。

報告完畢，會場一片哭聲、喊聲、罵聲、槌胸跌足聲、演說聲……會議主持人不斷搖鈴，讓大家保持安靜，可是這種時候，又如何安靜得下來？「時有拍案大罵，推翻幾案者數起；又有茶碗破裂聲，幾案倒聲，滿場熱焰欲燒。於是會場有喊須罷市者、有喊須停課者、有喊不納厘稅者、有喊以租股抵正糧者……」眾人議論紛紛，一時間成了無主題變奏，說什麼的都有。有人提出請行政長官來四川檢查，看四川紳商是否亂民；有人建議須設立光緒皇帝牌位，早晚哭之，以寄希望於感動朝廷；每聞會場中一議出，眾人無不以聲響應，呼聲雷動。

據隗瀛濤《四川保路運動史》載：當天與會的群眾齊聲譴責李稷勳，決定立即罷市罷課抗議。是日下午兩點鐘，保路同志會繼續召開大會，眾喊叫號哭聲亦如午前，紛紛要求到總督府門前去請願。蒲殿俊、羅綸、顏楷、鄧孝可等人緊急商議，擔心人多嘴雜，不易控制，反而會誤事，不如派幾個代表去總督府與趙大帥洽談。當即由羅綸、鄧孝可匆匆乘轎，去向趙爾豐陳情。

然而此時局勢已發展至難以掌控，零零星星已有人在關閉鋪面，有人在宣傳鼓動，散發傳單，每到一家商鋪，將傳單給老闆看了，二話不說，立刻搬鋪關門，宣傳鼓動的人員走到哪裡，鋪門就關到哪裡。會場上的人員再也坐不住了，會眾心急，高聲催促散會，還沒等到眾人散盡，各街關閉的鋪面已達大半了。不但大街上整齊劃一，連僻靜小巷也不例外，各學堂也一律停課。據當事人石體元在《憶成都保路運動》一文中回憶：成都本來是一個肩摩踵接、繁榮熱鬧的大都市，暫態之間，變成了冷清清、靜悄悄的一座死城，百業停歇，交易全無。悅來戲園、可園的鑼鼓聲，各茶館的清唱聲，鼓樓街估衣鋪的叫賣聲，各家飯店的喊堂聲，一概沒有了，連半邊街、走馬街織絲綢的機聲，打金街首飾店的釘錘聲，向來整天不停的，現在也聽不見了。還有些棚戶攤子，都把東西收拾起來，東大街的夜市也沒有人去趕了，無論什麼場合，人們見面後的第一句話，都是保路運動的話題。

抬出光緒皇帝亡靈為川民說話，是保路運動中的一個傑作。立憲派用黃紙印製了無數光緒皇帝的牌位，正中寫上「大清德宗景皇帝之神位」十個字，左右各書一條光緒語錄：「庶政公諸輿論」、「鐵路准歸商辦」。各家各戶，都把這些黃紙條貼在顯赫位置，一早一晚焚香點燈，頂禮膜拜。此外，成都主要街道都在街心搭起「聖位牌」，台層不到一人高，兩旁不留什麼空地，乘弓杆轎的官員經過這裡，都得下轎步行，過「聖位牌」時還須彎腰，街兩旁的老百姓見此情景，拍手大笑：「整死他，叫他狗日的坐不成轎子！」被整的官員也無可奈何，只能將怒火壓在心底，佯裝笑臉，怏怏而去。

在今天看來顯得滑稽，但在當時，卻是在莊重的氣氛中上演的一齣悲喜劇。供奉「聖位牌」，使四川保路運動染上了政治與宗教混雜的色彩。對於想造反又害怕坐牢殺頭的老百姓來說，有了光緒那塊牌子，有皇帝的亡靈保駕護航，他們的所有放肆行為，都可以解釋為向皇帝盡忠，民間利用其政治智慧，巧妙地避開了去觸碰政府當權者的心理底線。

第四章　立憲派的澈底失敗

一份來歷不明的傳單

成都罷市活動伊始，為防範武力騷亂，打亂保路運動步驟，四川立憲派擬定了《四川保路同志會公啟》，廣為張貼散發。

一、勿在街頭聚群；
二、勿暴動；
三、勿打教堂；
四、不得侮辱官府；
五、油鹽柴米，照常發賣。

公啟結尾還特別告示民眾：「能守紀律，便是國民，無理暴動，便是野蠻。」

但是這五條「公啟」只是紙上談兵，保路運動風起雲湧時，其聲勢和規模遠遠超出了設計者們當初的想像。浪潮來得如此之猛烈，大大出乎四川立憲派的意料，特別是各州縣開始罷市後，各地不斷傳來搗毀巡警署、稅務局等衙門的消息，使立憲派人感到，彷彿有一雙無處不在的隱形之手在幕後推波助瀾，四川立憲派感到局勢難以控制了。

罷市後第七天，八月三十一日，趙爾豐與蒲殿俊、羅綸等四川立憲派領導人商議後，發起成立了「官紳商學界聯合維持會」，用羅綸的話說：「維持者，係維持罷市時間內無生他變」，希望官商能同舟共濟，渡過這一段特殊的動盪時期。但是維持會剛成立，成都街頭的招貼中就出現了反對派的聲音，譴責立憲派「討好官場」，有人到鐵路公司門前示威，呼喊憤怒的口號，他們大聲抗議道：「如果鐵路爭不回來，我們死也不開市！不做生意！不讀書！不納錢糧！不交捐稅！凡是叫我們開市的，就是漢奸，老子們打死他……」蒲殿俊、羅綸等立憲派首領，看著門外示威的民眾，面面相覷。有人低聲歎息：「事情怕是越糟了。」

接下來發生的一件事，更是讓立憲派首領們坐不住了。第二天召開股東會，會場入口處有人在散發傳單，粉紅色薄紙上排滿了鉛印四字型大小，標題是《川人自保商榷書》。這份鉛印傳單從字面上看，沒有一句革命、排滿的話，甚至還表露出較為濃厚的君主立憲思想，但其激烈之處，稍加琢磨會讓人震驚。《川人自保商榷書》抨擊清廷「日以賣國為事」，號召四川人民「一心一力，共圖自保」，提出了自保條件十九條，呼籲七千萬四川同胞設立國民軍，自收租稅，「各廳、州、縣城議事會集議，選定殷實精壯子弟多至百人，少至六十名，作為臨時團丁，分批輪訓，駐官署官局，以便保護」，「如有賣國官紳從中阻撓，即應以義俠赴之，誓不兩立於天地之間！」明眼人一眼即能讀出文字背後的真實含意：名為商榷自保，實際上是煽動四川獨立。

羅綸見到這張宣傳單時也是大為吃驚，他對同事說道：「在這種人心浮動至極的時候，來散發這種宣傳單，斷然不是平常的宣傳品，寫這個商榷書的人，一定是別有用心。若依照商榷書中所說之條款，何必向政府爭路，不如直截了當扯旗造反好了！」當天，羅綸召集鐵路公司股東開會，要查清這份自保商榷書是誰寫的，查來查去也沒個結果，這件事在當時乃至以後的相當長一段時間內，成了一個撲朔迷離的難解之謎。

因為這份《川人自保商榷書》傳單的出現，趙爾豐勃然大怒，態度驟然大變，決定派兵抓人。在給清廷的奏摺中他寫道：「川人此次以路事鼓動人民，風靡全省，氣焰囂張，遂圖獨立。竟敢明目張膽，始創抗糧、抗稅，繼則刊佈四川自保傳單，儼然共和政府之勢。」趙爾豐固執地認為這份傳單出自四川立憲派之手，是保路運動的宣傳品。在此之前，趙爾豐與四川立憲派之間還維繫著某種若即若離的關係（為了對抗中央政府的錯誤決定，地方上的官與紳在許多方面採取的是一種既有聯合又互為排斥的姿態），以這份傳單為界線，趙爾豐與四川立憲派正式決裂了。

《川人自保商榷書》的作者是誰？當時的記載眾說紛紜。據曾在四川總督府衙門任職的秦枏在

《蜀辛》一文中判斷，這份自保商榷書是立憲派人寫的，這種判斷在當時的社情輿論中佔據主流地位。而身為立憲派人物之一的彭蘭村在《辛亥遜清政變發源記》中則寫道：「閻一士自高等學堂電趙督，承認自保書為所手制。」彭又說，閻一士是成都某學校的一位教員，他主動站起來承認之舉動，是為立憲派首領蒲殿俊、羅綸等人開脫，其攬禍在身的行為堪稱英武，然而《商榷書》卻並不是他寫的。彭蘭村分析，可能是提法使周善培、兵備處總辦王棪、鹽運使楊嘉紳這三位四川官吏所炮製，目的是栽贓立憲派，為蒲殿俊、羅綸等人羅列罪名，為趙爾豐後來的逮捕以及殺戮製造藉口。

彭蘭村居於猜測之上的分析似乎也有幾分道理，但並非事實。據《榮縣誌》載：「縣人朱元慎（按：又名朱國琛）掌控農事試驗場，密佈獨立商榷書。」《巴縣誌》載：「榮縣人朱國琛撰自保商榷書，散佈鐵路公司會場。時方開股東會，與會者數百人。爾豐得其書，以其辭妄，疑諮議局長蒲殿俊等所為。」

如此明確地提出，朱國琛就是《商榷書》的作者。四川文史館張惠昌，一九五八年到榮縣實地調查，採訪了老同盟會員楊允公，弄清了《川人自保商榷書》的真實作者以及出籠的過程。張惠昌在《〈川人自保商榷書〉的作者是誰？》一文中介紹道：保路同志會成立後，各縣成立協會，同盟會多次開會，要利用這一時機，與立憲派「明同暗鬥」，「外以保路之名，內行革命之實」。按照分工，龍鳴劍、王天傑等人積極聯繫各地哥老會，寫成了《川人自保商榷書》，印刷數千份，攜帶到成都，趁鐵路股東大會集會時散發。
準備武裝暴動；文字宣傳方面則由朱國琛、楊允公、劉鵬年三人負責，在農事試驗場，朱、楊、劉

至此，事情的真相大白於天下。

朱國琛，四川榮縣人，一九〇五年在家鄉創辦蠶桑學校，一九〇六年經熊克武介紹加入同盟會。因他早年奉行實業救國之路，與四川省領導辦新政的官員周善培的私人關係不錯，由周善培開綠燈，朱國琛在成都九眼橋開辦了一家農事試驗場，表面上研究農業，實際上襄助革命，其農事試驗場成為同盟會的祕密聯絡點。

劉鵬年（一八八九～一九一九），字長述，筆名劉覺奴，四川富順人，是戊戌變法中著名殉國烈士劉光弟的兒子。劉光弟在菜市口殉難後，劉鵬年跟隨母親和姐姐去京城收屍，陪伴父親的靈柩一路經上海溯長江而上，天寒地凍，滿目悲愴，沿途民眾紛紛燒紙焚香祭悼父親的場面，給少年時代的劉鵬年留下了深刻的印象。在這個青年成長的履歷表裡，他父親生前的摯友、清末官員喬樹枬、周善培，立憲派首領趙熙、胡峻等人都曾經傾注過心血和汗水。但是這個年輕人，和當時千千萬萬年輕人一樣，在人生的十字路口選擇一條革命的道路。

一九〇六年，十六歲的劉鵬年加入了同盟會，成為當時最年輕的同盟會會員。其時同盟會正在號召會員深入民間，發動民眾舉行反清起義，在時代浪潮的呼喚聲中，劉鵬年以侍奉寡母為由，向監護人周善培提出了辭學回鄉的心願。回到富順縣趙化鎮，劉鵬年立即聯絡同黨籌辦「半日工讀學

堂」，招收學生五十名，劉自任體育老師，融體育與軍事為一體，為反清培養武裝力量。

保路運動興起後，劉鵬年被同盟會組織安排負責文字宣傳工作，他思想上有點小情緒，自認為堂堂七尺男兒，應該去發動和組織武裝起義。但是劉鵬年確實有文字方面的才幹，他參與寫作的《川人自保商榷書》，無論是理論色彩還是文字功底都屬上乘。辛亥革命成功後，劉鵬年擔任過四川省長公署秘書，之後一直在成都從事新聞及編輯工作，並以自身經歷為素材，寫作出版了小說《松岡小史》、《大刀王五》、《賢庸傳》、《乞丐日記》等，其中《松岡小史》是我國最早反映保路運動的一部文學作品。

趙爾豐對傳單內容的判斷沒有錯，這份出自同盟會之手的傳單，字裡行間滲透著四川獨立的意思，主旨就是要推翻滿清統治建立共和國。趙爾豐的錯誤在於，他被這份神祕的傳單鬧昏了頭，誤以為是四川立憲派在向清廷宣戰，緊急下達了逮捕立憲派首領蒲殿俊、羅綸等九人的命令，使得本來已經混亂的局勢進一步惡化，終至到了不可收拾的地步。

田小姐風波

一九一一年九月一日，隨著罷市、罷課活動的逐步深入開展，川漢鐵路公司特別股東會作出了不納糧款的決議，並通告全省：

一、自本日起實行不納正糧，不納捐輸，已解者不上兑，未解者不必解。
二、將本日議案提前交公、諮議局照例呈院，並啟知各廳、州、縣地方官。
三、佈告全國聲明以不擔任外債分厘。
四、懇告全川人，實行不買賣田地房產。
五、廣告全國人民，俟前四條實行後，自動開市、開課。

自此以後，先後有彭縣、灌縣、中江縣、江津縣、新繁縣等地發生了民眾搗毀巡警局、經征局和厘金局的騷亂事件。有保路同志會這個意見領袖公開承頭，民眾大膽地將往日的積怨發洩出來，甚至不惜用暴力的形式發洩。此時在四川民眾眼裡，官府成為他們的對立面，成為他們要反抗和顛覆的真正目標，而破約保路只不過是一個理由而已。當時傳單中的唱詞真實地表達了民眾普遍的心理：「練民團製造好軍火，習武藝一齊打妖魔。農工商不要久拋業，讀書的半日上課半日執戈。我們有本事又有聯絡，不怕官府不怕公差大哥。倘若有那不肖官吏來捕捉，嗚鑼發號我們一蜂窩。一家有事百家齊聚合，他的手快我的人多。鋼刀再快砍不完七千萬人腦殼，哪怕屍骨成山血流成河。死了心橫豎都戰得過，戰勝了我們再收兵鑼。」

在這種背景下，彭縣經征局發生的騷亂事件，成了點燃趙爾豐心頭怒火的導火索。

此事說來話長。前任四川總督趙爾巽督川時，手下有一名青年才俊叫唐豫桐，頗受趙爾巽賞識，經常行走於趙府，日久天長，也為趙爾巽夫人孟氏所喜愛，有心為唐說媒。正好總督府營務處總辦田征葵有個女兒，是孟夫人的乾女兒，正當黃花一朵，待字閨中，由孟夫人做媒，促成了這樁婚姻。

其時四川巡警道徐樾在各州縣開辦經征局，孟夫人出面說情，欲謀求華陽經征局局長一職。徐樾有些為難，說道：「華陽在省城門口，盯住這個地盤的人特別多，以唐豫桐的資歷委此美缺，只怕會遭致許多人議論。不如安排到離省城遠點的彭縣，不會引人注目，往返也還方便，等他幹上一兩年後，足備加捐引見，再回省城做官就有資歷了。」

徐樾說得合情合理，孟夫人不再堅持，讓唐豫桐攜帶家眷去了彭縣，擔任經征局局長。這年七月初七，彭縣經征局遷居縣署，唐豫桐又逢新上任之初，特地舉辦了一場文藝演出以表慶賀，地點選擇在土地廟前的廣場上。戲散場後，唐豫桐陪同夫人正欲乘轎離去，卻遭遇了一群圍觀者，羨其夫人美豔，聚攏在轎子前後，久久不散。田小姐從小生活在官宦之家，在優裕的環境中長大，交往的又都是富家嬌貴兒女，塗脂抹粉習以為常，偏偏廣場上的那些人圍住不讓走，叫嚷著要看他的「扮相」，民眾越是這麼鬧，田小姐越是害怕，掩著轎簾不肯出來，低頭髮出嚶嚶的哭聲。這顯然是有意挑釁尋事，一旁的唐豫桐異常惱火，喝令讓開，眾人不但沒讓開，反而一陣哄笑，唐豫桐惱羞成怒，掏出腰間別著的盒子炮，朝天開了幾槍。

若是放到以前，聽到唐局長這幾槍嚇唬，老百姓早已逃之夭夭。可是自從成都興起了保路運動，尤其是罷市罷課以來，官老爺威風大不如前，老百姓不僅沒跑，反倒衝著槍口湧過來了。唐局長開槍的效果適得其反，這是他沒有想到的，慌亂之中，下令衛兵開槍狙擊，當場打傷民眾數人，民眾奮起反抗，搗毀了巡警局、厘金局和茶務學堂，事後發現，唐豫桐翻牆逃跑，夫人田小姐失蹤。

失蹤的田小姐徑直回到成都，見到父親田征葵，大哭一場，好不容易停了哭聲，還是止不住眼淚嘩嘩往下掉。田征葵聽女兒講了事情的經過，羞憤交並，當天帶著女兒來到趙爾豐的府中，要討個說法。

平日裡田小姐乖巧玲瓏，清麗可人，像夏日池塘中的一枝荷花，惹人喜愛，趙爾豐的夫人李氏尤愛之，也已經收作乾女兒。見到趙爾豐時，田小姐早已哭成了個淚人兒。李夫人一邊給乾女兒擦眼淚，一邊不住口地抱怨，感歎如今這世道全亂套了。趙爾豐憤憤然，用好言好語安慰幾句，回到總督府即下令調查。適逢成都的幾家報紙，正在刊載彭縣騷亂經過，添油加醋的筆調，使趙爾豐格外煩躁，而附加的評論，更是聳人聽聞，什麼「癡念陳涉」，什麼「大澤恨無陳涉起」，眼看著和平請願演變成了群體事件，還有轉化為武裝暴動之勢，趙爾豐越來越覺得：不能再退讓了。

田小姐風波究竟在後來的「成都血案」中起了什麼樣的作用？其中微妙之處不得而知。但有一點可以肯定：此事過後兩三天，趙爾豐即開始逮捕立憲派首領蒲殿俊、羅綸等人，在後來愈演愈劇烈的一系列連環事件中，田小姐受辱風波無疑是添加了一枚籌碼。

總督府門前的血案

趙爾豐走錯的這步棋，是下令逮捕四川立憲派首領蒲殿俊等九人。

九月七日上午，一個清軍軍官模樣的人手持帖子，來到成都岳府街川漢鐵路公司總部，指名要找負責人。軍官稱，路事有轉機，受川督趙爾豐委派，請蒲殿俊、羅綸等人速去總督府，商議融通辦法。聽說路事有了轉機，蒲殿俊、羅綸等人興致勃勃，立刻上路前往。誰知才走出公司大門，迎面看見大片荷槍實彈的軍人，將鐵路公司包圍起來。而那個持貼請客的軍官，頃刻間變臉，指揮士兵，捉拿了蒲殿俊、羅綸、彭蘭村、鄧孝可、張瀾、江三乘、胡嶸、王銘新、葉茂林等九人，徑直帶到了總督府。

據當事人彭蘭村回憶，「當予等入督署也，有砍刀一柄隨於後，手槍兩支伺於旁，步槍兵士環繞數周，房上牆上，近街各口，外庭內堂，均佈滿武士，予等左右手，則用四八股繩嚴摯以待……當時步槍、手槍、砍刀環繞目前，有不槍決即刀辟之勢。」

可憐一群人望所歸的縉紳，昨天還是座上賓，今日已成階下囚。

彭蘭村在《辛亥遜清政變發源記》中，對被捕後的情形有詳細描述：被戈什哈武士松縛後，被人請進五福堂，堂為明三間客廳，廳中設桌椅，被逮捕的九個人圍桌而坐，趙爾豐居主位，兩旁的八仙桌上，坐著幾個執刀之人，氣氛凝重肅穆。右邊的房間裡，坐著司道各官員；左邊的房間裡，坐著趙爾豐的侍衛隊。有張麻子者，山東武士，成都街頭人人皆知的著名劊子手，此人在場，預示凶多吉少，立憲派首領皆有被殺頭的危險。其間，趙爾豐忙進忙出，不停地斥責來求情的說客。忽然聽到外邊有人喊「聯陞巷起火」，張麻子迅速起立，往奔於聯陞巷失火現場，臨走前放言曰：「此處之人，不忙動手。」拿刀奔出客廳。

眼看著蒲殿俊等人性命攸關，外面傳來呼聲，說將軍到了。

來人是成都將軍玉崑，字石軒，滿洲鑲紅旗人，此人原是慶王府的包衣（奴僕），奕劻與攝政王載灃、盛宣懷等人是政壇政敵，不滿於借外債，慶王府的立場決定了玉崑的立場，在其任內，玉崑與四川教育界武備學堂以及哥老會關係融洽，感情上傾向於四川紳商。趙爾豐逮捕了蒲殿俊等人後，一心要正法嚴辦，但又不想獨自一人承擔責任，遂派人去叫來玉崑，共同議事。

玉崑一進門，見到五福堂內這等威嚴的陣勢，心中一凜。他湊近趙爾豐跟前輕聲問：「意欲如何處置？」

趙爾豐反問道：「將軍認為呢？」

玉崑有備而來，侃侃而談：「被捕者均係紳士，並非匪人，以政見不合而殺頭，恐怕不妥。大帥何不請旨？」

趙爾豐皺眉回答道：「已遞奏摺請旨了，可沒有批下來。」

玉崐略一遲疑，道：「朝廷尚且鄭重，季翁何必孟浪殺人，枉擔罵名？」

趙爾豐本想邀將軍共擔責任，沒料想碰了個軟釘子，低頭不語。

蒲殿俊等九人逮捕後，成都社會各界風聲鶴唳，四川布政使尹良設立「籌防處」，將省城分為四總區，宣佈全城戒嚴，實行宵禁，派員查緝「散佈謠言，鼓惑眾聽」、「形跡可疑及私帶軍械」之人。

當時四川巡警道是路廣鐘，字子善，安徽人，以雜職來川擔任閒差，後入警署為警官，因破獲俄商失金案被川督趙爾巽賞識，連升四級，任邛州道台，年滿回省任警務公所提調兼教練所所長。四區總戒嚴後，路廣鐘擔任巡警四門總稽察。為了幫趙爾豐圓場，也為了進一步升遷，路廣鐘帶領警員四處出擊，不惜製造假案，來坐實蒲殿俊等人陰謀造反的「罪證」。

有一天，幾名員警在文廟西街梓桐宮的門匾夾層內搜出黃袍、冕旒、偽印以及一本花名冊，顯然這是一起民間有預謀的反叛，可以按圖索驥，根據花名冊去進行搜捕。但是急於升官的路廣鐘卻獨出心裁，將這樁政治案移花接木，栽贓到了立憲派首領們的頭上。他派遣員警全城出動，在全城商鋪、茶館等地廣為搜查，又派遣員警赴川漢鐵路學校，在教學樓後邊的一口深井裡撈起一個黃包袱，裡面有黃袍一件，印璽一枚，印曰「大漢西顧國」。路廣鐘心裡最清楚，那些「罪證」是怎麼被事先安放在深井中的。

為了升官可以不擇手段，是路廣鐘的人生哲學。為了繼續給保路運動製造更大的混亂，由路廣鐘親自策劃，在成都戒嚴的四門處各存放煤油一百桶，同時舉火點燃，又在總督府也點火回應，以期製造「焚城」之慘劇，趁機燒死蒲殿俊、羅綸等立憲派首領，讓一場大火燒毀一切證據。

接下來，趙爾豐繼續走了幾著臭棋，使得四川局勢更加混亂。

蒲殿俊等人被捕，各種傳說紛至遝來，有的說趙爾豐不至於愚蠢至此，抓捕手無寸鐵的縉紳，也許情況並沒有預想的糟糕；有的說，趙爾豐是屠夫本性使然；有的傳聞有鼻子有眼，活靈活現，說蒲殿俊被抓捕到總督府後，趙爾豐親自審訊，羅綸脾氣火爆，冒死頂撞，當場被槍決。民眾聽到這些傳聞，一個個義憤填膺，扶老攜幼，手持光緒皇帝的靈位牌，從四面八方潮水般湧來，要求釋放蒲殿俊等九人。

在洶湧如潮的抗議群眾面前，趙爾豐選擇了開槍。當時駐重慶的英國領事白朗在呈報英國大使朱爾典的公文中，較為詳細地敘述了開槍殺人的基本過程：「督署之前，當由兵隊駐守，瞬息間有二三千人聚集，並將光緒帝之牌位置於眾人之前。內有上等社會數人，餘皆下賤之徒。群眾向川督求情，將被拘之人釋放。並答應一俟放人，店市即開，且風潮自息等情。不料忽有一硃諭出現，警令眾人不得入內堂，違即槍擊。然此時並無人欲入督署。但硃諭一出，有一候補道王姓者，即令軍隊開槍，死傷約十五人。紛亂之際，被傷者亦甚眾。」

當時下令開槍的，並非「候補道王姓者」，而是趙爾豐手下營務處總辦田征葵。前不久，女兒田小姐遭羞辱，田征葵心裡一直還窩著火，眼下逮到個伺機報復的機會，哪裡能輕易放過？至於他下令開槍是否請示過趙爾豐，如今已成無人知曉的祕密。但有一點可以肯定：沒有趙的默許，縱然借他十個膽子，也不敢貿然開槍。

總督府門口，持槍的衛兵不讓進。後來人越來越多，衛兵阻擋不了，民眾一擁而入，剎那間，院壩裡擠滿了抗議示威者。他們扯開嗓子吆喝，跪在地上叩頭，懇請衙門放人。正鬧得不可開交時，忽然槍聲大作，子彈的呼嘯聲使人群安靜了片刻，隨即，響起了一陣更為嘈雜的喧嘩聲。

起初還是朝天空放槍，沒料到民眾不怕威脅，如潮水般湧來，田征葵又急忙下令朝人群開槍，民眾紛紛倒在血泊中，「一霎時，衙門大堂下面的壩子就空了，除了流血的二十幾具屍體外，到處都是破鞋、草鞋，和黃紙印製的先皇牌位」。更為離譜的是，那一刻田征葵似乎大腦注水了，為了顯示威風，竟任由幾十具屍體擺在衙門前的大街上，不准收屍。

據《辛亥四川路事紀略》所列《七月十五日被戕諸姓氏人表》，有職業可查的死者計二十六人，其中機匠、刻字匠、學徒、裁縫、放馬的、賣小菜的，裝水煙的即有十八人，有的死者還是未成年的少年。如徐炳娃，十五歲，家住陝西街相友巷十八號，平日以隨父賣小菜為生，被槍殺於轅門外軍醫學堂；張文生，十二歲，家住南紗帽巷二十二號，戲班子行頭鋪學徒，被槍殺於按察司大院牆角，子彈穿過左乳從背心射出，當場血流滿地；胡長生，十七歲，家住染房街一四〇號，白記牛骨鋪學徒，被槍殺於轅門之內，子彈射中心口，當場死亡。

當時的報紙記載，田征葵下令開槍後，成都商民驚怒異常，乃以木版書光緒皇帝牌位，焚香膜拜，環跪於總督府衙門前痛哭，為蒲殿俊、羅綸等請命。此時田征葵仍然不解心頭之氣，吩咐士兵從城樓裡拖出大炮，架在空曠的廣場上，欲以大炮轟擊之。成都知府於宗潼大哭，趨步上前，用身體擋住大炮口，用嘶啞的聲音說道：「要開炮，先把我打死！」田征葵見此情狀，方才作罷。

「成都血案」發生後，封鎖消息、製造恐怖氣氛恫嚇民眾，成為當局者的首要任務。成都發佈戒嚴令，緊閉城門，派重兵日夜防守，不准一人登臨城牆。在這期間，趙爾豐下令，搜查鐵路公司，封閉鐵路學堂和股東招待所，查封了《西顧報》、《啟智畫報》等與保路有關的報刊，對郵電通訊設施，實行極為嚴格的管制。

滿江飄浮「水電報」

「成都血案」後的一個夜晚，有個人影沿著長滿青苔的青磚老牆，悄悄溜出了南門。一出城，過了南門大橋，他便像是離籠之鳥，直朝遠方飛去，月亮照耀頭上，夜風吹拂身邊，彷彿是一幀壯士月夜獨行圖。

此人叫龍鳴劍，字顧山，四川榮縣人，早年東渡日本習政法，入同盟會，回國後留居四川，被選為諮議院議員。保路運動風潮湧動，龍鳴劍潛行出城，祕密聯絡川西哥老會首領秦載賡、張達三等加入同盟會，將原袍哥組織「安吉團」擴編為同志軍，挑選精壯，編伍訓練，又調集鐵匠數十人，在華陽碼頭設廠開爐，製造槍械，為武裝起義作準備。

聽到趙爾豐逮捕立憲派首領的消息，龍鳴劍又連夜潛入成都，多方探聽情報。他親眼看見田征葵下令拖出大炮，被成都知府於知潼冒死阻攔的情形，心頭怒火中燒，終於還是克制了激烈的情緒，決計出城報信，利用這一時機，組織同志軍進行武裝起義。

龍鳴劍來到九眼橋農事試驗場時，是上午八九點鐘，山坡上生長著數不清的植物，整個天地彷彿籠罩在一片綠色中，連空氣都似乎是綠色的。兩個工人拿著鐵鍬，站在一棵香樟樹下，不知在說些什麼。見龍鳴劍走來，那兩個工人停止說話，熱情地同龍鳴劍打招呼。場部座落在山腳下，屋前是幾棵長勢茂盛的芭蕉，遮蔽了一片喜人的綠蔭。龍鳴劍走進去時，裡頭一群人紛紛站起來，有朱國琛、曹篤、劉長述等同盟會員。

九眼橋農事試驗場是表面掛名，實際上是同盟會的活動基地，在這裡開會議決大事，訓練同志軍等。龍鳴劍簡單介紹了「成都血案」的情況，說道：「真沒想到蒲殿俊、羅綸那幫立憲派在群眾中深得人心，總督府門前圍著成千上萬民眾，叫喊著要放人，一個個擺出拼命的架式……」龍鳴劍講了田征葵如何下令開槍，如何拖出大炮，成都知府於知潼如何上前阻擋等等，他的話講完了，在場的人面面相覷，不知道下一步該怎麼辦。

龍鳴劍說：「眼下的情況是消息閉塞，電報發不出去，無法通知各地同志軍，將平時訓練的同志軍組織起來，去圍攻成都。」

在安靜沉默的氣氛中，曹篤想到了一個辦法：農事試驗場平時製作了一些木牌，四寸多寬，兩尺多長，專門用來寫植物品種及名稱，將這些木牌寫上字，順著錦江去漂流，當做求援信向各地告急，未必不是好辦法！想到就幹，到農場各處一搜羅，找到了七十三塊白生生的木牌，又拿來筆墨，分頭動手，在每塊木牌上寫道：「趙爾豐先捕蒲羅，後剿四川，各地同志速起自救自保！」然後塗上桐油，放入錦江，當時正值夏天，江河水猛漲，木牌隨著水波四處漂蕩。

川人曾有打油詩云：「紛紛水電錦江來，同志風潮動若雷。」巴蜀大地江河縱橫，水網密集，四通八達，「水電報」順水而下，將武裝起義的信號迅速傳遍了沿江的無數個州縣，有的「水電報」甚至漂到了武漢，消息一傳十，十傳百，又有若干拾到「水電報」者，照樣仿造後再丟入江水中，下游各州縣同盟會接報後，立即策劃揭竿而起事宜，他們下令各鄉鎮哥老會立即組織同志軍，備好武器和錢糧，集結待命。

僅僅兩三天時間，各地哥老會首領聞風而動，先後有榮縣王天傑、華陽縣秦載賡、新津縣侯寶齋、雙流縣向迪璋、郫縣張達三、灌縣張捷等發佈檄文，宣佈起義，未幾，民眾逾二十餘萬人。他們手持大刀、長矛、梭鏢、土槍、毛瑟槍等武器，浩浩蕩蕩向成都進軍，在同盟會的宣傳鼓動下，群眾的情緒像點火後的乾草，迅速向四處蔓延，革命是老百姓的節日，鄉親們擔來裝滿米湯的水桶，抬來盛滿白米飯的籮筐，裡面放著飯碗、小菜、筷子，無論男女老少，全都像待客似的，滿臉帶笑勸大家吃飽。一路上，越來越多的貧苦農民，從山野田間投奔革命而來，扛著刀槍、棍棒、菜刀、鋤頭、扁擔等勞動工具當武器，漫山遍野鼓角喧天，旌旗獵獵。

龍鳴劍的結局略述如下：參加同志軍起義的東路民軍總部，秦載賡、王天傑任正副統領，龍鳴劍任參謀長。與清軍激戰數日，因後方補給不足，又缺少訓練，戰況失利，只好撤退。榮縣獨立後，龍鳴劍率兵繼續與清軍殘餘作戰，辛亥年十一月初，聽說好友秦載賡在井研被殺，龍鳴劍口吐鮮血，從此臥床不起，臨終前寫下絕命詩：「檻邊極目望三榮，黑黯愁雲四野生；不識同群還在否，可憐我哭不成聲！」之後不久，龍鳴劍死於行軍途中。

焦頭爛額的趙爾豐

成都的罷市罷課，像一片點燃的山火，迅速燒遍了四川省大地。成都、重慶、嘉定、敘州、資州、潼州等州府以及華陽、雙流、金堂、、新繁、新都、崇寧、簡州、崇慶、新津等縣，均持續罷市。各地民眾用正式公文遞到京城都察院，聲稱不納捐輸，就地截扣地丁錢糧，以抵股息云云。

都察院將電文轉呈內閣，內閣總理大臣奕劻此時無心打理朝政，正在養政治病。奕劻賭氣擱挑子的原因，是因為與攝政王載灃鬧矛盾，種種跡象表明，載灃在有意削弱他的權力。比如南方幾個省的總督、巡撫調任，空出的肥缺需要有人填補，可載灃壓根不讓他過問。再如修鐵路、向四國銀行借款這種大事，均是有大油水可撈的專案，載灃始終與盛宣懷直接聯繫，不讓由他領樞的內閣政府參與。現在鬧出了一堆麻煩事，奕劻也懶得去收拾這個爛攤子。

成都、重慶等州縣發往京城的電文，在都察院、內閣等部門轉了一個圈子，又轉給了川督趙爾豐，隨同這些電文一起傳來的，還有以宣統皇帝名義簽發的上諭：「趙爾豐身任疆圻，保衛治安，是其專責，務當仰體朝廷愛民之隱，剴切開導，設法解散，俾各安心靜候，照常營業。儻或辦理不善，以致別滋事端，定惟該督是問。」

接到上諭和電報，趙爾豐緊鎖的眉頭更是難以舒展了。成都以及各州縣的罷市，正在如火如荼地進行，豈是一句「剴切開導，設法解散」能夠處置的？為早日結束民眾的罷市活動，趙爾豐殫精竭慮，不知道想了多少辦法。先是向在東北任總督的哥哥趙爾巽求援，想憑藉趙爾巽的資歷威望來說動朝廷，趙爾巽向北京發電報，提議罷免李稷勳的總理職，平息川人的憤怒，防止罷市罷課愈演愈烈，演變成武裝暴動。清廷對趙爾巽的電報未加理會，仍然堅持讓李稷勳負責宜昌鐵路事。此舉失敗後，趙爾豐急忙召集鐵路公司負責人、川省地方紳商以及各街道同志會協會代表協商，到會人士以「大眾憤恨如此，我等無能為力」表示愛莫能助。成都知府、成都、華陽兩縣的縣令也到街上演講，勸說民眾開市，可是群眾無動於衷，效果全無。

周善培在《辛亥四川爭路親歷記》中講述了當時的情景：

罷市之後，趙爾豐命令川省各司道，不惜一切代價結束罷市，儘快恢復正常秩序。巡警道徐檝來與周善培商議，有什麼解決辦法？周善培說，只有先召集街正開會，商量如何維持秩序不亂，再慢慢去想開市的辦法。徐檝聽從周善培的建議，當晚九點鐘在鐵路公司召集街正會議，並請各司道官員參加。那天晚上，到會者有好幾百街正，都是各個街道公推的代表，按常規先請最高官員講話，在場的最高官員是藩司尹良，他堅辭不肯上臺，理由是四川民眾正在火頭上，尹良怕出語不慎，不僅沒起到滅火作用，反而成火上加油。又推巡警道徐檝講話，徐檝也以「怕講錯話」的由頭推辭了。在場的幾位司道說，周善培一直在辦新政，對鐵路情形熟悉，在民眾中口碑好，由周上臺講話最合適。周善培連連搖頭：「我不是領袖官，提法司又無地面之責，這事不該我講話。」推來推去，時間過去了半個鐘頭，等候的街正們不耐煩了，大聲喊：「這會還開不開？」怕會場再出現騷亂，周善培只好硬著頭皮上臺講話。

周善培講了差不多有四十分鐘，大意是，光緒三十一年（一九〇五）冬月，他由廣東到四川，路過上海，遇見一次罷市，不過幾個鐘頭，就把大馬路上的商店砸碎了許多玻璃窗，秩序大亂，人人不敢出門，至今想起來還是感到恐怖。成都如今罷市，讓人傷心，但我們四川人也是被逼得沒辦法了才出了此策，是想逼政府給個好結果。只要秩序不亂，也許能逼出好結果，但是秩序一亂，就是把有理變成無理了。罷市期間，人心浮動，一有口角吵架，立刻就會匯聚許多人，難免發生意外。員警出面干涉吧，又怕發生誤會，引起更大的騷亂。總之，現在的罷市是特殊時期，各位一定要多做工作，讓民眾保持克制，秩序好了，再慢慢想開市的辦法。周善培講得很動情，結尾時他向四周拱手作揖，高聲嚷嚷「拜託各位」，有不少街正當場被感動了，站起來說：「我們一定會盡力而為，不管罷市堅持多久，保證讓地方秩序不亂。」也有好些街正趴在地上，一邊磕頭，一邊大聲哭訴：「請求各位司道代話給趙大帥，請他替我們四川人爭路，撤換李稷勳……」

次日，成都知府等一干官員接趙爾豐命令，上街挨家挨戶勸說開市，好不容易說得這家商店打開了兩扇鋪板，等官員們一走，到別的商家去做工作，這家立即又關門了。說服了半天，沒有一家肯開門營業的。

趙爾豐無計可施，經過與幕僚們一番謀劃，決定成立「官紳聯合會」，儘快平息事端，恢復秩序。每天上午，司道各官員和鐵路公司負責人、諮議局正副議長在政府大廳裡連署辦公，共同商議如何早日開市。據彭蘭村在《辛亥遜清政變發源記》中回憶：「當六七月間，尹良設官紳聯合會於藩署，不是西餐，就是精饌，席間大講嫖經賭法，餐後贈送物品，於正事固不論也。」如此應付維持，自然沒有什麼效果。對於四川立憲派來說，也認為成都自罷市以來，潮流所至，險象環生，他們雖然怨恨政府，同樣又恐懼社會的動盪，希望通過與官方的共同努力，安撫民眾的激烈情緒，使保路運動回到正常的軌道上。但是此時的局勢，官紳都已無法控制，如同點燃的山火，只能聽任其在漫山遍野蔓延燃燒。

軟的不行，也曾嘗試硬碰硬。一次在總督府，趙爾豐召集重要官員開會，針對已無法控制的局勢，官員們議論紛紛，說什麼的都有。趙爾豐問十七鎮統制朱慶瀾：「你的兵能不能打硬仗？關鍵時刻只怕要派上用場了。」

朱慶瀾是浙江紹興人，原是趙爾巽的部下，也歷來為趙爾豐所看重，不過畢竟在宦海沉浮多年，遇事也有自己的判斷，他猶豫一會，回復道：「要說打硬仗，這些兵是沒什麼問題的。在下擔心的是，讓這些兵掉轉槍口去打老百姓，一來四川歷史上沒有先例，二來這些兵恐怕也不願意。」這種話倘若放在平時，朱慶瀾肯定不會說，到了如今的節骨眼上，不說真話不行了，開槍的責任他是承擔不起的。見趙爾豐面露不悅之色，朱慶瀾補充說：「今天的新軍不比綠營。平時我聽他們議論，一個個似都贊成爭路。讓他們去打土匪，他們一定服從；讓他們去打同志會，我也指揮不動。」

面對此情此景，趙爾豐也無可奈何。曾經廝殺疆場，英姿勃勃的趙大帥，微微歎息一聲，再也不想多說什麼了。

又來了一位滅火隊員

自從罷市活動後，成都消失了往日的繁華，變得冷清荒疏，偶爾掠起的喧鬧聲，是不知哪條街巷又在搭檯子集會演講。同志軍四處興起，哥老會率眾從附近各州縣向成都包圍而來，成都更是成了一座死城，米炭不得進城，便溺不得出城，城裡幾十萬老百姓陪著趙爾豐受罪，難熬至極。那些日子趙爾豐像熱鍋上的螞蟻，惶惶不可終日。不斷有各種消息傳來：西有溫江、郫縣、崇慶、灌縣；南有華陽、雙流、新津、邛州、蒲江、大邑等十餘州縣發動了武裝暴動，一縣之中，又多分數起隊伍，民匪混雜，每股不下數千人，或至萬人。威遠、榮縣、峨邊等地同志軍也日夜兼程趕來增援，從四面八方把成都團團包圍，形成了一個鐵桶陣。

趙爾豐更為關心的是朝廷裡的動靜。朝廷對四川局勢已顯得很不耐煩了，攝政王載灃三番五次用宣統帝的名義發聖旨，要趙爾豐不惜一切代價保證成都儘快恢復開市，不得滋生事端。每次收到這種電報，趙爾豐便如坐針氈，情緒越發焦躁。各地同志軍起義，四川省局勢更亂，朝廷對趙爾豐的信任度下降至零點，這天，他坐在總督府簽押房裡，又收到了一封京城發來的電報，內容是清帝派岑春煊赴川，會同趙爾豐剿匪撫民。聖旨中云：「開缺兩廣總督岑春煊，威望素著，前任四川總督，熟悉該省情形。該督病勢，聞已就痊，著即往四川，會同趙爾豐辦理剿撫事宜。岑春煊向來勇於任事，不辭勞瘁，即著由上海乘輪，即刻起程，毋稍遲延。」看完電文，趙爾豐一聲長歎，仰面癱坐於太師椅上。朝廷派岑春煊來接手的消息，儘管趙爾豐早已知道，但看到聖旨的那一刻，他的心情還是十分複雜：可歎自己一生對清廷忠心耿耿，換來的卻是這種下場。

岑春煊，字雲階，廣西玉林人，雲貴總督岑毓英之子。少年時放蕩不羈，與瑞澂、勞子喬並稱

「京都三惡少」，父親去世後立志奮發，從此步入仕途，庚子年兩宮西逃，岑春煊率部勤王護駕，深得慈禧太后賞識，先後任四川總督及兩廣總督等職。因與慶親王奕劻、袁世凱等不和，政壇鬥爭中失利導致下臺，在滬上賦閒養了一段時間的政治病，被朝廷委以重任，期盼岑春煊能夠走馬四川，將行將成為死局的一盤棋盤活。

關於岑春煊此次出山，牽涉到清末從中央到地方政局複雜的背景。

清末的中央政府，慶親王奕劻與攝政王載灃不和是公開的祕密，奕劻旗下有徐世昌、那桐、端方等，載灃手中有載澤、盛宣懷、瑞澂等，兩大政治聯盟猶如兩個對峙的山頭，成為清末政壇一道特殊的風景。兩大政治聯盟在地方上各有呼應，但是這些呼應往往並不是那麼明顯，有的時候不予呼應甚至提出相反的聲音，其錯綜複雜的情況，皆因時因地因人而異。

譬如派岑春煊去四川，最先的動因是端方遲遲不肯赴川所致。端方怨憤清廷將四川這個亂局派給他，電告內閣政府，提出與盛宣懷同行，解除川人之疑慮。然而自從鐵路收歸國有的政策出臺後，盛宣懷已被全體四川人視為公敵，幾至川人皆曰可殺的地步，邀盛宣懷入川，等於是置盛於死地，內閣政府毫不遲疑地駁回了端方的奏電。於是端方再次提出：請派袁世凱出山督川。

此時袁世凱正在河南賦閒。一九〇八年，慈禧太后和光緒皇帝相繼去世後，醇親王載灃攝政。載灃對袁世凱痛恨至極，幾次欲置袁世凱於死地，在性命攸關的緊急關頭，袁世凱主動提出「回籍養屙」，到河南安陽洹上村療養政治病，總算躲過了一場大劫難。與載灃角逐，袁世凱鬥不過皇室手中的權杖，這次政治避禍對袁來說是韜光養晦，在洹上村隱居當漁翁的三年，袁世凱實際上在積蓄力量，如猛虎在山，待機而動。

端方電奏請派袁世凱出山督川，這對於載灃來說等於是放虎歸山，在清廷的政治舞臺上為自己樹立起一個強有力的政敵，自然是載灃所不能同意的。於是找來載澤和盛宣懷謀劃，商議的結果是讓岑春煊復出。岑春煊是袁世凱的宿敵，下臺後一直閒居上海，走出這麼一步棋子可謂一箭雙雕：既有可能解決四川亂局的問題，又使得袁世凱無機可乘。

方案定下來了，具體執行還需要有謀略。為了避開嫌疑，載澤致電他的妹夫——湖北總督瑞澂，請瑞澂給內閣政府發電報，舉薦岑春煊復出赴川。但是瑞澂心裡有自己的小算盤，他不願意為這件事得罪人。事情是明擺著的，如果由他舉薦岑春煊復出，得罪的人將會有一大串，既有袁世凱，也有袁的兒女親家端方，還有袁、端背後的政治靠山奕劻，以及徐世昌、那桐等權貴人物。

既然瑞澂不願致電，只好另外物色人選。這次是由趙爾豐的同胞兄長、東三省總督趙爾巽給內閣政府發電報，直接舉薦請派錫良、岑春煊前往查辦。錫、岑二人均曾在四川擔任過總督，在四川有比較深厚的基礎和人脈，載灃在兩個人中選定了岑春煊，在載灃看來，岑是目前赴川最為合適的人選。

事實上外臣的入奏只是形式，在內廷，起用岑春煊的決定已經擬定。盛宣懷在給岑春煊的一封私人電報中透露了這個祕密，並且說：「公若聞命，萬不可辭。公英銳，行必速。」

被載灃、盛宣懷等人寄予厚望的岑春煊，從上海啟程後，一路上的言行卻使清廷出乎意料。據當時上海方面的報紙報導，岑春煊將行之際，川籍旅滬人士絡繹不絕請見岑帥，陳說川情，請求迅速釋放蒲殿俊、羅綸等立憲派首領。岑春煊當眾表態：抓人是個錯誤，他將電奏朝廷，請予釋放諸位代表，並修改路款合同，讓四川人民滿意。岑春煊的表態，顯然是將清廷更進一步推到了四川民眾的對立面，這是清廷高層載灃、盛宣懷等人極不滿意的。

向四川的行進途中，岑春煊連續發出幾封重要文電，命令川省軍隊不得妄捕民眾，已經被捕的，如情節較輕者可以保釋，情節較重者，必須等岑到川後再行判決，不得擅自殺戮。在廣為張貼的《告蜀中父老子弟書》中，岑春煊大打親民牌，試圖以情動人，佈告云：「春煊與吾蜀父老子弟，別九年矣，求知父老子弟尚念及春煊與否？春煊則固未嘗一日忘吾父老子弟也！乃者，於此不幸之事，使春煊再與吾父老子弟相見，頻年契闊之情，竟不勝其握手欷歔之苦。引領西望，不知涕之何從！吾父老子弟試一思之，春煊此時方寸中當作何狀耳！……」接下來的電文中，岑春煊稱自己拖著病體，奔赴四川，必當為民請命，決不妄戮一人，朝廷愛民如子，春煊決不會為自己增添罪戾。又說，「春煊生性拙直，言必由衷，苟有欺飾，神明殛之」。

岑春煊的佈告對四川亂局的好轉取得了一定的效果。據當事人回憶，岑春煊通電全省各州縣的佈告張貼後，成都的緊張局勢有所緩和，米炭也能進城了，便溺也能出城了，各州縣紛紛傳來消息，同志軍一律罷兵，停止圍城，到處都聽到有人在說：「岑宮保是主張公道的，我們相信他，安心等他到來，一定有個公平解決的辦法。」

但是岑春煊這種公然取悅於四川民眾和立憲派的言行，對於載灃、盛宣懷等人來說，似乎在他們的心口上紮了一刀，疼痛難以忍受，他們開始變得憤怒了。他們決定約束岑春煊的權力，在內閣政府發出的電文中，明確指示岑春煊赴川只負責剿撫的任務，將鐵路事宜交由鐵路大臣端方辦理。這是一封明顯有利於端方，而不利於岑春煊以及趙爾豐的電文，背後有著奕劻、徐世昌、那桐等人的影子，清末政局中朋黨之爭的亂象，在這件事情上表露無遺。

在岑春煊方面認為，保路風潮是因鐵路而起，路事與剿撫關係緊密，二者不可分割。若讓他專門負責剿撫而不過問路事，等於是醫生看病僅僅抓住了表相，若不根據病根對症下藥，四川目前的大病是不可能治癒的。他屢次三番給清廷發電報闡述自己的立場觀點，建議全額補償四川人的鐵路款，以使民意平靜，又建議對四川省採取特別寬鬆的政策，更不能亂開殺戒。如此雙頭並進，使四川民眾感受到朝廷的恩澤，才會收到良好的效果。

岑春煊的建議是清廷決不能接受的。岑春煊為川民請命，幾句話說起來輕鬆，但對清廷而言，意味著四川人當初修鐵路的各項虧空都得由政府買單，這不僅不合情理，而且清廷此時財政窘迫，國庫裡也拿不出這筆銀子。若是借外債補償四川股東，勢必又會被國人罵為「賣國賊」，引起國內民眾更大的騷亂。

清廷始終在為岑春煊的官銜職位感到困惑。名不正言不順，岑春煊數次給內閣政府發電文，抱怨自己沒有明確的名位，無兵勇可調遣，「單騎入川，恐難得力」。在京城，載澤、盛宣懷正在為岑積極活動，擬暫封岑為「欽差大臣」，入川後即接手趙爾豐的職位任川督。但是載澤、盛宣懷的企圖屢屢受阻於慶親王奕劻一派的勢力，岑春煊的官場名目始終不能確定。

在清末的官場上，岑春煊素來以強硬派著稱，長期謫居上海後重新復出，本來想在官場上好好舒展一番拳腳，又遭遇到這般委曲，乾脆以辭職相脅。一九一一年九月二十九日，岑春煊乘船行至武漢時，給郵傳部發出電報，要求清廷發佈罪己詔，電文云：「股款全還，實為要義；若未能照允，則事終難定。自愧愚拙，且當病軀，仍必極力請退，免誤事機。」

岑春煊此番言論一出，猶如巨石擊潭，朝野上下議論紛紛，引起一場軒然大波。鐵路大臣端方從宜昌給內閣政府發電指出：「岑在川素有屠夫之名，川人感情並不甚好。」又指責道，岑春煊此等居心，決不在要做川督，而是想做內閣總理。「不然，此等反抗朝旨文字，豈能輕易出諸於口？」

即使是清廷內部原先保岑的勢力如載灃、載澤、盛宣懷等人，也對岑春煊的言論感到不滿，本來是派岑赴川滅火的，其言論卻無異於火上加油，甚至隱約出現了公然抗命的跡象，這不能不使清廷感到擔心。

岑春煊行至武漢後，與湖北總督瑞澂有過一席長談。岑春煊仍然堅持川人路款應由政府全額補償，力主釋放蒲殿俊、羅綸等立憲派首領，瑞澂再三勸告，岑春煊反復搖頭，稱不達到他的要求就辭職。在瑞澂給郵傳部發出的電文中，及時反映了這一情況，並表達自己的觀點說：「西林挾此宗旨，則平亂不足，反以長川人之驕肆。其影響將及他省，澂竊以為西林危之，則不如不入川為宜。」岑春煊是廣西西林人，電文中「西林」即是指岑。

一九一一年十月二日，岑春煊給內閣政府發電請求辭職，他在電文中寫道：「煊自滬起程，初八抵鄂，感受風熱，觸動咯血舊症，驟致委頓，其勢萬難前進，仰懇天恩，開去差使。」農曆九月初八，是西曆九月二十九日。岑春煊「感受風熱，觸動咯血舊症」是假，受各方面政治勢力擠壓排斥，心中有難言之隱是真。收到電報的當天，清廷便迫不及待地批准了岑春煊的請辭。九天後，武昌爆發了震驚中外的辛亥革命，卸任後的岑春煊此時仍在武漢窺探動向，見大勢不妙，次日即乘輪船離漢返滬了。

一路向西的鐵路大臣

鐵路大臣端方到武漢後，受到了湖北紳商的歡迎，到鄂當天，鄂路公司總理黎大均，會長劉心源，帶領著一行紳商為端大臣接風洗塵，席間，賓主均發表了熱情洋溢的演說。兩天後，端方「出轅遍拜鄂省官場，凡局所、學堂、軍營、紳宅各處，一律投名刺回拜，忙碌終日，始行回轅」。端方溫和的處事方式贏得了湖北紳商的好感，當時的《申報》詳細地記述了端方與紳商融洽的關係，稱端方「遇事守和平主義，與鄂省紳商感情甚厚」。

然而表面上的喜悅，掩蓋不了他內心的愁苦。端方奉朝廷之命南行，僅是例行公事，並非出自他的本意。鄂省紳商界的友善態度，讓他體味到了故友新知的些許溫情，這與朝廷和郵傳部的一再指責形成了鮮明的對比。整整一個多月時間，端方滯留於武漢，既然無權決定路權的歸屬，就只能做些雞毛蒜皮的零碎事情，比如設立督辦大臣總公所、考察繪製線路圖、招聘選拔鐵路人才等等，邊幹邊看，他也不知道下一步局勢會發生什麼樣的變化。

端方長時期逗留武漢，湖廣總督瑞澂心裡十分不安，一山難容二虎，他感覺端方是在窺覬權杖，伺機會奪了他的位置。瑞澂頻頻給京城發電報，運動官場後臺，要趕走身邊的隱患，催促鐵路大臣快快動身，去四川接手鐵路亂局。果然不久清廷的電報來了：「端方身任督辦，路事是其專責。現在川路風潮劇烈，關係甚重，著端方懍遵前旨迅速前往，不准藉詞推諉延宕，如須酌帶排兵隊，著就近會商瑞澂辦理。並將啟程日期迅即電奏。」

拿著朝廷的上諭，再也沒有理由不走了，端方找瑞澂借兵，瑞澂慷慨撥出第八鎮步兵第三十二標，端方嫌不夠，瑞澂又從各協撥出一批人馬成立一標，稱為三十一標，全都交給端方統領。這兩標人馬都是當年張之洞辦南洋新軍留下的隊伍，這些尚武愛國的新軍人受到革命思潮的影響，不再對皇帝效忠，而是對全體國民盡忠，他們認為中國近代之孱弱是清廷一手造成的，必須「排滿革命」，推翻清朝統治，嚮往人民共和的社會制度——儘管這種嚮往是朦朧的，充滿理想主義色彩的。

端方帶著這支同床異夢的隊伍，在黃鶴樓附近的長江邊乘坐一艘鐵駁輪到達沙市，然後改乘木船到了宜昌。由於端方不願入川，沿途通過電報反復與皇城內閣政府討價還價，因此在宜昌滯留了一段時間，並與宜昌總理李稷勳切實研討過鐵路事務，又將幾個出川不久正在宜昌勾留、即將去上海的大商人找到行台來，仔細問過一番，憑他幾十年的官場經驗，對川事亂局看出了一點端倪。

滯留宜昌期間，端方給郵傳部尚書盛宣懷發了一封電報，在電文中，鐵路大臣透露了他的滿腹心事，其間隱約摻雜著牢騷與不滿，端方寫道：此次川事剿匪，本是四川總督的職責；查辦鐵路，宣佈朝廷旨意，才是鐵路大臣的責任。本大臣這次入蜀赴川，川民會誤以為是朝廷派遣，為壓制而來，必生反抗之意；而趙大帥也不明鄙意，會誤以為鄙人將取而代之，兩處各挾疑團，此事何從著手？故鄙人一再推辭，奏請朝廷，應派與鐵路事無關之人，前往四川督辦。閣座未能體諒鄙意，仍責鄙人迅往，實屬進退兩難。惟有請公偕行，解除川人疑慮。公若允往，大局之幸運；公不肯行，鄙人惟有將真實情形奏明朝廷，懇請明斷，另派重臣赴川，或命趙大帥一手辦理。倘若不得請，雖獲嚴譴，亦所不避。請公向那桐、徐世昌剴切敷陳。鄙人多病之軀，久甘摒退，無進取之思，公所深悉。此番恩召出山，及特命辦路事，本是那桐、徐世昌提攜之意，若將鄙人置之萬難之危地，恐怕也並非他們的本意，患難與共，朋友之義，是以寄厚望於公，火速密陳，鄙人在宜昌等候回音，立待取決，感極急極！

這封聲情並茂的電報，說白了簡直是要俠。盛宣懷已成為全體四川民眾的公敵，不可能隨端方入川，端方也只是發洩心中的怨氣而已。遠在邊陲小城的端方，在宜昌停留了大約半個月，他不斷地出言力爭，放緩入蜀的步履，在給內閣政府的一封電報中，端方藉故所乘坐的中國兵艦機器損壞，不能行駛，並稱鄂軍亦不足恃，擬請改乘英輪兵艦溯江入蜀。這封電報遭到了慶親王奕劻的一頓臭罵，當即傳旨斥責，令他「克期火速入川」。

此時的端方，像是一隻被人踢來踢去的皮球，別的路都已經封死，惟有入蜀赴川，督辦川事，而這對他來說，恰恰是死路一條。

就這樣猶豫不決，邊走邊停，端方於十月三日到達夔州，接著又紮營不進，並再次給內閣發電，請求另派大臣赴川。至於另派哪位大臣入川，端方一會兒舉薦河南洹上隱居的袁世凱，一會兒舉薦湖北總督瑞澂，總之誰去都行，就是他自己不能去。端方隨即返回宜昌，等候消息。為了逃避入蜀，端方不惜破除情面，嚴詞彈劾趙爾豐，按清律，不能以原參之人去查辦該省事務，端方彈劾趙爾豐，為的是回避入川，可謂用心良苦！

在與清廷談判條件、延緩入川時間的同時，端方還想方設法向川人表示友善，他命令門下幕客李希庚、包榮誥擬出安民佈告：「因為四川鐵路是最要緊最難修的路，修一裡路差不多要五六萬兩白銀，朝廷怕四川的百姓擔負不起，路沒修成，家家均會人死財絕了。本大臣曾經出洋，向來寬大，不肯多殺人，現在帶兵來川，就為要保全無辜。……若仍要以罷市、罷課相要脅，朝廷是不怕的……」

鐵路大臣端方赴川前夕的複雜心情，如今已經很難準確描述了。一方面他要以超人的智慧和足夠的精力對付清廷，以及清末官場上的那些競爭者；另一方面他要以冷靜的情緒和公允的姿態介入四川路事亂局，同時還必須警惕身邊的這支湖北新軍，他們暗中的交頭接耳似乎隱約在提示著什麼。

在清廷的一再催促下，端方帶領士兵穿過三峽峽谷，步行入川，一路西行。當隊伍離開重慶往成都方向先進時，端方接到了一封加密電報：武昌革命黨人起義，佔領了武昌城，湖北總督瑞澂已逃跑。這封電報使得端方的一顆心猶如掉進了寒冷的冰窖，不寒而慄。為防止走漏風聲，引發騷亂，端方下令將入川士兵們的私人信件一律扣壓，封鎖軍營與外界的一切聯絡。

端方入川的一路上，四川紳商界人士紛紛前來請願的人不少，比如四川省諮議院議員、曾經擔任過《蜀報》主編的朱山，就是其中之一。不過朱山在與端方的一席長談之後，由說客的身分幡然一變而為端方的幕僚，入川的旅程中，朱山就在其幕中，積極為之出謀獻策。

但也不是所有的說客都像朱山一樣被打動的，比如同盟會員朱之洪，往謁端方於夔州，提出了三點要求：一，請為川民申冤；二，罷入川軍隊；三，釋放蒲殿俊、羅綸等人。端方以溫和友善的態度接待了朱之洪，並回應道：川民有冤屈，他一定會代為申訴；釋放蒲殿俊、羅綸等人，是他一貫的態度，已分別發電給清廷和趙爾豐，有望儘快釋放；至於率兵入川，實因為川局正亂，是奉朝廷之命令，不過請放心，這些入川的兵，決不會輕易動川人一根指頭。

端方誠心誠意地解釋，儘管做到彬彬有禮，要給川人留下良好的印象。他根本沒有想到，朱之洪前來謁見的本意，並不僅僅是提出釋放蒲殿俊、羅綸等立憲派首領。此時四川同盟會已悄然將保路同志會改造成同志軍，正在積極籌備武裝起義，朱之洪來夔州的真實目的是一次試探，他們將端方所帶的湖北新軍兩標人馬看成是清廷的看家鷹犬，想來一探虛實。

對端方而言，真正的危險確實來自於身邊的這支湖北新軍。隊伍走走停停，到了四川資州，端方下意識地發現周圍充滿了危險。有人悄悄遞話，在瑞澂送給他的第三十一、三十二標中，江國光、單道康、邱鴻均、梁維亞等數十人皆是革命黨，隊伍到宜昌時就曾動過殺端方祭旗起事的想法，只因有人認為，武昌起義尚在準備中，殺了端方暴露目標，對起義不利，才暫時沒有動手。

到了資州，殺端方的呼聲又起，暗潮湧動，端方猶如坐在一個炸藥桶上，隨時都有被炸飛的危險。恰逢其時，有人假託滿清新貴鐵良的名義致電端方，說北方革命黨起事，京都危急，兩宮已經向山西疏散了，請端方迅速入陝勤王。這天，端方召集兩標高級軍官開會，透露開赴陝甘擴編成軍的消息，並向自流井鹽場商借銀子三萬兩，作為隊伍的開拔費用。兩標官兵多半是湖北人，背井離鄉，遠征跋涉，已是心有不甘，現在聽說還要開赴陝西，更是怨氣滿腹。

革命黨乘機祕密開會，認為武昌已舉義旗，兩標義士因隨端方赴川，失去了參加武昌起義的榮耀，留在武昌參加起義的，現在都成了革命功臣，而他們還要跟隨這個旗人進入陝、甘，豈不是辱沒祖宗？即使將來回到湖北，也會被人恥笑。眾人越議論，情緒越激昂，最後得出了一個結論：不殺端方，無以表明心跡。

這個祕密會議的內容被端方察知，更是寢食不安，肝病也乘勢發作。手下親信給他出主意：乘船經宜昌返回武漢。端方搖頭，長江沿線已被革命黨掌控，走這條路線等於自投羅網。又有人向他密陳，願出死力保他出川，但條件是只允許端方一個人與他同行。端方用警覺的眼光看了那人一眼，搖了搖頭。

急亂之中，忽然心生一計：數年前曾有傳說，端方的生母是大臣陶澍家中的一個婢女，陶暗中把她收了房，肚子大了，太太吃醋，硬將她逐出，才歸了端方的父親。端方實際上不是滿人，而是漢人陶澍的兒子。在這個傳說中，人們還列舉出他的名號「陶齋」為證。關鍵時刻，端方寄希望於這個傳說能幫他的忙。十月初五，端方殺豬宰羊，大張盛筵，召來三十一、三十二標排長以上的軍官，還請來資州地方富商名紳作陪，酒喝到七分，端方宣佈他是漢人，恢復陶姓，改名陶方，和滿人劃清界線，並拿出一疊「陶方」的名片當眾散發。

眾軍官對他姓端還是姓陶並不感興趣，最關心的是隊伍將來往哪裡開拔。端方不敢以實相告，嘴上支吾一番，急得眼淚直往下掉，很快被密密匝匝的士兵團團圍住了。端方的胞弟端錦出來解圍，對士兵許諾：只要保護他們哥倆平安到西安府，願出白銀四萬兩犒賞。站在前排的士兵聽到了許諾，站在後排卻沒有聽清，還在大喊：「愛錢就不要命，要命就不愛錢，就是當官的答應了，老子們也放他不過！」端方兄弟眼看如此情景，知道軍心已變，回到營中，二人相抱大哭。

當時第三十一標標統名叫曾廣大，是端方任鄂督時所提拔的軍官，見頂頭上司端方處境危急，於是出面向士兵們說情，請勿開殺戒。曾廣大說：「端某並非誑人者，大家放他一條生路吧。」士兵們沉默不語。曾廣大又說：「我們雖是軍人，仍應以慈悲為懷，何必要殺人？何況端某與我們並無冤仇。」見士兵們依然沉默不語，曾廣大提議舉手錶決，結果皆曰該殺，贊成不殺端方的只有三四個士兵，曾廣大再勸，眾兵皆洶洶，有幾個士兵甚至衝過來要捆綁曾廣大，曾乃不敢言，掩面哭泣而去。

殺機已動，端方性命就難保了。十月初七凌晨，端方兄弟二人密備了兩乘小轎，將兩隻行李箱繫在轎後，正準備趁著星夜逃遁，才行出數十步，突有數十個提搶的軍人衝出，將小轎團團圍住。端方見勢不妙，跳下轎來要溜號，卻被一把刺刀攔在胸前。

「你們這是幹嘛？」端方聲音發抖地問。

「請大帥升天！」隊官劉鳳怡大聲說。

連推帶搡，眾刀齊下，砍了六刀之後，端方一顆血淋淋的腦袋滾落到了地上。其弟端錦見此慘景，萬分悲痛，大喊一聲「四哥——」轉折身來，大罵那幫兵丁「混帳王八蛋」，有個叫賈志剛的兵丁衝上來，照準端錦的頸脖就是一刀。端家兄弟的首級割下後，被當作戰利品裝入鉛箱，放入石灰，沿途示眾，最後拿到武昌去報了功。據說，黎元洪見了這兩顆人頭，不由得連聲歎息，讓人暫存在武昌洪山禪寺。端方帶入川的那支隊伍，後來被黎元洪編為「教導團」。

川人代表進京

保路同志會成立後，對策之一是向各地廣派聯絡員，把四川爭路的真實情況告訴全國，免得讓四川陷於孤掌難鳴的境地。他們隨身帶著公函、報紙和傳單，白紙黑字這樣寫道：「須知川人之爭，實民權與專制之爭，川人不幸而失敗，行見專制淫威氾濫國內，則所身受其殃者，豈獨川人而已哉！」啟程奔赴京城的幾個人是阮峘、李孔揚、黎廣芬等，為首的代表名叫劉聲元。

劉聲元（一八七五～一九二四），字苙青，重慶萬州人。十二歲中秀才，鄉梓視作神童，一九〇二年考入南京江南水師學堂，與周作人成同窗好友。畢業回川後，任夔府團練教官、萬縣中學堂監督，一九一〇年被選為省諮議院議員，來到省城成都，成為保路同志會的重要骨幹。相傳這位血性漢子特別有性格，鐵路公司成立時，他爭著要當充滿危險的交涉部長，未爭贏羅綸，竟當眾號啕大哭。

啟程進京之前，川人聚會為他們送別，各色人等從四面八方湧來，一條不很寬的三倒拐街變成了人的河流。羅綸致開會詞，這個當過袍哥舵把子的俠義胖子，一上臺即失聲痛哭，向四周拱手作揖，哽咽道：「各位父老鄉親，我們四川人的生命財產，讓盛宣懷給賣了！中國完了！」聲情並茂的演說，險些令場面失控，群情激憤，哭喊聲、叫罵聲、嗚咽聲響成一片，震耳聲浪彙集成洶湧的海洋。

面對黑壓壓一眼望不到邊的人群，劉聲元發表的演說奪人心魄：「此去守定本會宗旨，作秦庭七日之哭，期待朝廷有悔，破約保路。約不破，聲元有死去而無生還！」據當時報紙記載，現場有數千人用目光和歡呼聲為他送行，一字一慟號，一語一鼓掌，啜泣聲和歡呼聲混雜交織，不絕於耳。最慘者莫過於無數鄉間老農，向臺上連連作揖，且咽且言曰：「我們感謝你！我們感謝你……」更有人當場割破手指，寫下血書，為他壯行。

劉聲元抵京後的責任極大，他須會同四川諮議局留京副議長蕭湘，把贊成爭路的川籍京官聯繫起來，廣為傳播川人爭路的宗旨，還須設法打通慶親王奕劻的門路，設法向攝政王載灃請願，陳述四川人的公意，抑制盛宣懷的賣國借款行為……進京後，劉聲元屢次召集旅京紳商開會，同聲共氣，奔走呼號。他私下在會館旅棧裡寫好奏章，冒死潛入攝政王載灃入朝的道旁，攔轎跪泣懇求，要求清廷收回鐵路國有的成命，罷免盛宣懷以謝國人。其時革命黨正在搞暗殺計畫，研製的炸彈四處開花，載灃自知保住腦袋要緊，哪裡有閒功夫理睬這個四川來的外省人？

幾次碰壁之後，劉聲元學聰明了。進京請願，最重要的是接觸朝廷大老，官場之道，無非是托關係找門路，經過一番梳理，終於讓他打探到了一條路子。原來，蒲殿俊的姑父胡駿，曾在慶親王奕劻家中當過家庭教師，而這個奕劻，正是皇族內閣的首席執行官，在朝廷裡是說一不二的人物。這天下午三點鐘，劉聲元率一干人直奔慶王府，泣陳川中危急情形，請速籌辦法，以平息目前大禍。王府守衛起初黑臉相拒，經各位代表百般哀求，始允許劉聲元一人單獨進去，旋即被數人推出，視為瘋癲之人。在外靜候的各位代表見此情狀，同聲大哭，屋瓦皆震，大地為愁，圍觀者達數千人。

相持一個多鐘頭後，從王府中傳出話來，請代表們到高廟，詳述一切。各位代表仍堅持奉行跪哭主義，決不離開慶王府半步，又過一會，出來一位頭戴紅頂子的角兒，對代表們耐心勸說：王府係私宅，不收公呈，無論坐到何時，都不會有結果，還是請各位冷靜，去高廟商量解決辦法。代表們也不是好糊弄的，有人竊竊私語，擔心去高廟是調虎離山的圈套。劉聲元當機立斷作了安排：自己帶大部分人去高廟，慶王府前只留下楊光湛等三人。

劉聲元等人前腳剛走，慶王府前就發生了變故：從門裡衝出一隊衛兵，五六個人一組，將留守代表楊光湛等逐一綁架而去，名曰清場。劉聲元得知消息率隊返回慶王府時，伺候在側的衛兵早已準備，持槍十餘排，如臨大敵，代表們遂垂頭喪氣而歸。

事情到此並沒有完。清廷發佈了一道通告，命民政部、步兵統領衙門嚴禁聚眾開會，不聽招呼者派軍警彈壓。隨同通告發出的還有一道密令：緝拿劉聲元。

是夜，緹騎包圍了四川會館，拘捕了劉聲元，五花大綁，關進大牢，聽候處決。後經川籍京官援手營救，謊稱他有精神病，才得以從寬發落，「遞解回籍，交地方官嚴加管束」。起解時，友人們為他送行，講起事情原委，劉聲元仰天大笑：「本想血灑京門，奈何竟以瘋子活我！聲元雖生，情何以堪？」押解到武漢時，辛亥革命爆發，劉聲元重獲自由，且被推舉為新軍參謀，他固辭不就——立憲派只想要保路還錢，心裡沒有要推翻清廷的想法。

劉聲元後來的經歷頗為奇特。他先是去了北京，周旋於政界和教育界，業餘時間喜作山水畫，這期間與魯迅、周作人兄弟有過往來。一九一七年，劉被陸軍部任命為「修浚宜渝灘險事務處」處長，經費無著落，職務形同空銜。此後辦實業，擔任「川路輪船公司」總辦，又遇輪船觸礁，加之經營不善，導致公司破產。劉聲元自覺無顏對川中父老，遂攜帶妻兒，再次悄然去了北京，到城東郊極樂庵出家當了和尚。當寺廟裡孤單冷清、枯寂無人之時，回顧保路運動中那段辛酸的人生歷程，他再也難以保持僧人的心如止水了。

其他川人代表的遭遇和處境

劉聲元等代表赴京前夕，四川保路同志會給常駐北京的四川諮議院副議長蕭湘發了一封電報，請他暫留京城，會同劉聲元等代表召集在京的四川籍同鄉，泣血叩首內閣大臣奕劻等大老，在清廷上層尋求同情和支持的力量。所擬辦法如下：一，須使政府認識到向外國人借款之失利；二，須使政府確知盛宣懷鐵路國有政策之失誤；三，須使政府有悔過之心，民心可為外交後援；四，當向政府表明四川人的決心，如政府一意孤行，則全川誓死捍衛川人之權利，死盡皆不顧。

理想主義色彩太過濃烈的幾條辦法，在京城遭遇了滑鐵盧的慘敗。據當時的報紙記載，劉聲元等代表到京後，即由蕭湘在全蜀會館主持了會議，到會人數二百餘人，情形悲壯，慷慨激昂。會議首先由李文熙報告宗旨，李君謂四川之亂事實由盛宣懷一人釀成，我同鄉京官應簽名彈劾盛宣懷，朝廷如肯見信，就應該罷免盛宣懷，謝四川以謝全國。朝廷如不見信，可以罷免全體四川籍京官。家鄉的父老視生命財產且不顧，我們豈能留戀於這區區官場？眾人拍手稱快，時簽名者達五分之四。又有四川同盟會代表楊光湛登臺演說，講述成都罷市罷課後四川的嚴峻形勢，市民不能買糧充饑，終日抱著先帝的牌位痛哭，聲嘶力竭。講完了形勢又號召說：作為四川籍京官，眼看著家鄉的父老受苦受難，日日夜夜在地獄般的生活中掙扎，我們如果再貪戀官位，豈有人心？李光湛發言後，全體鼓掌，無一人不簽名。

在慶親王奕劻府前請願失敗，劉聲元被拘捕後，蕭湘八方奔走呼號，積極營救，均告無功而返。一九一一年九月七日，趙爾豐在成都逮捕了立憲派首領蒲殿俊、羅綸等九人，消息傳到北京，蕭湘心急如焚。當天夜晚，他買了張到武昌的火車票，啟程離京回川。此時湖北總督瑞澂已經接到了川督趙爾豐的電報，祕密告知了蕭湘的行程，等蕭湘一到武昌，就被守候已久的差役拘捕，關押於武昌府署。

辛亥革命後，蕭湘獲釋，轉赴南京，代表四川參加各省代表會議，選舉孫中山為臨時總統。此後蕭湘留在南京，在四川籍同鄉、江蘇軍政府都督程德全幕府下當顧問。一九二三年蕭湘回老家四川涪陵隱居，脫離政界。

在川人派出赴京代表的同時，還派出了周代本、龔煥辰、白堅、江潘、陳育、吳炳臣等分道赴鄂、湘、粵等省聯絡。據隗瀛濤《四川保路運動史》介紹，四川赴湖北的代表為江潘、周代本、吳炳臣三人，到武漢後受到了湖北省諮議局的熱忱歡迎，應邀與湖北省副議長夏仲膺等十七名議員協商辦法，達成了多項協定，夏仲膺表示，湖北是四川堅強的後援團，當與川、湘、粵共同組織，反對政府的借款合同。

但是赴湘的龔煥辰、白堅、陳育卻沒有那麼幸運，他們一到湖南，即遭到湖南巡撫楊文鼎的抵制。在保路風潮興起之初，巡撫楊文鼎的感情法碼還是偏向於諮議局一邊的，他向清廷代呈奏摺彈劾盛宣懷，並明確表達自己的意見：「若遽用強硬手段，必先與撫臣為難，立刻變亂，是以不得不允為代奏，以平其氣而懈其心。」楊巡撫代呈奏摺遭到了清廷的嚴厲申斥，此後他的態度便急劇改變，差役們沿街貼出的佈告中寫明「不准開會演說」等字樣，表明了官方的態度。在清廷給予優厚補償條件和地方官府嚴厲措施的雙重擠壓下，湖南省的保路風潮此時已漸趨平息，龔煥辰、白堅等見無能為力，只好離開湖南去了廣東。

在廣東，他們遭遇了與湖南類似的情境。兩廣總督張鳴歧下達命令，讓巡警道嚴查路事演說，禁止報館刊載反對鐵路國有的言論。龔煥辰致書張鳴歧，解釋破約保路的宗旨，但是張鳴歧無動於衷，私下對部屬說：「他們以四川保路會的名義而來，實則是要煽動粵省騷亂，決不能掉以輕心。」

龔煥辰（一八七九～一九三三），字北居，四川江津人，早年曾留學日本，就讀於東京數理院，在日本參加了同盟會。另一位四川代表白堅的態度更為激烈，在廣東一次小型的群眾集會上，白堅發表演說：「川人與粵人，同是中國人，今日又同是患難之人，更需要在精神上緊密結合，共同一致，挽回路權！」演說完畢，當場以刀割指，在一塊白布上血書「粵蜀非聯合不可」幾個字，與會者莫不肅然生敬，鼓掌之聲震動瓦屋。

此時廣東的保路運動重心已向香港轉移，龔煥辰、白堅等四川代表轉赴香港，發起旅港保路同志會，響應四川的保路運動。兩廣總督張鳴歧擔心廣東保路風潮再起，遂急電請清政府外務部、郵傳部致電英國公使，由香港總督將龔煥辰、白堅扣押，安上勾結革命黨、將去南洋革命的罪名，交付上海道遞解回原籍。至此，四川保路同志會派赴外地聯絡的代表全軍覆沒，他們期冀利用辯才陳述利害、遊說四方的縱橫術策略也宣告失敗了。

第五章　會黨與革命

四川同盟會早期活動情況

清末政局有三種政治力量激烈角力，分別是清政府、立憲派和同盟會。作為清政府的對立面，立憲派和同盟會共同的目標都是推翻滿清政權，但是具體的施行方法卻大不一樣。同盟會認為社會矛盾已經到了不可調和的地步，必須通過暴力革命「驅除韃虜，恢復中華」，先建立軍政府，繼而走向共和。而在立憲派看來，為了減輕因社會巨變而帶來的劇烈陣痛，應該採納漸進的方式，走憲政之路，擔憂暴力革命成功之後會產生暴民政治，社會形態從舊專制走向新專制。立憲派的擔憂並非沒有道理，後來的歷史軌跡恰恰正是如此。

早期同盟會帶有濃烈的會黨印記，新會員入會時，孫中山要求他們採用類似洪門會黨的聯絡暗號。早期參加同盟會的四川會員楊兆蓉在《辛亥革命四川回憶錄》中講述了一九〇五年前後的情形：孫中山居住在日本東京，為避開清使館偵查，住址屢遷，或廖仲凱寓所，或宮崎寅藏家，無一方答話時，如舉起右手大拇指，以左手擦左眉毛，則是成功對上了暗號，無疑同為一黨，可與之商量彼此活動的情況。

定地點。黨人回國活動，即以中山之名為祕密暗號聯絡，問時左手舉起大拇指，右手擦右眉毛。對方答話時，如舉起右手大拇指，以左手擦左眉毛，則是成功對上了暗號，無疑同為一黨，可與之商量彼此活動的情況。

四川同盟會早期會員中，有個重要首領人物名叫佘俊英，字竟成，後改名佘英，四川瀘州人。佘英童年讀過私塾，少年時當學徒，跟著銅匠師傅在江湖上四處闖蕩，後考取武秀才，常攜《警世鐘》等進步書刊講演於茶館，聽者如雲。清吏派差役禁止，差役皆是哥老會的兄弟，密請大哥讓步，遂轉赴鄉場講演。

一九〇六年，佘英在日本期間結識了同盟會創始人孫中山，被孫中山委以「西南大都督」的頭銜，負責聯絡川、滇、黔三省哥老會眾，組織武裝起義。歸國之際，孫中山及其日本好友宮崎寅藏等人設酒宴相送，一起合影留念，宮崎並贈倭刀一柄，以作護身之用。回國後佘英與謝奉琦、熊克武等設立祕密機關於瀘州小市綾子街鄧西林宅。鄧係清末秀才，其父曾任山西知縣，故借其門弟掩人耳目。

在佘英領導下，同盟會以瀘州為策源地，先後有楊庶堪、朱之洪、謝持、曹叔實、易倩予、張培爵等上百人加入其中，這些會員滲入哥老會組織，先後密謀策劃了多次武裝起義，四川之革命從此發軔。據《佘英自述》講述其經歷：「初失敗於瀘州江安，再失敗於廣安，三失敗於嘉定宋家村，今又失敗於敘府，走在雲南豆沙關斷蛇坡，犯了我的忌諱，應該死在此地，沒有前進。被巡防右軍鄭、程二哨官，將我送到府城，沒有別的話說，要殺開刀。問我的同黨很多，凡有良心的血性男兒，都是我的同黨，就是你們官場中亦不少……」

佘英的慷慨陳詞並非虛妄之辭，而是二十世紀初年中國社會的真實景象。在滿清政府已經腐朽徽爛，卻又拒絕動工改造的情況下，不可避免出現了對抗的聲音。在立憲派和革命黨這兩種對抗的聲音中，溫和的立憲派話語吸引了少數官員和紳商，具有天然道德優勢的革命話語，則更容易在中國社會中找到知音，尤其是對激進的年輕人有著強大的誘惑力。以當年留學日本的學生為例，一九〇五年前後留日學生約八千人，以前大多是梁啟超的信徒，隨著時代潮流的引領，學生們的思想發生了急劇的變化，同盟會成立後，傾向革命的學生更是越來越多，他們激昂高亢的調子成為一個時代的主旋律。民國時期著名人物如黃興、宋教仁、陳天華、秋瑾、章太炎、汪精衛、胡漢民等，均在此時加入了同盟會。

四川人佘英也正是在這一時期加入同盟會的。革命黨在發軔階段即宣佈進入「暗殺年代」，極力提倡暗殺和武裝起義，以極端的態度和激烈的情緒反抗清廷，甚至對持不同觀點的立憲派也決不原諒。在組織形式上，革命黨借力於中國社會內部山堂林立的會黨——這種民間祕密組織的終極目標是「皇帝輪流做，明日到我家」。

據楊兆蓉《辛亥革命四川回憶錄》云：佘英自日本歸來後，哥老會會眾有稱他佘大王者，在長江沿途成千上萬的船夫中傳播尤廣，人人都說：「佘大哥的星宿現了，不久做了皇帝，我們就好了。」

一九〇九年，佘英在又一次起義——敘府起義失敗後被捕，囚於木制籠中，沿途遊街示眾。在囚車上，佘英向群眾高聲宣講反清大義，臨行刑前口占七律一首：「牡丹將放身先殘，未搗黃龍死不甘。同志若有繼我者，劍下孤魂心自安。」

保路運動的幕後操盤手

一九〇五年孫中山組建同盟會之初，就有重慶公強會會員童憲章、陳崇功等在日本東京加入同盟會。是年底，童憲章、陳崇功等，攜帶同盟會章程、公約、誓詞等回到重慶，建立組織，發展會員。公強會推舉楊庶堪、朱之洪為會長，後改組公強會為同盟會重慶支部。

四川保路運動興起之後，重慶立即響應，一九一一年六月二十八日成立了重慶保路同志協會。此時重慶各重要學校會眾愈多，均已在同盟會掌控之下。重慶同盟會多次開會密謀起義，恰逢保路運動風潮疊起，朱之洪被川漢鐵路重慶股東會推舉為代表，赴成都鐵路公司開會。

朱之洪（一八七一～一九五一），字叔癡，重慶巴縣人，父親是一名手工藝者，朱之洪在家族中排行老三，社會公開身分是重慶川東師範學院學監，是時已年屆四十，以其德高望重，人尊稱他為「朱三爺」。一到成都，朱三爺即約革命黨召開祕密會議，參加會議的除了成都同盟會員曹篤、方朝珍、蕭參、張頤、劉裕光等人外，還有駐紮成都鳳凰山新軍內部的同盟會員。會上朱之洪發言說，爭路者日與清廷言法律，辯是非，清廷終不悔悟。不如激揚民氣，導以革命，將和平爭路引向武裝起義。

按照朱之洪的初衷，是要趁保路運動風起雲湧之際，成都、重慶兩地革命黨聯合起來，在省城發動武裝起義。其間有部分同盟會員提出了不同意見，認為四川省在經過多次武裝暴動後，清軍已形同驚弓之鳥，尤其保路風潮起，趙爾豐對成都地區更是嚴實防範，城內發動武裝起義太難。經過多次開會研究，決定分頭赴各州縣祕密聯絡哥老會，積極準備發動大規模的武裝起義。按照分工，朱之洪返回重慶，曹篤赴自流井，方潮珍赴井研，張頤赴青神、仁壽、榮縣、自貢，劉裕光赴盛遠、富順，分頭策劃部署。

在川漢鐵路特別股東會上，來自全省各地的股東代表群情激憤，朱之洪代表重慶股東上臺演講，從盛宣懷向四國銀行借款入手，講到國家喪失路權，進而喪失主權，國人將從此淪為亡國奴。說著說著，朱之洪語氣更加激昂，痛哭流涕，一拳砸上桌案，聲震屋瓦，再亮出手掌時已是鮮血淋漓。這一含有表演性質的演講使得會場氣氛愈加激烈。臺灣學者周開慶在《記朱叔癡先生》一文中曾如是評價：「此後保路風潮激變而成全川罷市罷課，馴至形成七月十五日以後各地軍民圍攻成都的局勢，都是革命黨人此一策略運用的結果，而叔癡先生便是組織策劃的中心人物。」

川漢鐵路股東特別會議結束後，朱之洪返回重慶，正值端方入川查辦路事，朱被重慶保路同志協會推為代表，迎謁端方於夔州。朱之洪穿一襲藍布長衫，氣宇不凡，向鐵路大臣端方提出了三點請求：「一，請大人為川人申冤；二，請罷入川軍隊；三，請釋放蒲殿俊、羅綸等九人。大人如能允准而付諸實施，則川人之亂自息。」端方此時已是身處窘境，四周暗藏殺機，時刻擔心有性命之憂，對朱之洪的請求一概應允。對於端方的隨意表態，趙爾豐無比惱怒，這樣一來，端方與趙爾豐之間的互相猜忌日趨激烈。後來端方率兵進駐資陽駐紮，遲遲不敢赴成都，實與忌憚趙爾豐的排斥報復有關。趙爾豐在消息不靈、朝廷的欽差大臣遲遲不到，而周圍的幕客紳商一再逼宮的情況下，被迫宣佈四川獨立。此中種種複雜之情形，與朱之洪的幕後推手也有著一定的關係。

在朱之洪、楊庶堪等人的領導下，同盟會準備武裝起義的計畫在重慶及川東一帶已漸趨成熟，適時有夏之時率新軍二百餘人，在成都附近之龍泉驛舉行武裝起義，繞道北路抵達重慶之江北黃葛樹。朱之洪代表重慶總商會前往犒勞，送給軍餉二十萬元，大米百石，請義軍暫勿攻打重慶城，以免擾民。夏之時也是同盟會員，與朱之洪共同商量義軍緩入重慶城的步驟，其間朱之洪勞心費神，沿途說服龍隱鎮、佛圖關等處水警巡防軍配合讓路，使得義軍入城得以無阻。

義軍兵不血刃進入重慶城，隨之宣佈獨立，成立蜀軍政府。成立大會之前推舉都督，朱之洪、楊庶堪都是當然人選，但是朱、楊都表態，他們是重慶本地人，應當回避，於是由同盟會員謝持推舉其學生張培爵為都督，夏之時為副都督。朱之洪、楊庶堪這種「攘利不先、赴義恐後」的高風亮節，川人廣為讚歎。

身分複雜的革命者

端方在給清廷的一封奏摺中云：「聞自東內渡者，均紛紛回川，恐受人煽惑情事，尤恐名為爭路，實則別有隱情。」細加考察，此話不無道理。

東渡者指的是留學日本的青年學生，他們受時代浪潮之感召，為革命理想所鼓舞，競相加入同盟會，紛紛回川，其目地是尋找幹革命的大舞臺——由四川立憲派鼓噪而起，幾乎囊括全體川人參加的保路運動風潮，此時已經將這個歷史的大舞臺搭建好了，似乎在等待即將登場的主角。

四川同盟會的方針十分明確：借保路之名，鼓動人民以行革命之實。在那場碧血橫飛的革命戰爭中，四川哥老會乘勢而起，成為推翻滿清的一支重要武裝力量，這一切與同盟會在其中的工作密不可分。這其中，新津會議和羅泉井「攢堂大會」，是同盟會將同志會改造為同志軍的重要步驟。

簡要回顧一下四川哥老會的歷史淵源，有助於我們對整個事件脈絡的深入理解。

哥老會的前身俗稱啯嚕，是清朝雍乾年間四川社會中出現的以劫奪謀生的異姓結拜團體，啯嚕具有分散性，各群之間基本沒有聯繫，這些遊民團夥平時在各州縣場鎮聚集，或出沒於偏僻的江湖之上，搶掠民間財物，或從事其他犯罪活動。啯嚕並無嚴密的組織和章程，也無政治目標和組織信仰，是自發生長並活躍於中國社會底層的一支民間神祕力量，其成員被稱為啯嚕子。

從啯嚕到哥老會的演化經歷了一個相當複雜的歷史過程，是在道咸年間祕密社會大融合的背景下逐步形成的，其間滲透著天地會、邊錢會和青蓮教等民間教派的影子，促成了啯嚕到哥老會的演化。哥老會又稱袍哥、漢留，據四川人劉師亮在《漢留史》中統計，哥老會從清嘉慶十五年（一八一〇）到宣統三年（一九一一）的一〇一年中，在各省共開山堂三十六個，四川占十六個。二十世紀初年，四川省會一區，仁字旗公口至三七四道之多，至鄉間各場、鎮及臨路之店鋪，無不設有公口，招待往來者，目不暇接，而各省漢留之盛，莫過於四川。

四川哥老會內部管理近乎嚴酷，有諸多繁瑣的貌似雜亂無章的規矩，其核心內容是「下級絕對服從上級」。如《十條》：第一孝敬父母；第二尊敬長者；第三莫以大欺小；第四兄寬弟忍；第五鄉鄰和好；第六敬讓謙恭；第七忠誠為上；第八行仁尚交；第九上下分明；第十謹言慎行。《三要》：若逢弟媳和兄嫂，俯首潛心莫亂瞧；一見婦女休調笑，猶如姊妹是同胞；寡婦民女最緊要，宣淫好色要挨刀。《十款》：一不許前後把衣紮；二不許帽子戴歪斜；三不許蹺腳把腿掛；四不許口內亂開花；五不許當堂把架吵；六不許估扯與胡拉；七不許說話無上下；八不許吵鬧肆喧嘩；九不許裁瓜或逗壩；十不許滅股並卞娃。《十要》：一要孝悌和忠信；二要久遠講交情；三要禮義為根本；四要廉心且實行；五要謙和與誠信；六要仁愛並和平；七要處世多端正；八要品節允詳明；九要視財如糞土；十要做事秉良心。為了維護這些條約規章的權威性，哥老會內部還有著林林總總的懲罰措施，對違規的幫派成員視情節輕重進行處罰，常見的有打紅棍、開除黜名、三刀六眼、挖坑自跳、釘活門神等。

清廷對哥老會始終採取的是封殺的姿態，出賞緝拿哥老會首領並梟首示眾，以顯朝廷威嚴。即便是主張社會平穩轉型的立憲派，也堅持反對暴力革命，對哥老會採取決不合作的抵制態度。一九〇九年，四川省諮議局第一次會議提出的《解散會黨案》中強調：「川省會黨，名目繁多，人數既眾，品類尤雜。彼此爭鬥，常為地方之擾，劫殺犯禁，亦多自此而出。……此等愚頑，於法固無可寬，論情亦有可憫。會黨隨處皆是，捕不勝捕，誅不勝誅。若不設法急為解散，久之滋蔓難圖，隱憂方大。有何良法使之複為良民，共用治安之樂？」

顯而易見的是，隨著保路運動的遞次升級，四川哥老會趁亂而起，成都罷市罷課帶來的社會全面混亂，又給哥老會的發展和壯大提供了優良的土壤，更何況有同盟會在其間推波助瀾。此時的哥老會，已從地下轉入地上，從隱蔽轉為公開，成為一個廣泛受歡迎的群眾性組織，只要擁護反清宗旨者，皆可入會，這對四川社會各階層不言而喻都有著極大的誘惑。據史料載，此時的哥老會已深入到社會各階層，入會者有紳商學界的人士，也有底層的普通勞動者，甚至還有官吏和差役，「凡是人口達到五六十戶的村莊，無處不設有堂口」。每開堂口一次，新入會者動輒數百人，多以千計，迅速呈全省蔓延之勢。

秦載賡是哥老會的重要首領之一，生於一八七五年，四川華陽人，這一年三十六歲。從祖父輩起，秦家便以俠義聞名，四方豪客多附之。秦載賡膂力絕倫，十八歲即被縣人推為華陽民團總團長，祕密參加了哥老會，成為舵把子龍頭大哥。時應童試，考官不公，秦載賡帶頭毆之，時人稱他是一個天然的革命家。

清末四川會黨特別盛行，品類繁多，成員複雜，城鄉公口林立，互不相干，因而力量分散。早在一九〇四年，哥老會大龍頭佽寶齋即在新津王爺廟召集祕密聚會，倡議四方九府的哥老會合成一大團體，定名為「九成團體」。發出雞毛書信後，數千名哥老會代表雲集於深山廟宇，商議聯合之事。在這次會議上，秦載賡主張甚烈，被公推為川東一帶哥老會首領。會後，下令哥老會內部師爺撰《大同改良》一冊，祕密四處發佈，申明盟約。經過這次祕密聚會，川西南的會黨勢力大為擴張，反清的宗旨更為明確。

一九〇九年，同盟會員龍鳴劍回川，在成都四聖祠堂創辦法政專科學堂，成為同盟會的祕密機關。在此前後，龍鳴劍雲遊四方，祕密發展哥老會首領秦載賡、張達三、張捷先、羅子舟、胡朗和等人參加同盟會。龍鳴劍能文能武，才情茂盛，且寫得一手好詩，秦載賡與他一拍即合，二人關係尤其契合。

秦載賡此時正值年富力強，既有豐富的經驗，又有激情四射的理想，他以華陽縣安吉團首事的名義，兼併了仁壽縣煎茶溪仁字型大小袍哥的「文明堂」，獲得了公口總舵把子的位置，並結識了成都附近各地哥老會的龍頭大哥，在祕密江湖中取得了一定的話語權。四川保路事起，秦載賡被推舉為華陽縣保路同志協會會長，他率先將安吉團更名為保路同志軍，按區域分保甲編隊。為了全面掌控革命的武裝力量，將全省更多的同志會改造為同志軍，龍鳴劍與秦載賡商定，由秦載賡以哥老會首領的名義，向四方九府哥老會再發雞毛書信，於八月四日在資州羅泉井召開「攢堂大會」，商議武裝起義事宜。

羅泉古鎮位於四川仁壽、威遠、資中三縣交界地帶，地處深山，古樹參天，沱江支流珠溪河從此地流過，蜿蜒如一條游龍，故被人稱作川中第一龍鎮。該古鎮的聞名始於清朝中期鹽井的發現，古鎮一度商賈雲集，熱鬧異常，如今只留下一座保存完好的鹽神廟，依稀透露出曾經繁華的蒼涼。

至今仍居住在羅泉井鎮的老人羅良富，在《羅泉古鎮和羅泉井會議》一文中生動地講述了當年的情景：一九一一年八月四日，一群神祕的「鹽商」冒著炎熱酷暑，行色匆匆地來到井灶林立的千年古鎮。當天深夜，鎮上福音堂內燈火齊明，教堂上安放著一塊關公牌位，堂下一字排列著二十多名壯漢，每人手中捧著一束香，為首的一人聲如洪鐘，高聲念道：「明遠堂愚兄大令下，滿堂哥弟聽根芽；令出如山非戲耍，猶如金殿領黃麻。只為滿奴興人馬，無端搶我大中華。揚州十日遭殘殺，嘉定三屠更可嗟！把我漢人當牛馬，視同奴隸毫不差。馬蹄大袖加馬褂，涼帽綴成馬纓花。本藩聞言喉氣啞，率同豪傑奔天涯。權且此山來住下，金臺山上浴風沙。今日結成香一把，勝似同胞共一家。萬眾一心往前來，聲搖山嶽起龍蛇。不怕滿奴軍威大，捨生忘死推倒他。還我河山才了罷，補天有術效神媧。人生總要歸泉下，為國捐軀始足誇。戰死沙場終有價，將軍馬上聽琵琶。爭回疆土功勞大，流芳千載永無涯。奮我精神扶我馬，勇往直前莫差嗟。大眾弟兄情不假，請進香堂把誓發……」念完誓詞，哥老會眾會員把手中香燭插入香案之中，每人端酒一碗，一飲而盡，然後像梁山好漢那樣依次而坐，「攢堂」議事。

羅泉井攢堂會議的實際策劃者是同盟會會員龍鳴劍、王天傑、陳孔白，但是在前臺發號施令的卻是哥老會首領秦載賡、羅子舟、張達三、胡重義、胡朗和、孫澤沛、侯國治、周星五等。這次會議通過了武裝起義的五項方略：一、偵查敵情；二、交換情報；三、向團練及富紳借槍；四、各向該縣借用積穀、社穀及其他公共財物；五、改同志會為同志軍，嚴肅軍紀，統一指揮。

這次會議還決定，在華陽縣和新津縣分別成立同志軍東路、南路總部，由秦載賡、侯寶齋分頭主持東路和南路同志軍的武裝起義工作。此後不久，全川各地紛紛舉行武裝起義，幾天之內，雙流、溫江、蒲江、灌縣等州縣都打出了武裝起義的大旗，形成了二十萬同志軍聯合圍攻省城成都之勢。曾經參加過保路運動的四川作家李劼人說道：「若不是革命黨人在股東會、同志會中間煽動人心，恐怕連七月初一的罷市罷課也不能鬧起來，就是鬧起來也不會堅持到半月之久的。革命黨人也因為看透了立憲派的弱點，因此，在爭路期間，他們就不謀而合地實行了孫中山所手定的辦法，一面加入各地同志會，一面極力聯絡哥老會，暗暗地把光用口舌相爭的同志會改成一種有武力的同志軍，時機一到，就光明正大扯起革命旗幟來排滿。」

按照羅泉井會議精神，秦載賡殫精竭慮，武裝起義時將家中所有田產賣掉當軍餉，率領東路同志軍與清軍展開了大小戰役數十次，所到之處，連下仁壽、井研、犍為、威遠、自貢等十餘州縣，此時起義各軍皆樹旗四面，分別為：「驅除韃虜，恢復中原，創立民國，平均地權。」將保路運動面具揭去，而樹起同盟革命軍之旗幟。四川總督趙爾豐這才明白川局之變，皆為同盟會所操縱，於是倉促之間調兵遣將，與同志軍對壘。

在同志軍內部，也是泥沙俱下，組成成分錯綜複雜。既有由哥老會改造而成的隊伍，也有原地方民團改頭換面形成的武裝力量。如井研縣同志軍首領鄧大興，原來的身分是井研民團頭目，起初對保路運動是支持的，保路事起，鄧大興參加同志會，積極為川人爭路款。趙爾豐逮捕蒲、羅等九人，鄧大興也為之憤慨，配合全省運動局勢將同志會變成同志軍。但是當同志軍變換旗號，由保路爭款轉為排滿革命時，鄧大興的態度發生了變化，認為所救者蒲、羅諸人，反對逐殺官吏的排滿革命，與同盟會發生齟齬。為維護舊秩序，鄧大興請回了已下臺的清縣令張少川回衙門主政。

秦載賡聞訊，跨上戰馬，單騎奔赴井研。井研縣政界果然已經復辟，同志軍佔領時所頒佈的各項法律法規均未啟用，舊縣令張少川端坐於衙門之上，照舊處理公務，施行文書一律蓋用清印。秦載賡見狀大怒，當庭勒令縣令交出清廷大印，沿街張貼佈告，重申施行新政。秦載賡此舉，引起了井研同志軍首領鄧大興的極度不滿，二人發生了激烈的爭執。這本來只是因政見不同導致的爭執，然而在那個充滿血與火的年代，政見之爭必定成為你死我活的殊死搏殺，在秦載賡離開井研返回榮縣的路上，惱羞成怒的鄧大興派出部下神射手朱九兒，預先埋伏於縣城甲北門，當秦騎馬從這裡馳過時，從背後連發數槍，秦墜地殞命。屠殺並沒有就此終結。據《秦載賡事略》記載：「秦有胞弟八人同住，家口三十餘，所居宅院數十間，清軍銜之，悉為焚毀。」

秦載賡遇害的消息傳來，同志軍全軍縞素三日，以示哀悼。其好友龍鳴劍此時正在病中，當場口吐鮮血，從此臥床不起。不久，龍鳴劍因長期轉戰積勞成疾，又因謠傳榮縣失守，憂憤交加，於一九一一年十一月二十六日在宜賓徐場趙家大院病逝，時年三十四歲。

這一出江湖恩仇記的結尾，顯示了歷史惡性循環的詭譎。榮縣軍政府成立後不久，指使謀殺者鄧大興被同志軍活捉，捆綁起來遊街示眾，然後拖到火神廟內的戲場壩上，一刀砍下頭顱，裝入木籠，懸掛於城樓。直到今天，這段歷史已經過去一百年了，鄧大興依然還被死死釘在恥辱柱上，接受後來者的拷問、唾罵和鞭撻，卻唯獨少了對那段歷史的獨立思考。

榮縣易幟

讓我們來考察一下榮縣獨立前後的情形，就能更加明白同盟會當時在四川的作用、影響以及意義。

榮縣位於四川盆地西南邊緣，是個偏僻落後的農業縣。二十世紀初，土地面積一九〇〇餘平方公里，人口四十八萬餘人，絕大多數為農民。地方工業處於原始階段，只有一些土法生產的小型鐵廠、鹽廠、煤窯、土陶廠等，商業以煤、鹽、糖、油、酒、醬油、土布、土陶等為主。

一九〇八年，由於川漢鐵路上馬加速，川人紛紛被動加入「鐵路捐」，地方財政越發困窘，各州縣開設征經局，開徵酒稅、糖稅、油捐、肉厘、牛羊皮稅等。過去徵稅的項目也加重了稅額，有的甚至加至十倍以上。壓迫愈深，反抗愈烈，雖然說以個體生命對抗龐大的國家機器無異於以卵擊石，如果不是被逼上絕路，一般人不會去走這條路，但是在民眾被逼到無路可走之時，流血犧牲的暴力革命也會乘勢而起——尤其是在革命和暗殺大為流行的二十世紀初，面對腐敗透頂而又拒絕改造的清政府，民眾暴烈的情緒一觸即發。

王天傑（一八九〇～一九一三），字子襄，出身在榮縣一個巨富之家。一九〇八年，王天傑十八歲，還在讀書，經謝奉琦、熊克武介紹加入同盟會，從此成為職業革命家，與謝、熊等同盟會首領屢次謀劃敘府、瀘州、廣安、重慶、成都等地的武裝起義。保路運動事起，王天傑鼓動榮縣民眾罷市罷課，先後說服父親和岳父，籌集經費購買了大量槍支，在榮縣城內文昌宮成立民團訓練所，招收學生數百人，「陰為發難之地」，局勢稍一成熟之後，又召集民團子弟千餘人豎起義旗，搗毀縣經征局，拘留縣令柳蔭春和縣局委員多人於民團訓練所，借「榮縣民團訓練所督辦」的名義，起兵於榮縣五保鎮。

此時，另一個同盟會員龍鳴劍正在與曹篤、朱國琛等人向全省各地發「水電報」，號召同志軍舉行武裝起義。得知王天傑起兵的消息，龍鳴劍立即趕回老家榮縣，參加並領導榮縣起義。王天傑利用自己哥老會首領的特殊身分，用雞毛信發出緊急通知，號令各場鎮哥老會立即組織同志軍，自萬人。

器，浩浩蕩蕩向成都進軍。沿途不斷有起義的人員加入進來，抵達成都附近時，這支隊伍已達兩

在雙古鎮訓練三天後，在王天傑、龍鳴劍、范燮的率領下，手持毛瑟槍、土槍、大刀、長矛等武

備武裝和錢糧，在榮縣雙古鎮集合待命。一夜之間，號令傳遍榮縣四十八個場鎮，同志軍五千餘人

王天傑、龍鳴劍率領的榮縣同志軍攻入仁壽縣城，與秦載賡率領的另一支同志軍會師，兩支隊伍聯合組成東路民軍總部，由秦載賡、王天傑分別擔任正副統領，龍鳴劍任參謀長。這支同志軍轉戰於仁壽、資陽、井研、內江、宜賓、威遠、自貢、敘府、嘉州等三十多個州縣，到達嘉州時，遇到了遵宋教仁之囑回四川省主持長江上游同盟分會工作的吳玉章，進行了一番長談。

吳玉章（一八七八～一九六六），原名永珊，字樹人，榮縣雙石鎮人。他一九〇三年留學日本，留學生涯源於一場家庭戰爭。一九〇二年，大哥吳永柯五歲的女兒到了纏足的年齡，大嫂準備按照老規矩給女兒纏足，吳玉章和二哥吳永錕堅決反對。可是大嫂認為年齡愈小腳愈軟，容易裹成三寸金蓮，準備好藍布、棉花和針線，端來一腳盆熱水，硬將女兒強按在短板凳上進行纏足。看著年幼的姪女哇哇痛哭經受殘酷的折磨，吳家兄弟也無計可施，抗爭沒有結果，最後選擇了離家出走，踏上了赴日本求學之路，此時，吳玉章與妻子游丙蓮已育有一子一女。

在日本留學期間，吳玉章成為同盟會的早期會員，在日本創辦《四川》雜誌宣傳革命。但是該刊物只出版了三期就遭查封，吳玉章也因為此事被捕，判了半年徒刑。回國後，吳玉章積極參加了

黃花崗起義，在幾次購運軍火的過程中，都遭遇了危險。黃花崗舉行起義時，吳玉章正在購置軍火的途中，聽到消息後一面派人瞭解情況，一面搜尋武器和製造炸彈的材料，準備再次行動，挽救這次起義。結果卻是無功而返，吳玉章只好暫時避開風頭，逃到了香港。

吳玉章返回四川途中，巧遇榮縣同鄉王天傑、龍鳴劍，濃郁的鄉誼將三位年輕的同盟會員牢牢聯繫在一起，史稱「榮縣三傑」。在綠蔭遮蓋的一間簡陋農舍裡，他們進行分工，王天傑率部分同志軍隨吳玉章返回榮縣，龍鳴劍率領同志軍餘部，繼續圍攻成都。臨分別之際，龍鳴劍拉著吳玉章的手說：「你回來主持工作，事情就好辦了。同志會由蒲殿俊、羅綸那些立憲派領導，作不出什麼好事。我們必須組織同志軍，領導民眾鬥爭，才有出路。我馬上要到前線去，為國捐軀本我心願。革命之一切大計請你細心籌畫。」送別戰友出城門時，龍鳴劍拔劍立誓：「不殺趙爾豐，決不再入此門！」

在榮縣獨立的過程中，波及四川全省的保路運動始終是幕後推動這個過程的神祕力量。吳玉章在回憶錄中講述了一件事：有一次，榮縣城裡的大富商張子和設宴請客，邀請了許多地方賢達和紳商，其中也有吳玉章。席間，有人提出要到縣衙門去稟告，縣經征局被土匪王天傑、龍鳴劍等人劫去了八百兩銀子，地方紳商應該聯名上書，聲討這幫同志軍的匪徒行徑。吳玉章當即站起來反駁：「同志軍到前線去打仗，是給川人爭路，為國家爭權，為民眾除害，做的都是光明正大的事情，怎麼能說他們是土匪呢？」吳玉章這麼一說，滿座的紳商啞口無言，再也沒有人敢站出來反對了。宴席散後，吳玉章召集各方人士商議，通過了按租捐款的辦法，為前線的同志軍解決了糧餉問題。

吳玉章、王天傑率領同志軍返回榮縣後，決定宣佈起義，脫離清廷，獨立自理縣政。經過細心籌畫，打開牢房釋放被捕黨人，並率隊驅逐清廷官吏，於一九一一年九月二十五日在榮縣衙門內召開各界人士大會，由吳玉章宣佈榮縣獨立，成立軍政府，行使軍、政、財、文大權，建立榮縣軍政府。在安排軍政府人事時，大家推舉吳玉章擔綱，吳考慮到本縣人管理縣政容易惹起糾紛，便建議前來向吳請示工作的同盟會員、廣安縣人蒲洵擔任知縣。同時對軍政府各部主要負責人也作了安排，知縣蒲洵兼掌民政，劉念漢掌軍政，王勳甫掌財政，趙叔堯掌郵政……這些主要負責人全部都是同盟會員。

榮縣起義比武昌起義早半個月，是辛亥革命中由同盟會員建立的第一個縣級政權，對於四川武裝起義以及武昌首義均有所推動，史稱「首義實先天下」。

孫澤沛的同志軍

人稱「綠林英雄」的孫澤沛被關押在四川灌縣的監獄裡，他被指控先後涉及兩樁命案。

孫澤沛（一八七六～一九二三），名紹培，四川崇慶人，父親孫雨村原籍灌縣，應友人之約赴崇慶當塾師，並定居於此。孫家有三子二女，澤沛為長，極盡孝道，有「孝子」之美譽。年歲稍長，孫以木匠為業行走於江湖，其間加入了哥老會。

孫澤沛生活的時代，哥老會密佈四川全省，以崇慶一縣為例，全縣三十六個鄉鎮即有哥老會組織三十四個，轄一六三個分社二七〇個支社。孫澤沛加盟的一支哥老會，雖說也起於綠林，但有嚴格的「四不」規約：「不燒殺，不姦淫，不倒打碼子（內訌），不搶正經商人，專整巨富官商。」有一次，孫所在的哥老會組織龍頭老大約請幾個成員祕密談話，說要清理門戶，將屢次為非作歹、欺壓善良，最近又新犯亂倫罪姦淫朋友妻子的害群之馬王廷娃殺掉。孫澤沛自告奮勇地擔當了這個任務，殺掉王廷娃後，為躲避官府緝捕，遠颺他鄉。孫澤沛擔當刺客角色純屬出於一個「義」字，卻因此而在江湖上出名，成為人們心目中富有傳奇色彩的會黨英雄人物。次年風聲漸熄，孫澤沛返回崇慶老家，會眾擁戴他為舵把子，在一次「拉肥豬」的活動中，將王寺鎮富紳童興哉的獨生兒子綁架，塞在一口木箱子裡，然後去談判贖金。豈料當童興哉籌措好贖金時，孩子已被悶死，孫澤沛見勢不妙，倉促逃逸，潛入深山野林。童興哉喪子後傷心欲絕，分頭到崇慶、灌縣、郫縣等幾個縣的衙門告狀，官府出重金懸賞，不久孫澤沛終於歸案。

從灌縣知縣的案件卷宗裡得知，孫澤沛被緝捕後始終頗有悔意，尤其是對富紳童興哉之子懷著深深的內疚，孫在供詞中交待，那天上午出門談判贖金時，他將紅木箱的蓋子扣上，起初並沒有上鎖，走出門時忽然擔心那個孩子逃跑，又折回身來上了把銅鎖。孫澤沛在交待這個經過時，眉頭緊鎖，眼眶裡滾落出了幾滴淚珠，他說腸子都要悔青了，對不起童家，對不起那個孩子。

如果不是保路事起，孫澤沛也許會因為以上兩樁命案坐牢終身，也許會綁赴刑場，在「二十年後又是一條好漢」的豪言壯語中進入輪迴。

成都罷市的風潮席捲而來，四川各州縣聞風而動，在同盟會的宣傳鼓動之下，崇慶的哥老會和地方商紳多次開會商議，也決定將同志會改為同志軍，準備進行武裝起義。但是武裝起義就是謀反，一旦失敗就會被殺頭，甚至會帶來滅族之禍。原先推舉的同志軍首領姓陳，是從日本留學歸國的學生，衣兜裡每天裝著一支「掌心雷」牌六輪小手槍，經常邀集幾所小學的教員祕密開會，密謀同志軍起義事宜。這事被陳家人知道了，陳父震怒至極，聲稱「要到州府去揭發造反的逆子」。陳家為之驚恐不已，陳母帶著一群女眷，齊齊跪在陳的面前，求他別去同志軍中承頭，擔心將來會遭致滿門抄斬。

在一家老小苦口婆心的勸阻下，陳姓首領的滿腔熱血冷卻了許多。他為之苦惱、憤懣、狂躁，卻又顯得無可奈何。經過與崇慶縣商紳、民團和哥老會幾次共同研究，計畫找一個人來當同志軍的頭目，若武裝起義成功，權力仍然還掌控在他們這夥人的手裡；若失敗了，則由「頭目」去頂罪消災。

辦法是不錯，可是由誰來當這個「頭目」卻大費周折。大家想來想去，最後想到了孫澤沛。派人到牢房裡去徵求孫的意見，孫抵死也不同意，認為領導同志軍等於是造反，與他先前殺富濟窮的行為大不同，自己一個人死了不說，還將給家族帶來滅頂之災。派到牢房裡去的兩個人憑藉三寸不爛之舌整整說了兩天，從民族大義入手，曉之於理，動之於情，孫澤沛被磨得沒辦法，只好勉強答應了。

具體的出獄安排，由崇慶哥老會總舵把子黃福盛操持。黃邀約了幾個著名的「龍頭大爺」與灌縣方面接頭，買通衙門官吏和差役，暗中將孫澤沛的二弟孫二木匠帶進牢房，然後放了一把火，孫澤沛穿了孫二木匠的衣服，在一片慌亂中跟隨黑衣內應趁機溜出監獄，來到了位於城隍廟的同志軍總部。

孫澤沛化裝出獄後，先是以昔日哥老會兄弟為班底，組成了一支百餘人的同志軍，臨時召集的這批雄糾糾的壯漢，武器裝備很差，個別人有馬刀，大多數人只有隨身別在腰間的「小插子」（匕首）。為了解決武器裝備問題，陳姓首領與同志軍自編自演了一場苦肉計：在陳姓首領的父親帶著眷屬出門逃難後的第三天，孫澤沛率領幾十個同志軍來借陳家的四門土炮和幾十條槍。借槍炮是事先商量好了的，陳家留守人是陳姓首領，演出苦肉計純粹是為掩人耳目，擔心以後被當地紳商埋怨或攻擊。陳家後代陳師雄在《記崇慶一支同志軍的始末》的回憶文章中寫道：「大約是上午十點鐘後，孫澤沛坐在我家大花廳裡，我才瞻仰到這個久已慕名的人物。瘦長的身材，微白而略胖的臉，長衫外拴一條黑綢帶子，左腰掛一把劍，兩腿之間斜放著一支洋槍，頭上是青紗包頭，左右兩耳旁各吊一節青紗，額角上有個英雄結子，配著他的面貌，活像舞臺上的一個小生。他的態度有些拘束，說話也有點不俐落，常常說半截話兒，剩下的半截兒由師爺余顯之補完。見面之後，我很失望，覺得原先心目中的英雄太平常了。」

一九一一年八月四日，秦載賡、龍鳴劍等人在羅泉井召集擠堂大會，孫澤沛接到加急的雞毛信後，代表崇慶同志軍赴會。回到崇慶，孫澤沛廣為聯絡，短短幾天崇慶縣內出現了許多支同志軍，旗幟上都寫著一個「孫」字。

這些形形色色的同志軍，明顯有著占山為王的含義。舉例說吧，有個木販子叫王子尼，手下擁有木匠、砍匠、鋸匠、抬工等數十人，算是他的基本隊伍。同志軍興起，王子尼也扯旗為號，人馬集中那天，敲鑼打鼓以示慶賀，附近許多替地主收租谷的挑夫看見了，就拿扁擔當武器參加進來，當天便聚集了一百多人。當時，一個放鴨蓬子的一千多隻鴨子正在秧田裡覓食，正為糧餉發愁的王子尼一聲令下：「打趙爾豐！」剎時間他的隊伍四處散開，滿秧田裡去捉亂撲亂飛的鴨子。這些鴨子及時地解決了王子尼隊伍幾天的生活難題。在孫澤沛的旗號下，類似這樣的臨時聚攏而成的同志軍不在少數。

有了人還要有槍，才能成為一支能打仗的隊伍，對於特殊年代臨時聚攏的這些雜牌同志軍來說，武器的重要性是不言而喻的。許多史料證明他們對於武器的渴求近乎瘋狂，為了搶到軍火，幾乎到了不擇手段殘殺同黨的地步。

在趙爾豐派往各地剿滅同志軍的新軍中，有不少軍官是同盟會會員，如姜登選、方聲濤、程潛、張次方、陳錦江等。這些軍官對保路運動持同情態度，作戰並不出力，下令士兵的槍口對著天空，炮兵朝空曠地帶開炮，無論炮火多麼激烈，同志軍都能做到毫髮不損。然而即便如此，優勢的新軍卻仍然面臨死亡的陰影——哪怕這些新軍軍官是暗中支持同志軍的同盟會會員也不例外。新軍六十八標隊官陳錦江帶著一個連的士兵到達溫江三渡水時，即遭遇到了慘不忍睹的厄運。

那天，陳錦江帶領一百多名士兵正在一面山坡上紮營，忽然從四面八方傳來「嗚嘟嗚嘟」的號角聲，緊接著是一片翻江倒海的呼嘯聲，打著藍布包頭、穿著各色各樣短衣的同志軍像蝗蟲一樣湧來，隨著「砰砰」的槍聲響起，站在陳錦江附近的一個姓周的隊官被擊中了，身體徐徐倒下去，額頭上的血窟窿汩汩往外流血。新軍士兵們亂了，有的在跑，有的在上刺刀，士兵們沒有接到陳錦江的命令，沒有人敢貿然向同志軍開槍，他們的目光盯著隊官。陳錦江幾步跑過去，跳到一個子彈箱上，揮動雙手，扯開喉嚨大聲喊叫：「同胞們，我是革命黨，是六十八標的隊官陳錦江，我們是一家人，有話好說，和平交涉……」在他嘶喊的當兒，幾十根梭鏢已經抵上了他的胸口，上百張凶巴巴的臉惡狠狠地眼著他，一張張嘴巴在喘著粗氣。

被梭鏢抵在胸口的陳錦江要求與同志軍的首領對話，對方樂呵呵地回答說，他們的首領名叫孫澤沛，是川東南一帶響噹噹的傳奇英雄，狗熊想見他？門都沒有！這種帶侮辱性質的話說出口後，同志軍中響起一陣陣哄笑，陳錦江試圖反駁，卻被幾十根梭鏢死死抵住胸口，不知道是誰吆喝了一聲，一根梭鏢狠狠朝他心窩裡紮去，其他的梭鏢也不示弱，接下來是一頓亂捅，同盟會會員陳錦江的胸前成了一團血紅的蜂窩。

殘酷的殺戮場景觸目驚心。幾棵老黃桷樹周圍的空地上，遍地都是用馬刀、腰刀、柴刀砍殺的死屍。可以看得出來，每個死屍都不是一刀喪命的，到處顯露出那些新軍士兵臨死前掙扎的痕跡，在頭顱、肚腹、腋下、腰眼等部位，幾乎所有的屍體都有十幾處刀傷，或者是梭鏢戳穿的血窟窿。三渡水的河岸，到處有鮮血在流淌，成了一片慘絕人寰的屠宰場。而這一場對生命的大屠殺，其根源僅僅是為了爭奪一批武器。

這次大屠殺的直接後果，是導致清新軍內部部分同盟會員軍官的反目為仇，使得戰事迅速朝不利於同志軍的方向發展。據史料載，陳錦江等一百多新軍士兵被殺的消息傳來，姜登選聞訊大怒，認為同志軍愚蠢而狂暴，立即揮師攻打新津。在著名的新津保衛戰中，姜登選命令部下使用炮火向同志軍猛烈進攻，並焚燒縣城東門外民房千餘間，配合攻城。在新軍的強攻下，同志軍被迫放棄新津，分路向外州縣轉移。

姜登選（一八八〇～一九二五），字超六，早年留學日本，受黃興、宋教仁影響加入同盟會，保路運動興起後，姜登選一直站在保路同志會一邊，卻因為同盟會員好友陳錦江的慘死，掉轉槍口殺戮同志軍。這段亂相叢生的歷史充塞著數不清的政治符號，唯獨缺少對生命的珍惜，背後實在掩埋著太多的悲涼。

讓我們來看一下孫澤沛以及他所率領的這支同志軍的結局。十一月二十七日，成都宣告獨立，趙爾豐將政權移交給立憲派首領蒲殿俊等人，孫澤沛聞訊後率軍奔赴成都，駐紮在西郊城外，派代表進城祝賀共和。立憲派首領蒲殿俊心向和平，執政後發出佈告，要求同志軍放下武器，仍回農村種田。這對於孫澤沛的同志軍來說是個沉重的打擊，那些哥老會成員，當初參加同志軍就是希望升官發財，誰也不願意輕易解散。於是孫澤沛採取觀望的態度，仍率兵駐紮在西郊。

之後不久，清巡防軍兵變，孫澤沛率兵入城平息叛亂，剿捕亂兵，以維持治安相號召。尹昌衡任都督後，吸引了蒲殿俊的教訓，採取就地改編為保安義勇隊的辦法，安置滯留在省城的數萬同志軍。新成立的四川軍政府懾於孫澤沛的名聲，以及孫名下三四萬名雜牌同志軍的武力，擬將其部隊改編成一個旅，任命孫為協統（旅長）。參謀部派人來同孫協商，孫連連搖頭說：「不幹，不幹！我管不到那麼多人，只管一個標就夠了。」後來任命孫澤沛為川軍第四師的一個標統（團長），孫表示非常滿意。

在一個占山為王、有兵就有政權的混亂年代，孫澤沛這種安於本分的作法與許多貪婪的軍閥不太相同。嚴格說來，孫澤沛就是一個純粹的袍哥兄弟，沒有太多的政治野心和權力追求，在跌宕起伏的時代潮流中，他扮演的是隨波逐流的角色，一會兒被高高拋起，一會兒又被無情地捲入漩渦。後來，在民國年間四川軍閥錯綜複雜的權力爭鬥中，孫澤沛不僅失勢，而且如臨深淵，慄慄自危，不久只好打起鋪蓋卷，回崇慶縣石觀音鎮老家去「養病」了。

孫澤沛手下部屬的結局分作兩類：少部分善於鑽營的人，攀附新的權貴，擇高枝而棲，成為民國年間軍政界中的人物（如孫的師爺帥級三，飛黃騰達當了雅安知府，也有的營長連長後來不斷升官）；大部分人遭到遣散，回到老家重新經營從前的營生。如木匠出身的王子尼，在孫澤沛的同志軍中功勳顯著，但在軍隊改編中依然被裁減，因為手上積攢了點銀子，有人勸他回家買田當地主，王子尼說：「我是做木販子的命，不是做官的命，還是做老本行靠得牢。」王子尼帶著三四十個人，沿途砍倒路邊的電杆柱子，將零亂的電線杆收攏，一起運回了崇慶茨街子老家，當作木材賣掉，逢人使誇口說，那些木材和電線換了幾千銀子云云。還是這個王子尼，因為破壞戰時通訊的緣故，被關進陸軍監獄裡一年多，遭受了種種拷打和電刑，腰杆也幾乎被軋斷了，幸運的是總算揀回了一條命。

袍界三鉅子

張達三（一八七〇～一九一八），名尊，字中元。他出身在四川郫縣新民場鎮的一個當鋪之家，從小父親對他寄以厚望，家中專門援請了私塾先生，期盼兒子能靜心讀書，考取功名，光宗耀祖。可是張達三卻讓他父親的夢想落空了。從十四五歲起，這個充滿叛逆精神的少年就開始了他的冒險生涯。一次在茶館裡看川劇，被舞臺上神祕莫測的川劇變臉所吸引，戲演完散場了，他依然捨不得離開，一連三天，每天都是如此，像是著魔了似的。幾天之後，張達三跟著戲班子走了，也沒給家裡人打聲招呼，家裡人不明白這孩子為什麼會忽然失蹤了。

張達三重新回到新民場鎮已經是三年以後。此時他長得身材魁梧，腰圓膀粗，吃百家飯穿百家衣，使得這個小夥子脫胎換骨似的，像是變成了另一個人。張達三的變化不僅僅只是外表，還有他的內心。張家人見他回家了，也沒有過多埋怨，休息幾天後，父親叮囑他在家幫忙打理當鋪，將來準備接班。張達三對當鋪的事一點也提不起興趣，家裡成天看不見他的人影。時間長了張家才知道，張達三不僅加入了哥老會，還是遠近有名的舵把子。

一九〇八年，張達三經人介紹認識了同盟會員楊靖中，被楊發展為同盟會員。據楊靖中自述，他在四川各地「運動有知識、有豪氣者，數月之間，吸引同盟會員七百餘人，會黨中人尤多」。比如聞名川省的「袍界三鉅子」——郫縣張達三、灌縣張捷先、崇寧高杏村，都一併加入了同盟會。

保路運動之前的哥老會，雖然已經在四川形成了規模龐大的地下網路，但是極少公開活動。一九一一年八月四日，龍鳴劍、秦載賡等在羅泉井古鎮祕密召開攢堂大會，張達三、張捷先、高杏村等各方哥老會首領均出席會議，此後哥老會的活動被同志軍所代替，迅速從地下轉為地上。成都血案的消息傳到郫縣，張達三與楊靖中商定立即出兵，以援救蒲、羅等九人為名，舉行武裝起義。二人寫好信函，連夜派人以雞毛信的形式送往鄰縣，號召同時行動。次日黎明，楊靖中回崇寧組織隊伍，張達三在新民場鎮召集所部，宣佈起義，誓師出發，向成都進軍。

九月九日，楊靖中、張捷先、高杏村、張熙、劉蔭西、姚寶珊、蔣淳風等首領率領的多支同志軍在郫縣犀浦匯合，經過會議商定，推舉張捷先擔任這次武裝起義的「大總統」。理由是：張捷先是哥老會仁字型大小的龍頭大爺，行輩稍高一些，年紀也比張達三大；論起資格來，張捷先是公立學堂的監督，張達三的社會身分是當鋪小老闆。除此之外還有個原因，這次推舉「大總統」是在郫縣張達三的地盤上，按照哥老會海底上的規矩，主不僭客，必須禮讓。

宣佈了「大總統」的名字後，大祠堂的院子裡響起了一片歡呼聲，千字型大小的鞭炮劈裡啪啦響起來，張捷先走到鋪著紅絨布的方桌前，高舉雙手向四方打著拱道：「承蒙眾家哥弟抬舉，委以大任，兄弟不便虛辭。兄弟才疏學淺，還望眾家兄弟以後多關照……」

接著由「大總統」宣佈各路人馬名單：張達三任第一路統領；張捷先任第二路統領；張熙任第三路統領，隊伍由七百餘名礦工組成；劉蔭西任第四路統領；姚寶珊任第五路統領，基本隊伍由伐木工人組成；另有學生大隊五百餘人，由成都及附近州縣的青年學生組成，蔣淳風任大隊長。

三天後，各路同志軍起義的成員們手持大刀、梭鏢、鋤頭、扁擔、砍柴刀等武器，浩浩蕩蕩向成都出發。在西路同志軍起義消息的鼓舞下，短短幾天之內，雲集於省城成都周圍的同志軍計有溫江、郫縣、崇慶、灌縣、華陽、雙流、新津、邛州、蒲江、大邑、威遠、榮縣、峨邊等十餘州縣，一縣之中，又分數股起義軍，每股不下數千人，或至萬人。數十萬同志軍包圍了成都，砍斷了幾百里路的電線杆，切斷成都與外地的通訊聯繫，使成都成了一座死城。

這是一群在宿命的操弄下走上戰場的人，雖說這支隊伍免不了魚龍混雜，但是其中的許多首領卻是懷揣著理想，憧憬推翻滿清政權，建立新的共和國。然而後來的歷史軌跡卻並沒有按照他們的意願運行，以暴制暴換來的是新一輪專制暴政。尤為可歎的是，他們寶貴的生命在時代潮流的裹挾下成為符號，像螻蟻一般輕賤，許多生命在這場社會變革中隕落。

蔣淳風（一八六八～一九一一），崇寧西河子人，在成都桑蠶學堂教書期間，經楊靖中介紹加入同盟會。西路同志軍中有支由五百多名學生組成的隊伍，蔣淳風擔任大隊長，在與清軍巡防軍的遭遇戰中，蔣淳風帶著五百多名學生與清兵白刃格鬥，廝殺數小時，中彈陣亡。與蔣同一天陣亡的學生同志軍八十餘人。

西路各路同志軍部分首領後來的結局簡述如下：

張捷先，辛亥革命後四川軍政府改編同志軍，他表示「有功不居功，長揖歸田廬」，要辭官還鄉，後被挽留任四川新軍第二師參謀長，兼金堂、新都、廣漢、什邡四縣的遊擊司令。二次革命中被四川都督胡景伊誘捕，槍殺於成都皇城求貢坊。

張達三，大漢四川軍政府成立後被委任為第二鎮第七標統，駐守鳳凰山。二次革命中張召集舊部，自任川西護國軍司令。戰後護國軍整編，張任新編川軍第一軍第四師獨立團長，後遭解職，幾經沉浮，又被任命為松潘屯殖總辦兼征懋軍司令，在一次反擊叛軍的戰役中遇難，歿於一九一八年新年第一天。

高杏村（一八六三～一九一一），原名高照林，又名全禮，崇寧縣張家庵村人。成都血案後，高杏村遵照同盟會楊靖中指令，回老家張家庵集結同志軍，率起義軍百餘人參與攻打崇寧縣城。是役中，他帶頭衝進監獄，放出囚犯五十多人加盟同志軍。後來在攻打新都縣的一次戰役中被俘，獄中寫下「此生不作滿清狗，留得人皮見祖宗」的詩句，後被清軍殺害。

楊靖中（一八八三～一九三四），早期同盟會員，四川郫縣人。同志軍起義後，楊靖中作為當時川西同盟會領導人，派出同盟會員指導由哥老會改造而成的同志軍，如何禹農指揮侯國治部，馬質彬指揮張熙部，王晴午指揮劉蔭西部，李越森指揮張達三部，劉治平指揮滎豐盛部等等，為同盟會掌控同志軍出謀劃策，功勞卓著。晚年寫有《楊靖中自述歷史》，記錄其親身經歷，筆者遺憾未能見到。

姚寶珊，經楊靖中介紹加入同盟會，在圍攻成都的戰役中，他帶領三百多名伐木工人組成西路同志軍第五路大隊與清軍作戰。辛亥革命後曾擔任四川灌縣知縣，姚寶珊是林業工人出身，當官不忘老本行，在灌縣的坡地上種植杉、柏、棕等林木，為人稱頌。

一個叛軍首領

在四川省遍地叢生的同志軍中，有一支特殊的隊伍十分引人注目。一九一一年九月十二日，位於成都附近的邛州發生了震驚全川的一件大事，清巡防軍第八營的書記周鴻勳率領本營一六〇餘名士兵起義，殺死該營營長黃思瀚，改第八營為武字營，投向保路同志軍一邊。巡防軍是趙爾豐的精銳部隊，武器裝備精良，戰鬥能力超強，因此，周鴻勳此舉在清軍內部引起了極大的震撼。

周鴻勳（一八八三～一九一二），字濟生，四川郫縣人。從小家境殷實，六歲發蒙入私塾讀書，在先生的引導下，來到孔夫子的牌位前深深鞠了一躬。及至年歲稍長，埋藏在他心中的叛逆種子開始發芽，八九歲時，當他聽說大足餘棟臣搗毀教堂、殺洋人造反起義的消息後，便想前往從之，為私塾先生阻攔，未能成行。一九〇三年，周鴻勳赴成都考取警備學校，畢業後當了員警。約在一九〇六年，周善培繼任巡警道，整束警風，周鴻勳因犯事逃營，被周善培懸賞五十兩紋銀通緝。

周鴻勳隱名埋姓逃到雲南，成為滇越鐵路的一名築路工人。滇越鐵路是法國人把持的，參與築路的那些日日夜夜，周鴻勳親眼見到法人工頭虐待華人的種種慘狀，更加激發了他的民族革命的思想。一兩年後風聲漸熄，他返回四川，進入川邊巡防軍當兵。由於周鴻勳知書識字，又讀過警務學校，受過正規訓練，很快被擢升為第八營書記。在巡防軍中，周鴻勳悄然建立了哥老會組織，並積極發展會員，許多士兵認為周鴻勳見多識廣，遇事又勇於擔當，因此其威信在第八營士兵中日漸增長。

這一天周鴻勳到邛州縣城辦事，見街頭張貼著花花綠綠的標語：「為爭鐵路，全川罷市，人不齊心，不如娼妓。」各家店鋪門戶緊閉，沒有一家開門的，有個名叫葉階的舉人挨家動員開門營業，卻被民眾起鬨，有兩三戶開門準備營業的店鋪，立即遭致民眾們投擲石塊，趕緊關門大吉。周鴻勳見狀，心中暗自欣喜，他在盤算著，該是到了選擇時機起義的時候了。

趙爾豐逮捕蒲、羅的消息傳到邛州後，形勢就得更加緊張，民眾對清軍尤為仇視，一切食物，均不賣給軍人，甚至借鍋煮飯也不允許。此時的軍心，猶如汪洋大海中的一隻獨木舟，又遇風雨如磐，更是變得飄浮不定。第八營巡防軍原先駐紮在郊外鄉村，見局勢不妙紛紛往城裡撤，營長黃思瀚知悉後大發雷霆，勒令各隊仍開赴原地駐守，受到訓斥後的士兵牢騷滿腹，把槍往營房裡一丟，準備開小差逃跑。周鴻勳帶著個衛兵去向黃營長申訴，說明鄉間巡防軍與民眾嚴重對峙的情況，請求暫緩開往各鄉，黃營長堅決不允許，並高聲罵罵咧咧，周鴻勳身後的衛兵當即開槍，將黃營長擊斃，繼而營中槍聲又起，另有士兵擊斃了軍需官、教練官各一人，誤擊斃伙夫一人。

是時周鴻勳登臺宣佈起義，講明回應保路同志軍以救川民的道理，眾士兵皆舉手附和。全營官兵都將各自的軍服燒毀，營中文件公函均擲入火堆中，在一片熊熊燃燒的火光中，官兵們推舉周鴻勳為統領，整隊開往新津——那裡，清軍與同志軍的激烈戰鬥正在進行中。

巡防軍第八營起義後，邛州境內的哥老會爭相組織同志軍，均打著「周」字旗號，受周節制指揮。東路有祝定邦、祝子凡父子，北路有藍廷棟、嚴治平等，西路有馮利和等，各軍共約兩三千人，所用武器，俱是刀、叉、矛和土槍，然而士兵昂揚，無畏死之心。周鴻勳率領這支浩浩蕩蕩的隊伍開赴州府衙門，向知州文德龍通報事態，文德龍迫於形勢，撥庫銀八百兩作為犒賞。

周鴻勳投奔同志軍的消息傳到成都，趙爾豐大為震怒，下令嚴查，四川員警署發佈通緝令，懸賞緝拿武字營官兵，每人五百兩，以有槍械者為證據。邛州知府文德龍、名紳葉階等，為防止同志軍返城擾民，商議從雅安府調集巡防軍來邛州府守城。周鴻勳得知這一消息後，認為邛州係起義軍隊的大後方，決不能得而復失，遂率兵返回邛州，討伐知府文德龍、名坤葉階等。

九月三十日，周鴻勳率起義軍返回邛州，文德龍下令鎖閉城門，不許周部進入城內，只允許供應糧草。周鴻勳正派人進城交涉中，有同志會人陳國均將城門鐵鎖砸開，周部於是長驅直入，直奔州府衙門大堂前。知府文德龍出面接洽，僅談數語，被周鴻勳身後一衛兵開槍擊斃。當天，起義軍打開監獄放出囚犯數百人，並貼出賞格，捕拿反對同志軍的紳商葉階、寧雲若、張泉山、陳列唐、王映奎等，綁赴西轅門斬殺。州官被殺，全境無主，周鴻勳令哥老會各公口組織一個總局，辦公地點設在舊官府衙門內，由總舵把子何峻山主持其事，邛州府搖身一變，成為哥老會政府。

據四川同盟會員、成都陸軍學堂學生范愛眾在《辛亥四川首難記》中記載，此時各路同志軍雲集新津，蔚為一派革命氣象，范愛眾與幾個青年學生投奔根據地新津，途中數次遇難，甚至被同志軍誤認為是清軍奸細而抓捕，正議論如何定罪時，忽聞統領已到。「須臾只見一人包黑紗大套頭，胸腰間束著連珠槍彈數帶，手提連槍，眼戴墨鏡，大跨步入室」。這個統領即是大名鼎鼎的周鴻勳。

在周鴻勳的訊問下，范愛眾等青年學生講述了他們投奔同志軍的艱苦歷程，又說周部如果攻打成都，他們願意為之帶路。周鴻勳臉上露出笑意，令手下給范愛眾等人鬆綁，又從身邊摸出一個紅布包，打開拈出一隻血肉模糊的耳朵，說道：「這是邛州知府文德龍的左耳，他與劣紳葉階想圖謀我們，我把這個狗官殺了，葉階的耳朵，老子我懶得要！」

周鴻勳後來在范愛眾的介紹下，剪掉辮子，加入了同盟會，改部隊番號為「中華國民軍」，刊佈《中華國民軍邀集革命同仁啟》，號召四川同胞參軍，兩三天內，投奔者數百人。十一月中旬，與同盟會員王天傑率領的榮縣、威遠同志軍匯合，周被推舉為川東南同志軍大統領，率眾攻打自貢，聲名大振。

當周鴻勳登臨人生事業之頂峰的時候，命運為他安排的大劫難正在不遠處悄悄等候著他。一九一一年十一月二十七日，清大臣端方在資陽被殺，同一天，趙爾豐繳印，宣佈四川獨立。革命成功了，接下來的事情是各路同志軍搶摘桃子，周鴻勳瞄準的地盤是盛產井鹽的富裕之都自流井，與周鴻勳的隊伍幾乎同時開進自流井的同志軍還有大邑侯岐山、仁壽秦省三、榮縣王天傑，以及威遠楊紹南、甘東山率領的共六支隊伍。這六支隊伍中，周鴻勳及其侄子周朴齋的隊伍最為精悍，周家軍共有五個營，擁有快槍數百支，兵強槍好，勇敢善戰，也正因為這些原因，周鴻勳自任為川南都督，沒怎麼把其他幾支同志軍放在眼裡。

周鴻勳的辦公地點設在陝西廟，其時周控制了自流井八大鹽場豐厚的稅收，軍餉問題得到緩解，然而與其他幾支同志軍的矛盾卻日益尖銳。八大鹽場的稅收全由他把持，任何開支都須經他同意，各路同志軍的軍費均被扼制，同志軍的首領們大為不滿。更加糟糕的是，周鴻勳與自流井地方鹽商的矛盾，也已到了不可調和的地步，自流井的富商豪紳祕密計議，推舉曾留學日本、與滇軍軍官有私交的王禹平為代表，到敘府去請滇軍來自流井幫助維持治安。

一九一一年十二月二十三日，冬至這天下午，滇軍黃毓成部率兵忽然攻擊周鴻勳部，開炮轟擊周部駐地陝西廟，周鴻勳猝不及防，被黃部士兵俘獲，同時分兵去捕捉周鴻勳的侄子周朴齋，周氏叔侄均被殺於鹽鍋壩。此後滇軍張貼佈告，稱周鴻勳為「周匪」，聲稱滇軍此舉是「除暴安良」，並發佈通告，下令其他各路同志軍三天內離開自流井。

三個袍哥兄弟

需要提請注意的是，並不是所有哥老會會徒都能被成功改造為同志軍，即便加入同志軍的會徒，也懷揣著不同的目的，所走的路徑和結局各不相同。此處試舉重慶的三個袍哥首領為例。

重慶仁字袍哥龍頭老大是唐廉江，巴縣蔡家場人，舊知識份子出身，說話辦事均有條理，是哥老會中難得一見的文化人。早在一九〇〇年，唐廉江因在一起教案中涉嫌打了洋人，遭到官府通緝，潛逃至日本留學，學習桑蠶知識，課餘時間也經常與四川革命黨一起研究製造手槍和炸彈。其時同盟會初建，亟需廣為擴招會員，有人來勸說唐廉江參加，唐搖頭道：「孫文只會煽動血氣方剛的青年丟炸彈，暗殺幾個滿清官員，這樣的革命怕是成不了大事。」

不久，由唐廉江主持，在日本東京成立了哥老會組織，開了個名為「神州山海國堂」的袍哥公口，唐廉江四處宣傳：國內袍哥組織遍地開花，袍哥中亡命之徒最多，只要能好好調度，就會發揮無窮的力量，推翻滿清政府指日可待。

唐廉江回國後，堅持其「袍哥救國」的理論，豎起哥老會的大旗，成為重慶袍哥的重要首領。唐廉江手下有一批親信，如拳師況春發、沙國清，綠營中的骨幹軍官田得勝、藍秉誠、教師和紳商劉適安、李緒也、楊汝襄、燕咫材等，還有成千上萬個精壯的青年袍哥，在川西南形成了名噪一時的袍哥勢力。

當時同盟會重慶支部對唐廉江手中掌控的這支哥老會極為重視，由同盟會員陳新政、吳紹周多次與唐聯繫，期盼合作，共圖革命，但是唐廉江始終不為所動，只同意與同盟會員保持個人關係，決不與同盟會組織合作。陳新政、吳紹周並不死心，反復前來勸說，接連談了數天，每次都是不歡而散。那些日子，唐廉江的情緒整天鬱鬱寡歡，總是在發怒生氣，其深層原因是，他手下的兩個袍哥親信況春發、田得勝此時參加了同盟會，反過來想對他進行勸說。

況春發，重慶巴縣冷水鄉人，家境貧寒，以編織草鞋謀生。離況家不遠的街口有家弓箭鋪，平素經常聚集了一些習武之人，況春發耳濡目染，也練就了一身高強的武藝，是唐廉江手下最為信賴的一名拳師。

田得勝，四川彭水人，社會公開的身分是清軍綠營軍官，實際上卻是以袍哥為職業，日常生活幾乎全都是泡茶館。經常見他端坐在一把太師椅上，將茶館當成了辦公室、會客廳、交易所和休閒屋，若是出門，也必定是身後跟隨十幾個小兄弟，顯擺他的八面威風。

唐廉江對況春發、田得勝的信賴程度，從下面這件小事中即能看出：有一次，璧山縣馬坊橋袍哥劉大爺，趁其弟出外當兵之際，強行霸佔了兄弟之妻，唐廉江打抱不平，強出頭要討個說法，派出紅旗管事況春發、當家田得勝前往「拿梁子」，當時田得勝在綠營任哨官，得到祕密指令後，棄公差不顧，與況春發率領得力兄弟一二十人趕赴璧山馬坊橋，乘夜包圍劉宅，翻牆而入。劉大爺聞警而起，被況春發投擲的一包石灰迷住了雙眼，田得勝猛撲上去，亮出一把殺豬刀，將劉大爺的雙目剜出。事畢，況、田二人自報家門，數其罪行，公開聲明剜雙目係依照哥老會香規，偷人妻妾者輕則吹燈（挖眼珠）、砍椏枝（斷手腳），這次剜掉雙目是會中最輕的處罰。宣佈完畢，況、田率兄弟歸來，劉家財物絲毫未動。

如此得力的兩個助手，頃刻間成了同盟會的忠實信徒，唐廉江心頭的惱怒可想而知。尤其是當況春發來動員他參加同盟會時，唐廉江更是氣憤：「你們要加入同盟會，自個去加入好了，不要來拖我下水。」又說：「同盟會那些人，平時身居高拱，養尊處優，一個個不是西服革履就是長袍大褂，過著寄生蟲生活，大難來時都是膽小如鼠之輩，哪裡會靠得住？他們的鬼點子就是讓袍哥承頭去流血犧牲，成功了坐享其成，失敗了逃到日本國去避難，還可以找孫中山討獎賞。我們袍哥何必去當犧牲品呢？」

其時哥老會中的許多首領，已經在革命黨的宣傳鼓動下加入了同盟會。如川東北的張百祥、李紹伊等，川西北的秦載賡、王天傑、張達三、張捷先、羅子舟、高杏村等，即便唐廉江身邊的重慶哥老會，也有況春發、田得勝等人也背著他加入了同盟會。像唐廉江這種堅持立場不變的人，實際上已經不多了。

一九一一年十一月二十二日，是重慶光復反正的日子。這天拂曉，唐廉江起了個大清早，吃過早飯要去上街看熱鬧。頭天晚上他就得到消息，夏之時率領的革命軍已經抵達浮圖關，今天同盟會邀約重慶紳商學各界代表，與重慶知府鈕傳善見面，到朝天觀議事廳談判，商討如何應付時局。據說同盟會已準備好了，談判不成就舉行武裝暴動。唐廉江心裡想，只怕沒那麼容易，就憑這幫白面書生，哪裡能輕而易舉就扳倒官府？

但是事實證明唐廉江錯了。朝天觀奪權，出乎意料的順利，這也說明清政府氣數已盡，彷彿是腐爛透頂的一座建築，輕輕一碰就倒了。起事這天，況春發臂纏白布，後背上斜插大刀，手執丈八蛇矛，昂首走在隊伍的最前面，他身後是田得勝率領的由三百多精壯袍哥兄弟組成的敢死隊，在革命黨人張培爵的指揮下，一路高喊「中華民國萬歲」的口號，呼嘯著湧進了朝天觀。重慶知府鈕傳善沒有作任何抵抗，聽任田得勝上前拿剪刀「哢嚓」一聲剪掉了他的辮子，然後沉默地跪在地上獻印投降。

第二天，蜀軍政府正式宣告成立。

重慶兵不血刃光復的當天晚上，況春發來到唐廉江的棧房裡負荊請罪，他一膝跪在地上，說道：「兄弟沒有向大哥請示，就參加了同盟會，雖然是為了革命，不是出賣袍哥，但這總是不對的。幸好革命成功了，沒給大哥丟臉，還望大哥海涵。」唐廉江一把將況春發扶起，真誠地說道：「同盟會革命成功，總歸是漢族的光榮，這些事也不用多說了。政治這玩藝也不是啥子好東西，你我兄弟一場，將來還是回鄉去栽桑養蠶，過清閒日子吧。」

這三位袍哥兄弟的結局也頗為耐人尋味。龍頭老大唐廉江繼續當他的袍哥，辛亥功臣況春發，也並沒有居功自傲，他謝絕了軍政府授予的官職，沒有要一分錢，自稱原本是個鞋匠和袍哥，現在革命成功了，還是理他的舊業當鞋匠和袍哥。此舉被人稱作「惟大英雄乃真本色」。而田得勝則完全不同，革命成功後的第二天上午，田即去新成立的軍政府擺功，說是為了奪印，他養了好幾百人，墊款花銷兩萬多元，軍政府必須儘快償還。軍政府方面認為田得勝報的數字水分太大，態度有些猶豫，田得勝大哭大鬧，在地上長跪不起，過一會兒又嚷嚷著要去上吊自殺，直到軍政府答應給予補償，田得勝才算完事。

從同志會到同志軍

保路運動中，四川省一四二個州縣全都成立了同志會，此後在同盟會和哥老會的雙重作用下，許多州縣的同志會被成功地改造為同志軍。這裡列舉富順縣從同志會到同志軍的演變過程，管中窺豹，略見一斑。

富順縣地處四川盆地南部，距離省城成都二五〇公里，因盛產井鹽而富甲全川聞名於世，被譽為「銀富順」。或許是因為經濟較為富足的緣故，進入近代以來，富順先後出過不少名人，如戊戌六君子之一的劉光弟，清末改良派思想家宋育仁，厚黑學創始人李宗吾等。

四川修鐵路，富順縣被派認購川漢鐵路股款三萬六千兩。保路事起，富順也順應時局，成立了「四川保路同志會富順分會」，會址設龍神祠。成都召開股東特別大會時，富順派代表李學孟、廖文治等去參加會議，回到富順，即召開大會傳達精神。一九一一年八月三十日是富順歷史上值得紀念的一天，這天清晨，城裡所有更夫提著大鑼沿街吆喝，通知民眾到火神廟集合，去聽同志會講演。登臺講演的先後有成都方面派來的宣傳員易洪祠和楊祺文等，講演結束後，成立了富順同志分會，並傳佈廣告至各鄉各保，當天參加會議的民眾情緒高漲，「無不以憤以怨，相哭失聲」，雖然是在盛暑的烈日薰蒸下，聽眾也達兩千人以上。

九月五日，富順同志分會為響應成都罷市，又在火神廟召開群眾大會，參加會議的民眾群情激昂，高呼「打倒盛宣懷」、「誓死保路」等口號，並形成全城商店罷市、學校罷課的決議，家家供奉光緒皇帝牌位。惟有一商人劉子鈞，對同志會的罷市決議不以為然，不願供奉光緒牌位，照舊開門營業，同志會稱他為頑固派。次日上午，富順同志會開會決定，罰劉子鈞連續講演十天。當劉子鈞接到處罰通知單時，態度生硬，拒不執行，同志會中幾個愣頭青小夥子早已不耐煩了，推推搡搡，要綁架劉子鈞去遊街，在強大的組織決議面前，任何個人意志都不堪一擊，通過武力的威逼，劉子鈞低頭認錯，並承諾上街去講演十日。

其時富順縣令名叫孫錫祺，字少川，浙江錢塘人，附貢出身。富順同志分會成立之初，孫錫祺並不反對，當時就連省府裡的高官趙爾豐、王人文等，對立憲派策劃的保路運動也是採取暗中支持的態度，看高官的臉色行事，是官僚階層絕大部分官員的處事準則，孫錫祺自然也不會例外。及至趙爾豐逮捕蒲、羅等九人後，富順縣令孫錫祺見勢不妙，順風轉舵，他召集心腹商議對策，有團保頭目劉尊三出主意：「同志分會各部頭頭都沒有什麼膽量，只要施加壓力，保證一個個變軟蛋。」

孫錫祺依計行事，先是對拒絕閉店的劉子鈞表示慰問，劉子鈞被罰講演十日，滿腹委屈，見縣令為自己撐腰，眼眶早已紅了，也不願多說什麼，只怪自己不會為人。孫錫祺又召見四門各路團保，責備團保未採取措施制止騷亂。繼而分頭找同志分會負責人談話，拿出川督趙爾豐發來的電報，厲聲道：「組織同志會是圖謀不軌，形同造反！」正如團保頭目劉尊三所說，富順同志分會幾位負責人都沒有什麼膽量，一見縣令召見，人似乎立即矮了三分，答應馬上去做工作，撤銷罷市罷課活動，解散同志分會。孫錫祺十分滿意，端茶送客，笑容滿面。隨即振作精神，歸座吸煙，並傳各房師爺進內衙，熬夜通宵打牌消遣。師爺們紛紛向孫縣官報喜，說道：「同志會的那些紳商們實在憨！」

曾經親身參與過其事的陳紫建老人，病榻中口述有《富順縣保路同志分會簡史》一文，其中寫道：「同志分會各部負責人出衙門，返回龍神祠會址，即忙於撤銷分會，焚毀各種文件，又把分會的吊牌取下，匆忙中藏入勸業所的廁所內，然後會同團保隊員到各街口勸說每家商店開門營業。」一次日早飯後，有群眾百餘人聚集於神龍祠，意欲阻止解散同志分會，結果因各部負責人執意堅持必須解散，「群眾大感失望而去」。

武昌辛亥革命爆發後，四川各地紛紛打出同志軍的旗號，武裝起義風起雲湧。起初富順縣並沒有受到太大波及，蓋因孫錫祺及時募集壯丁，補充城鄉團保，以武裝力量與同志軍抗衡。

是時富順縣城四周已被多路同志軍包圍，他們將大炮安放於城對面的山上，天天用大喇叭向城內喊話。孫錫祺在四座城門處增派查崗，護城河裡的船隻，一概禁止起舵通航，城內的守軍不時朝對面山上鳴槍，以壯聲威。

圍攻富順城的同志軍有四路：一是大足縣張桂山帶領一支兩千餘人的隊伍；二是榮縣范燮，隊伍也是兩千餘人；三是隆昌縣同盟會員郭仲旎帶領的同志軍約千餘人；四是富順縣同盟會員塗哲，不久前剛奉榮縣王天傑之命，回鄉新組建的一支同志軍，聚集有煤礦工人和哥老會員上千人。

被圍困中的孫縣令處於四面楚歌，謠言紛飛，人心動搖。一日數驚之際，孫錫祺為安撫民心，在禹王宮大觀前的場壩上搭台講演，講到動情處，聲淚俱下，台下也有不少人被其感動。忽然有個黑影躥上臺來，從身後亮出把剪刀，「哢嚓」一聲剪掉了孫縣令的辮子。剪辮子的人叫鄒道庸，是富順的一名訟師，當場被衙役拘捕。儘管如此，孫錫祺仍為那根被剪掉的辮子心痛不已，為之掉了眼淚。

此時富順縣城風聲鶴唳，清軍士兵早已無心戀戰，十月十八日夜，清巡防軍用大石撞破城牆入城搶劫，更是使得民眾的仇恨情緒加劇，次日拂曉，有數名船工開船渡江，引領同志軍進城，分頭追擊清巡防軍。在一片混亂中，知縣孫錫祺乘隙隨亂軍逃跑去了江南金陵，後來在民國年間曾出任過江蘇吳縣知事。

進駐富順縣城的四路同志軍中，以大足張桂山名頭最響、勢力最強大，富順成立軍政府後，推舉張桂山為富順都督，榮縣同盟會員范燮協助。張桂山（一八八六～一九一二），四川大足人，原為四川哥老會首領余棟臣部下，義和團運動中曾參與搗毀天主教堂，殺死法國主教，余棟臣被逮捕後，張桂山率餘舊部二百餘人劫獄，試圖救出龍頭老大。劫獄失敗後，再次舉行武裝起義，抓獲法國司鐸華芳濟，擊潰前來進剿的清軍，聲名大振。

據辛亥老人劉成祿一九六一年撰寫的《富順縣自辛亥革命迄今五十年見聞錄》記載：富順知縣孫錫祺攜印逃走後，同志軍被民眾迎接入城，首先下令撤掉光緒皇帝的牌位，各家各戶懸掛書寫著「漢」字的方形旗幟，以志漢族光復之義。大街小巷遍地是形形色色的同志軍，頭上的帽子和身上的服裝各異，頗似演戲的穿戴裝扮，背上的大刀與腰刀，皆結紅球長繩，迎風飄舞，矜矜自得。刀劍叉矛，抬炮鳥槍，大銅號領隊，擺隊巡街，幾乎每條街都有同志軍的隊伍。

劉成祿老人在《見聞錄》中寫道：「當同志軍初入縣城，即將原有囚徒全部釋出，監獄為之一空。不多時，又已關滿。且在城內校場壩山上的兩側和山前地坪處斬決者，每日皆有，為數亦多。」這一類血腥的大屠殺，每逢改朝換代時必然會大規模地發生，個體生命在強悍的政治面前顯得太無足輕重了。據劉成祿老人回憶：「記得有一次殺人，持刀者連殺數人後，刀缺不利，派人回部另取，未殺者則綁離稍遠。時郭（仲旎）部住附近，從窗內遞刀出來，劊子手接刀後，競將一不必殺正派兵來將其召回重審之某犯，推去斬首，刀卷口，遂使刀亂砍致死，而應殺者反被推到後面，得以倖免。事聞遠近，傳為笑柄。」革命時期的草菅人命，經常被誤讀為歷史的笑柄，不知有多少人會為之感到寒心？

寒心的事情還不僅僅限於此，同志軍首領以及他們那些部屬的命運，在革命時期也只能隨波逐流，在波峰浪谷之間上下顛簸起伏。

談及同志軍首領們的命運，不得不說他們圍攻富順縣城的初衷。簡而言之，「革命」二字是他們奪取地方政權的時髦外衣，無論是張桂山率領的大足隊伍還是其他幾支同志軍，初衷大多是為「搶地盤」而來，其中隆昌郭仲旎率領的同志軍，還有一個難與人言的原因：郭家在富順開有兩家大當鋪，此時率同志軍前來主要是為保護其家庭財產。這樣的軍隊魚龍混雜，沒有什麼建設新政權的藍圖，他們用武力攻佔一個地方的目標很明確，就是要取得這個地方的政權和財權，為其籌措軍餉提供豐厚的基礎，說得不客氣點，就是搜括民脂民膏，有時候甚至到了竭澤而漁的地步。

正是因為有這種利益關係，往往對一個地盤的爭奪便極其激烈，經常達到你死我活的程度。富順一帶盛產井鹽，當時同志軍的軍餉籌募主要依賴沿河的官運鹽包，出售給民眾，每包值小錢一文。這種與民爭利的行徑，很難為當地擁有武裝力量的鹽幫勢力所容忍，同志軍與地方團練鄉勇之間的武裝衝突，因此也就成為家常便飯。有趣的是，有的地方勢力為了獲取一個正當的名分，也亮出革命的旗號成立了同志軍，用槍桿子來捍衛自己的利益。

成都、重慶兩地先後成立軍政府之後，四川省的亂局漸趨穩定。時值臘月，氣候逐漸轉冷，為確保這個冬天能平安無事，自流井鹽商出錢請來了滇軍，希望滇軍能幫助維護地方秩序。此時新成立的成都大漢軍政府方面強烈要求裁軍，重慶蜀軍政府也意識到了危機，派同盟會員、北伐軍中路司令但懋辛率一個營的部隊到富順，改編這幾支號稱一萬餘人的同志軍隊伍。

駐紮在富順一帶的四路同志軍中，隆昌同盟會員郭仲旎率領的千餘人的隊伍本身是為保護家產而來，他們旗幟鮮明地反對社會動盪和騷亂，成為一支維護穩的力量，屁股與重慶蜀軍政府和地方鹽商坐在一條板凳上，其餘的三支同志軍均在改編之列。一九一二年一月十日，張桂山、范燮、塗哲被但懋辛任命為北伐軍統帶，條件是遣散多餘的隊伍，先交出武器，等隊伍改編後再返還。十二日，駐自流井的滇軍支隊長黃毓成部悄然來到富順，開炮轟擊，強迫但懋辛將所繳獲的三十多條快槍送給他們。同志軍面臨改編，軍心本來就不穩，忽然又遭到大炮轟擊，許多士兵便紛紛逃散了。同志軍懷疑滇軍系由但懋辛勾結而來，但懋辛百般解釋，請當地紳商向張桂山、范燮、塗哲等說明情況，請同志軍首領不要誤會，並宣佈改編暫緩，等滇軍撤退後再集合未逃的士兵點名，進行改編。

誰知次日風雲忽變，這天傍晚，張桂山、范燮、塗哲等同志軍首領正在觀看川劇慶功演出，滇軍忽然發動襲擊，週邊但懋辛部守軍一營竟然沒有阻攔，將滇軍放進了司令部，在一片混亂中，張桂山、范燮、塗哲等人被抓獲。當天夜晚，張桂山買通滇軍看守士兵成功越獄，泅過沱江逃回大足。次日拂曉，范燮、塗哲等被殺於鐘秀山下的一個寺廟裡。

范燮（一八八〇～一九一二），字華階，榮縣清流鄉人，哥老會舵把子，一九〇七年由佘英介紹加入同盟會，曾先後多次參加反清武裝起義。在圍攻成都的戰役中，范燮被秦載賡任命為全川同志軍起義前鋒司令，後因裝備、補給等因素久攻成都不下，范燮率部撤退，輾轉仁壽、威遠、井研等地，是東路同志軍屬下的一支勇敢善戰的隊伍。榮縣獨立後，范燮奉命率兵會攻富順、自流井，不幸遇難。同一天遇難的還有范燮的弟弟范模。范氏兄弟愛好詩文，所遺詩詞合集輯為《俠義吟》，其中范燮有一首《牛峰寨遐想》云：「古寨登臨豈可哀，春風幾度展壯懷。推翻帝制醞新世，同志弟兄把路開。」可歎凌雲壯志未酬，卻於英年撒手人寰。

塗哲，字炳齋，富順安溪鄉人，清末秀才，少時喜讀兵書，家貧，以設塾教書為生。一九〇七年，經曹篤介紹加入同盟會，積極參與聯絡哥老會、舉行武裝起義的謀劃中。保路事起，塗哲奉同盟會王天傑之命，以統帶名義回富順石灰溪組織同志軍，三日後，聚集煤礦工人及哥老會員上千人，被知縣孫錫祺聞訊後派兵圍剿。塗部因隊伍新組建，缺乏戰鬥力，一戰大敗，退至紅岩鄉。豈料不到半個月時間，來附者不計其數，軍威大振，塗哲也被人呼為「涂大帥」。據說滇軍殺害范燮、范模、塗哲等人後，但懋辛曾去信質問殺人是何理由，滇軍方面的回答是，因張桂山逃跑，是以殺人洩憤。草菅人命至此，實在令人唏噓不已。

一九一二年一月十四日，也就是殺害范燮、塗哲、范模等人之後的第二天，但懋辛召集富順紳商開會，公推郭集成為富順司令，郭是當地頗有名望的清拔貢，又是同盟會員，是各方面都能接受的理想人選。此後改編同志軍，整頓團保，清鄉恢復地方秩序，一場轟轟烈烈的革命，就這樣偃旗息鼓了。

第六章 軍政府的鐵血時代

走出象牙塔的革命者

西南重鎮重慶是同盟會早期活動的中心城市。保路事起，同盟會重慶機關負責人楊庶堪、張培爵趁機通知各州縣革命黨人到重慶集合，開會密謀起義。

楊庶堪（一八八一～一九四二），字品璋，後改滄白，四川巴縣人。一九〇五年加入同盟會，次年在重慶設同盟會支部並擔任負責人。他的社會公開身分是重慶府中學堂監督，在一般人眼中，楊是一個有名望的公眾知識份子。

清末重慶的官吏中，署川東道朱有基、巴縣知縣段榮嘉、巡警總署署長楊體仁諸人，多不任事，且對知識份子採取開明的對策，與楊庶堪等人關係友善。惟有重慶知府鈕傳善，兼任重慶員警監督和巡防軍管帶，集政、警、軍大權於一身，是同盟會的心頭之患。

楊庶堪所在的中學堂是重慶同盟會的機關總部，收到的書信函件較平時增加許多，這引起了鈕傳善的注意。有一天，鈕傳善來中學堂檢查工作，見到楊庶堪，劈頭問道：「聽人說你們中學堂教職員中有不少革命黨，是不是？」楊庶堪一愣，按下心頭的驚悚，鎮定地笑答道：「這些人都是書生，只不過平日喜歡議論國事而已，哪裡扯得上革命黨？如果一定要拿革命黨來中傷的話，像我本人，似乎有點相似。」如此以攻代守的回答雖說拂了知府的面子，但是效果不錯，鈕傳善後來有所收斂，畢竟他不想撕破臉皮，與社會上有名望的知識份子公開對抗。然而，對充滿革命思想的這所學堂，監控無疑更加嚴密了，經常能見到有三五便衣模樣的人在學堂周圍轉悠。

憑藉同盟會所掌控的武裝力量，要在大都市重慶舉行武裝起義，成功的幾率微乎其微。經過多次開會研究，遂決定先在重慶附近的州縣舉行武裝起義，以分散和孤立重慶的清軍兵力。

重慶地區最先發動武裝起義的是長壽縣，組織者是同盟會員廖樹勳。廖是四川三台縣人，字子亞，保路風潮初起，廖樹勳打聽到長壽林莊高等學校有毛瑟槍一百多支，平時用作學生軍事訓練，得知情報後，他想方設法找關係潛入林莊學校，當了一名體育教員。一九一一年十一月十八日拂曉，廖樹勳帶領一群進行軍事操練的學生，衝入長壽縣知縣沈兆翔的臥室，雙手舉著自製炸彈，高喊「繳槍不殺」，事情太過忽然，沈知縣來不及反應就被活捉，繳印投降，長壽成為四川省最早獨立的縣之一。此後廖樹勳被推選為總司令，收民團練丁千餘人，率兵東征萬縣，行軍途中被內部奸細出賣，至梁山一帶時遭地方武裝埋伏身亡。廖樹勳死後，其妻廖楊氏將炸彈放置於竹籃中，欲至清軍營中爆炸，不料被人察覺，廖楊氏引爆炸彈當場身亡。

繼而舉行武裝起義的是涪陵，組織者高亞衡（一八七九～一九四九），四川涪陵人，清末秀才，早年曾留學日本，加入同盟會。保路事起，他與重慶同盟會支部負責人楊庶堪、張培爵等多次密商，率兵先援助廖樹勳在長壽縣起義成功後，又緊急返回涪陵，舉兵起義，令知州戴賡唐交出官印，是日，民軍到會者約兩萬餘人。涪陵設立軍政府後，高亞衡擔任司令官，發兵下豐都、忠州、彭水、酉陽、秀山、黔江、南川等地起義軍積極回應，川東隨即變成了革命軍的天下。

新與舊的較量

然而真正推動重慶獨立最得力的因素，還是夏之時率領的新軍起義。

夏之時（一八八七～一九五〇），字亮工，四川合江人，兄弟四人，之時排行第二。一九〇四年赴日本東斌學堂學習軍事，這所學堂是中國革命的大本營，夏於次年加入同盟會，幾年後返川參加新軍，初被派往雲南邊防，保衛片馬，繼而擔任四川陸軍十七鎮步兵排長，隸屬衛戍司令部，駐守成都。在新軍部隊中，夏之時祕密發展同盟會員，聯絡武裝起義的力量。

一九一一年九月，各路同志軍圍攻成都，夏之時所在的衛戍部隊被調往成都東郊龍泉驛鎮。夏之時認為起義的時機已經成熟，更是抓緊了祕密串聯活動。這天傍晚，士兵排長賈雄、騎兵排長隋士傑、輜重兵排長丁揚武等幾個中下級軍官踏著暮色，來到夏之時駐防的營地，會議氣氛顯得有些神祕。一燈如豆，火光映照在幾位年輕軍官的臉龐上，神情中充滿了期冀、激動、緊張和嚮往。精幹清朗的夏之時分析當前的形勢：如今保路同志軍已遍佈四川全省，他們的處境很難堪，無非是與同志軍拼軍火，成為清政府的犧牲品。接下來夏之時轉述了他最新得到的消息，趙爾豐已懷疑新軍內部有革命黨，計畫解散新軍，如果現在不及時起義，將來恐怕要慘遭毒手。夏之時的發言激起了幾位青年軍官的義憤，賈雄帶頭站起來道：「反了吧，夏排長領頭，我們跟進！」這次祕密會議後不多久，長江下游傳來武昌起義的消息，夏之時等決定回應。

十一月五日夜晚，夏之時、賈雄、隋士傑、丁揚武等人集合新軍士兵二三〇餘人，在龍泉驛土地廟前的廣場前，殺豬宰雞，歃血為盟，誓師起義。土地廟四周點燃了幾壟篝火，士兵們手中舉著火把，紅光籠罩著整個起義的場面，莊重肅穆的時光中，似乎一切都凝固住了。在一片整齊的歡呼聲中，夏之時登臺宣佈：四川陸軍十七鎮與清廷脫離關係，投奔革命！夏之時的話音還未落地，一陣陣排山倒海般的口號聲呼嘯而來，「推翻滿清政府！」「殺死趙爾豐！」「絞殺盛宣懷！」……

武裝起義的當天夜晚，消息傳到了清軍東路衛戍司令部，司令魏楚潘心急如焚，帶著兩個衛兵直奔龍泉驛。魏楚潘到達起義現場時，誓師大會已近尾聲，看著火光映照下一張張銅像般的臉，魏楚潘略微遲疑了一下，他雖然意識到了事情的嚴重性，但沒有將問題往最壞的地方去想，依然踉蹌著幾步登上主席臺，大聲向士兵們訓話，教導軍人要服從軍令，不要聽信謠言，不要反對政府，也不要走向政府的對立面，違者以軍法論處。魏楚潘的訓話還未結束，就被一個士兵開了一槍，魏司令應聲而倒，他用驚異的眼神看著開槍的方向，不明白革命的道理為何如此鐵血無情。

當天夜晚，夏之時領導的這支革命軍一路東下，至簡州，有新軍支隊孫和浦部歸附，增添士兵一八〇餘人。行至樂至縣時，又有新軍三百餘人參加起義軍。起義未及十日，這支隊伍由六個排迅速壯大至一個團的兵力，步兵、騎兵、炮兵、工兵、輜重兵等兵種齊全，說明其時清政府已到牆到眾人推的地步，革命成為時代之潮流，呼嘯而來。在樂至縣，夏之時親手刻制「中華革命軍蜀軍總司令印」，沿路張貼安民告示，鼓動人心。

此時，重慶同盟會在事件中起到了穿針引線的作用。楊庶堪、張培爵等人得知新軍龍泉驛武裝起義的消息後，派朱之洪為代表前往接洽，並活動重慶商會籌集銀洋三十萬元，大米一百石，讓朱之洪當作見面禮獻上。按照夏之時原定的計畫，準備赴自貢一帶聲援周鴻勳、方朝珍等部，建立川南革命政權。經過朱之洪苦口婆心的一番勸說，決定進軍浮圖關，扼住險要地勢，架起大炮，進逼重慶。並發佈聲明云：如果重慶知府鈕傳善不投降，就開炮轟擊重慶城。

其實這一切更主要的意義是一種鎮攝作用。夏之時的數萬起義軍坐鎮城郊，引而不發，迫使城內的重慶知府鈕傳善不敢輕舉妄動。一九一一年十一月二十二日，同盟會重慶支部與各方面聯繫均已妥當，邀集重慶紳商學界在朝天觀召開大會，當天到會的各方代表達數千人。當開會時，重慶清廷官吏中，川東道台朱有基已聞風而逃，重慶知府鈕傳善、巴縣知事段榮嘉等官吏怕被殺頭，也不敢到會。

同盟會派人去請，並反復聲明保障他們的生命安全，鈕傳善、段榮嘉等官吏才到會了。誰知一到會場，他們就發現不是那麼回事，幾個革命黨手持炸彈，團團將他們包圍起來，哥老會首領況春發、田得勝帶領一群身著奇裝異服的會眾，在不遠處虎視眈眈地盯著他們，目光中所透露出的敵意，使得一群清廷官吏不寒而慄。正在思量之間，忽見一個革命黨將手槍對準鈕傳善，大聲吼叫讓他投降，鈕傳善雙手抱頭，連聲道：「我投降，我投降……」說著說著便跪在地上，聲稱低頭認罪，旁邊的巴縣知事段榮嘉等見勢不妙，也一個個跪地求饒。在場的幾個革命黨迅速衝上去，剪掉了清官吏們的辮子，隨後拖去遊街示眾。是日，千家萬戶居民門前，懸掛起了白布旗幟，上書一個「漢」字，慶祝重慶光復，一場「千呼萬喚始出來」的革命，竟這般輕而易舉地成功了。

不容雜質的革命

龍泉驛武裝起義那個令人莫名激動的神祕夜晚，還有一個人與這場武裝起義發生了聯繫，當天夜晚雖然沒有送命，但是後來還是被革命送上了斷頭臺。這個人是林紹泉，總督府中的教練官，奉趙爾豐之命前往資陽迎接清大臣端方，途經龍泉驛鎮時留宿，忽聞兵變，悄悄潛入土地廟來窺探動靜。他在黑暗的夜色中摸索前行，很快被放哨的士兵發現了，開槍擊中大腿，林紹泉痛苦地倒地。槍聲驚動了主席臺上的夏之時等人，及時趕過來處置，在一片喊「殺」聲中，夏之時極力維護，總算保住了林紹泉的性命。但是革命是暴動，任何個體生命在這裡都只是個微不足道的符號，如果這個符號違背了革命的意志，必然遭致滅頂之災，林紹泉最終不可能逃脫這個命運。

在所有與保路運動有關的歷史讀物中，林紹泉一直被定義為「反動軍官」，臉上被塗滿了小丑似的油彩。這位由趙爾豐用重金從湖北聘請來的教練官，實際上是一個標準的職業軍人。龍泉驛武裝起義的首領夏之時對林紹泉是十分尊敬的，當士兵向林教官開槍時，他不僅及時出面保住了林紹泉的生命，而且處處維護林紹泉的威信，蜀軍政府成立後，立即組織軍隊進軍成都，討伐趙爾豐，由夏之時提名，林紹泉擔任討伐軍總司令。在夏之時看來，論資格和威望，林紹泉是比他更合適的起義領導者。然而其他起義參與者並不這麼認為，至於那些熱血燃燒的革命黨，更是欲置林紹泉於死地而後快。

在一次各方參與的會議上經過商討決定：仍由夏之時擔任討伐軍總指揮，分兵三路進軍成都，林紹泉任北路支隊長。林紹泉拿到委任狀後怒氣衝天，「總司令」被削職為「北路支隊長」，是他所不能接受的，當即將委任狀撕碎，並將手槍往桌案上一拍，大聲吼道：「這不是欺負人麼？老子不幹了！」當時在場的同盟會員朱之洪最初是輕聲勸告，林紹泉不聽，繼續鬧騰，朱之洪針鋒相對，脫掉外衣，拍胸怒吼。一場新與舊的較量在眾目睽睽之下進行著，林紹泉不依不饒，提著手槍要去找夏之時拼命，經眾人勸說才暫時平息下來。

林紹泉對暴力革命缺乏起碼的認識，結果不僅是自取其辱，也是自取滅亡。他回到司令部後，手下幾個團長乘隙進言，意欲推翻新成立的蜀軍政府，另組建新的革命政府，自任都督。

軍營中的亂相已有跡可尋，正當士兵到處騷擾擄掠，鬧得全城人心惶惶之時，新成立的蜀軍政府力邀同盟會領導人吳玉章來重慶處理此事。這一天，起義軍臨時召開緊急軍事會議，會議開場之初，大會主席吳玉章宣佈紀律：無論何人，都要聽會議主席號令，依次序先後發言，同時一律不許攜帶武器入場。

會議由夏之時率先發言，解釋支隊長名義乃參考中外軍制，是分道出師之領隊長官，其名義並不卑微，其領兵範圍也不小，且委任狀也並未取消林教官的司令一職。夏之時發言之後，林紹泉起身抱拳向四周作拱，臉色嚴肅地說道：「今天這陣勢，莫不是要讓我下了不台？」林紹泉的公然叫板，使得台下幾位擁林的軍官大聲起鬨吆喝起來。吳玉章見狀上臺講話，除了闡述革命的大道理外，著重強調執行革命紀律，提議將此事交由臨時成立的軍事法庭裁決。

在革命的名義下，對林紹泉的行徑進行了審判，與會者認為林涉嫌分裂，罪行惡劣，為殺一儆百，應該判處死刑。夏之時為林紹泉百般辯護，請求諸位對林寬大處理，經軍事法庭再次議決，念及林紹泉自龍泉驛起義以來贊襄軍務有功，按都督特赦令，押解回湖北原籍。宣佈罪狀時，林紹泉嚇得面色慘白，他已從肅穆的氣氛中聞出了兇險的味道，也不敢再進行申辯，像是一頭打了敗仗的野獸，低頭沉默不語。當天傍晚，同盟會派革命黨曾昭魯雇一小船，押解林紹泉順江而下，行至巴縣鄉野之間的羅子溪時，林紹泉到船尾小解，曾昭魯乘其不備，將林推入長江中淹斃。在這次「肅反」活動中先後被執行死刑的，還有林紹泉手下的舊部屬團長舒伯淵、周維新、周少鴻、湯維烈等人。

蜀軍政府正副都督軼事

重慶蜀軍政府成立之初，同盟會在醞釀政府人選時，與會者中大多數人認為楊庶堪功高望眾，要他出任都督。但楊庶堪高風亮節，辭讓再三，只肯擔當顧問一職，以備諮詢，並推薦下屬張培爵為都督。有辛亥老人回憶此事時，無限感慨地說：「試看古往今來，有權必爭，有利必圖者比比皆是，而庶堪先生卻能夠獨具一格，功成身退，實不愧為革命黨人之表率。」

經過各方政治力量共同協商，重慶蜀軍政府的正副都督分別是張培爵和夏之時，關於他們的軼事和結局，在此一敘。

張培爵（一八七六～一九一五），四川榮昌人，字列五，早年參加同盟會，熱衷於製造炸彈，聚眾起義。蜀軍政府成立時，風雲際會，被推舉為都督。張培爵善於辭令，說話條理清晰，與厚黑教主李宗吾是生死至交的朋友，曾在一起創辦了敘屬中學。任蜀軍政府都督後，張邀請李出來做官，位置是重慶海關監督，李宗吾力辭不就，一心鑽研他的厚黑學，遂成一代厚黑宗師。而在民國初年官場沉浮的張培爵，卻走了另一條不同的路。

成、渝兩地軍政府合併後，張培爵任副都督，但這僅是個空銜頭，以尹昌衡那種不可一世的派頭，在尹手下任副職能有多大權力？及至後來，尹昌衡入藏西征，都督一職本應該由張培爵頂上，可是袁世凱從中作梗，委派胡景伊代理四川都督，張培爵充任民政長。置身在舊官僚、立憲派以及同盟會的政治漩渦中，處處受到牽制，形同一只被人牽線的木偶，鮮活的生命一旦到了這種地步，情何以堪！

同盟會黨人不服，打算使用武力反胡擁張，找到張培爵商議，張培爵答覆黨人：「天下大同，何必爭一日之短長。」此時的張培爵，一心想的是天下為己任，想的是同盟會的大事業。可是世事並沒有朝他預想的方向發展，袁世凱一紙文書，要調他進京「諮詢邊防民事」，一九一三年初，張培爵到達北京，被袁世凱召見，述說川民疾苦，慷慨陳辭。

看著熱血沸騰的張培爵，袁世凱沒有多說什麼，接下來是一段長時間的冷處理——讓張賦閒當寓公。這期間，又發生了許多大事：宋教仁被殺，中日簽定二十一條，袁世凱欲稱帝當洪憲皇帝……當時中國流行人肉炸彈，政治暗殺成風，有從日本歸國的青年成立了「血光團」，準備刺殺袁世凱，張培爵與之來往密切。

這一情況，被袁家三公子袁克良偵探到了，祕密指使李捷三，佯稱找人合夥經營織襪業，擴大規模，謀求銷路。想必此時張培爵對官場已心生倦意，一口答應了李捷三，願意當公司股東。那天下午，二人乘車前往四川飯店簽約，中途李捷三臨時有事要下，隨手遞給張培爵一迭稿紙，說是合資經營織襪業的合同，囑張斟酌改定。張培爵放入懷中，與李捷三拱手道別。誰知車剛駛出租界，軍警一擁而上，從張身上搜出了那迭稿紙，竟是反袁政府的「志誠團」章程。張培爵想要申辯，扭頭四望，李捷三早已逃遁得不見蹤影了。

張培爵被捕後，先囚於楊村監獄，後解往軍政執法處。而曾在重慶任過知府的紐傳善，正好是這個執法處的提調。行刑那天，天空烏雲密佈，似有暴雨將至，當號監喊到他的名字時，張培爵問：「天變風作，尚行刑乎？」語氣中隱隱透露出一絲求生的欲望。傳說張培爵是坐著受刑的，子彈射中額角，鮮血噴濺，身軀端坐多時才撲倒在地。

另一個人物夏之時，在成、渝兩地政府合併後，被任命為重慶鎮撫府總長，他堅持不肯到任，在報紙上公開發表辭職通告書，讓政府另行委派人選，宣稱如果新官到期不來，他將肯定擱挑子不幹了。據其子夏大正分析，夏辭職的原因有幾條，其中之一是不滿蜀軍政府的妥協，認為合併後的軍政府太偏向舊軍人。在這件事上，尹昌衡倒也顯示了他的大度，先是百般挽留，見夏之時去意已決，便奉送三萬銀元，酬謝其革命功勳。

夏之時在給好友張培爵的一封信中，表白其心跡說：「之時雖陋，尚在壯年，倘借此一行，稍增閱歷，效用民國，來日方長。」從這些文字看來，夏之時當時還是熱情未泯，有滿腔抱負的。辭職後的夏之時，重新去日本學習軍事。一九一七年再度回國，時值護法戰爭起，被孫中山委任為靖國招討軍司令，實際上有名無實，手下無兵可帶。這之後，他又在軍政兩界顛簸沉浮多年，仍是游標司令一條。一九二二年，夏之時辭去軍職，創辦私立錦江公學，自任校長，後因病去上海治療，辭去校長職。

夏之時後來的故事增添了幾分精彩，與一個著名女性不無關係。女子叫董竹君，原來是上海長三么二弄堂裡的一個妓女，革命黨借妓館掩護，經常在此擺花酒、打麻雀，實際是開會聯絡，夏、董因而相識。當時追求董竹君的革命黨人不少，有的甚至提著手槍威嚇，逼她嫁自己，都讓董小姐巧妙地躲過去了。董小姐心儀的白馬王子是夏之時，她在回憶錄《我的一個世紀》中寫道：「姓夏的那個人長得漂漂亮亮，高高大大，穿件灰色長袍，黑緞馬褂，有時穿洋裝，英俊大方，堂子裡的人都叫他夏爺。」

夏之時花了大筆銀子，從妓館裡贖回董竹君，在上海舉辦了一場文明婚禮。之後，董竹君跟隨丈夫漂泊，先是到日本留學，後來回了四川老家，見到了許多她一生中從未見過的大場面。在董竹君的回憶錄中，關於日本的留學生活，關於那個封建大家庭，關於夏之時在軍政界沉浮的故事，都有細緻清晰的記述。也許正是這些大場面，才幫助她開闊了視野，拓展了胸襟，董竹君後來頑強奮鬥，創辦錦江飯店，成為上海灘鼎鼎有名的女強人，皆與此大有關連。

而見慣了大場面的夏之時，卻對喧囂的紅塵心生厭倦，以至於到後來，精神空虛無助，靠吸食鴉片刺激神經，昏庸度日。鴉片癮戒掉後，他一直隱居在四川合江老家，念經拜佛，玩摩書畫古董，香燭青燈為伴。此時他與董竹君已經離婚，和前妻董竹君的輝煌相比，夏之時後來的境況要蕭瑟冷清多了。這個在大革命時期意氣風發，立下奇功的年輕都督，在時間的長河中漸漸沉淪，這樣的故事，不說還休。人生的輪迴，大概就是這樣。

夏之時的結局很悲慘。一九五〇年，合江解放，夏參加了地方人民政府，任虎頭鄉招撫委員會副主任。他的官越當越小，沒想到這麼小的官，仍然帶來了致命的災難：由於解放初期派別鬥爭異常複雜，夏之時遭人誣告，指為匪患主謀，共產黨政府對其執行了槍決。

四川獨立前後

武昌起義的槍聲一停，湖北省立即成立軍政府，推倒了多米諾骨牌的第一張牌。短短兩個月內，湖南、廣東等十五個省紛紛脫離清政府宣佈獨立。趙爾豐猶如困獸，被困在成都城中，不知道該如何是好？

儘管成都城內由藩司尹良牽頭設立了「籌防處」，將全城分作四個防區嚴加管理，嚴禁散佈謠言，蠱惑人心，緝拿形跡可疑及私帶軍械人員，並到處張貼佈告，安撫民心，社會秩序略有好轉，但讓趙爾豐傷神的是，各地紛至遝來的同志軍將成都團團包圍，形成了一個鐵桶陣。他下令逮捕的蒲殿俊、羅綸等九位立憲派首領，此刻成了心頭之患，各方面要求釋放的呼聲日益強烈，如果繼續關押，趙爾豐勢必成眾矢之的；如果立即釋放呢，不僅臉面上過不去，而且那無異於是放虎歸山，會釀成什麼樣的後果，還真不好說。

加之此時各種消息不斷傳來，端方在資陽被殺頭，重慶成立了蜀軍政府，川東南各州縣回應武昌起義，也紛紛宣佈獨立，而北京方面的資訊又堵塞不通，清皇室的情況一時不明朗。在此種艱苦至極的情形下，趙爾豐迫於各方面的壓力，釋放了蒲殿俊、羅綸等九人，並提出了《宣佈四川自治方案》，將民政暫交蒲殿俊，軍事交朱慶瀾。

在趙爾豐的這一轉換過程中，有多人從中斡旋，如周善培、吳璧華、邵從恩、陳子立等。他們行走於趙爾豐與四川紳商之間，調和關係，化解矛盾，起了重要作用。這裡擇要講述其中幾位說客的事蹟。

趙爾豐危難之時，也曾說客盈門，其中之一，是趙爾豐最為信賴的總督府參謀長吳璧華。此人字鐘熔，浙江永嘉人，生於一八七七年，二十五歲時以清秀才身分被派赴日本官費留學，畢業於日本早稻田大學，從當時的照片看，其人容貌清秀，兩目炯炯有神，精光逼人。歸國後，被當時的川督趙爾巽看中，聘請督練四川新軍，先後擔任兵備、參謀、教練等處總辦，並主持講武堂等軍事學堂，為四川造就了不少軍事人才。

從他後來的種種跡象來看，吳璧華歸國後立場漸漸轉向了立憲派。保路事起，趙爾豐由消極應對轉為積極剿辦，吳璧華竭力勸阻上司趙爾豐不可大開殺戒，力主釋放蒲殿俊、羅綸等九人，並以種種理由拒絕調動新軍鎮壓保路同志軍。武昌起義爆發後，吳璧華一連六天來到總督府，懇切勸說趙爾豐順從民意，釋放蒲、羅等人。趙爾豐思前想後，考慮再三，終於同意並先後釋放了蒲、羅等九名立憲派首領。

趙爾豐被殺後，吳璧華攜妻帶子回到故鄉浙江，先後被聘為參議、高級參謀、台州鎮守使署參謀長等職，後因目睹軍閥混亂，哀鴻遍野，政客翻雲覆雨，黨同伐異，深感痛心，遂退出軍政界，歸入佛門，從此長齋茹素，晨昏誦經。

另一個說客是邵從恩（一九七一～一九四九），字明叔，四川青神人。此人出身於耕讀世家，早年考中二甲進士，授知縣派山東煙臺，他堅辭不就，請派赴日本學習政法，尋求法治救國之路。學成歸國後，清廷授以法部主事，時趙爾巽督川，奏請調邵回川襄贊新政，接任紳班法政學堂校長。

一九一一年春，邵從恩奉命赴日本、朝鮮及中國東北考察，回到北京時，正值保路事起，趙爾豐製造了成都血案，局勢極其嚴峻。邵從恩心急如焚，連夜兼程回川，旅途中至宜昌、重慶，數次往見端方，力陳蒲、羅等人應及早釋放，不然事態將更加不可收拾。端方也十分贊同邵從恩的意見。得到端方的首肯後，邵從恩迅速趕往成都，與總督府參謀長吳璧華聯手，相機說服趙爾豐。

經過六天的說服，趙爾豐終於鬆口，答應釋放蒲、羅等九人，並自行引退，準備將軍事交給部屬朱慶瀾，民政暫由邵從恩代理。邵從恩說：「如今國體已改共和，民政應以川省民間選舉的諮議局議長擔任。」趙爾豐躊躇再三，欲援引鄂省之例，由朱慶瀾任正都督，蒲殿俊任副都督。邵從恩苦笑道：「這個提案，川人恐怕不會答應。」邵說，文人當正都督未嘗不可，湖南都督譚延闓也是文人，不是照樣當得好好的？聽罷這一番話後，趙爾豐半天沒吭聲，終於將四川總督的關防印信交出來。邵從恩接過印信，轉交給諮議局議長蒲殿俊，清政府在四川的政權，遂告覆滅。由於這段佳話，邵從恩被世人稱作「和平老人」。

還有一個說客是陳子立，字崇基，四川大竹人，四川紳班法政學堂教員，早年曾留學日本學習法政，與蒲殿俊等立憲派學生關係友善。周善培在《陳子立傳》中云：趙爾豐授受印信時，尚掌控有兵二萬餘，金六百萬，並非輕易可奪，即使用武力強奪過來，四川人也將血流成河，屍骨成山。趙素有「屠夫」之稱，沒有切中情理、委曲悱惻之言說，不可能將趙說動。其時官紳隱若敵國，此處諒解，彼處必生疑，沒有排除萬難之誠，極難將雙方的矛盾化解調和。當萬難時，子立常常繞室而思，寢食無味。

在《辛亥四川爭路親歷記》中，周善培詳細地講述了趙爾豐授印前後的過程，其中充滿了懷疑、猜忌的猶豫不決。吳璧華去總督府勸說，趙爾豐坐在太師椅上傾聽，安靜得像個孩子，等吳璧華停頓下來，趙爾豐說道：「官我是做傷心了，現在朝廷既然不管四川了，我也不想再做惡人。可是……一旦交了兵權，四川人不能諒解我，誰來保護我呢？」吳璧華回答道：「這自然要定下一個妥善的辦法來才好，不但為大帥，也為四川，絕不能下成一盤爛棋。」接下來吳璧華、邵從恩、陳子立、周善培等人多次商議，又與立憲派方面取得聯繫，傾聽四川紳商們的意見，最後形成了一套完整的、幾方面都能接受的交權方案。

趙爾豐授印時，有幾句話說得很動人，他說：「我以前對不起四川人，今天又要對不起朝廷。四川被我弄壞了，只盼望你們趕快替我補救。」邵從恩回答說：「我們都是一班年輕人，在政治上毫無經驗，以後還求大帥隨時指示。」刀光劍影消解於無形中，政權的交接如果說能夠這樣進行，應當是中國人的福氣。然而遺憾的是，歷史的進程卻並非如此。

經過多方反復協商，一九一一年十一月二十二日，在成都寰通銀行舉行了官紳會議，出席會議的官方代表有布政使尹良、提學使劉嘉琛、提法使龍愚溪、鹽運使楊嘉紳、巡警道於宗潼、勸業道胡嗣芬、陸軍統制朱慶瀾、兵備道總辦吳璧華等；紳方代表蒲殿俊、羅綸、張瀾、鄧孝可、葉秉誠、王銘新、江三乘、彭蘭村、顏楷、邵從恩、陳子立等。雙方達成協議，簽定了《四川獨立條約》，共計三十條，其中趙爾豐提出了十九條，立憲派提出了十一條。

十二天軍政府

一九一一年十一月二十七日，成都皇城成立了大漢四川軍政府，蒲殿俊任都督，掌管民政大權；朱慶瀾任副都督，掌管軍權。軍政府成立那天，成都大街小巷遍插白旗，旗幟上大書一個「漢」字，圍繞著十八顆星，代表漢族人居住的十八個省份。大漢四川軍政府是一個立憲派與舊軍官組成的聯合政府，按照《四川獨立條約》，趙爾豐仍居住總督府，對新成立的軍政府有「援助指導」之責任。

作家李劼人在《大波》中，對大漢四川軍政府成立時的場面有生動描述——

軍樂聲中，至公堂背後的屏門洞然大啟。一個穿軍裝的大漢，雙手捧著一面三尺見方的紅漢字旗幟，首先走出。跟在後面走到桌子跟前的，便是正副都督蒲殿俊、朱慶瀾，兩人都穿著深藍呢軍服，戴的是繡有金條軍帽，各人手提一柄挺長的金把子軍刀。接踵走出的，是三十來個外國人，以及上百數的各色人等，有的穿軍裝、有的穿洋裝、還有穿學生裝、長袍馬褂的，有有剪了髮辮、也有未剪髮辮……在一陣「大漢中國萬歲」的口號聲中，兩個都督並排站在桌子跟前。朱慶瀾身材高大，軍裝穿得很巴適（四川方言，很好的意思）；蒲殿俊和朱一比，不特瘦小萎瑣，就是穿著也不合身，上裝長了些，衣袖更長，幾乎連手指頭都蓋過了。似乎有人在司儀，聽不清楚吆喝了些什麼。只見朱慶瀾兩腿一併，向著國旗，不忙不慢地把手舉在帽檐邊。蒲殿俊也隨著舉起手來，可是兩隻腳仍然站的是八字形，而且五根指頭也岔得老開，似乎還有點顫抖……

李劼人是同盟會員，筆下對立憲派首領蒲殿俊不無嘲諷，這並不奇怪。畢竟史書上這樣記載著：在初冬正午溫暖和煦的陽光下，蒲殿俊穿著那套並不適合於他的都督制服，腰間掛著把他從來不知道該如何使用的軍刀，成了四川歷史上第一個共和政體的首任領袖。

剛剛從牢獄中釋放出來的蒲殿俊，獲得自由之後，與其他立憲派首領聯名發表了一份名為《哀告全川叔伯兄弟書》的文件，在這份倍受同盟會抨擊的文件中，蒲殿俊等人以哀切的文字，請求正在四川各地作戰的同志軍立即停火，放下武器，確保四川的平穩過渡，並一廂情願地宣佈：「保路同志軍之目的，實已貫徹無阻。現在應該力返和平，以謀求將來之幸福。」

百年回眸，再看這份《哀告全川叔伯兄弟書》，其間浸透著立憲派的心血和智慧。停止戰亂，恢復和平，保證人民的生命財產不蒙受更大的損失，這本來是天經地義的合理選擇，但是在一百年前，這樣的選擇意味著放棄以暴力推翻現有的權力體系，是革命黨人決不容許的。在後來幾乎所有的歷史評述中，這封妥協的文件都遭到了極為嚴厲的批判。是的，當革命已成弦上之箭不得不發時，蒲殿俊們號召人民放下刀槍，解甲歸田，在世人看來顯得太不合時宜了。

蒲殿俊雖然位居都督，但並不掌管軍權，執掌軍務的是朱慶瀾，此人字子橋，浙江紹興人，是趙爾豐的舊部屬。蒲殿俊放棄軍權，既是簽訂《四川獨立條約》時趙爾豐提出的一個條件，也是聽從了他的老朋友邵從恩的建議，此時他還沉浸在實施憲政藍圖的興奮中，並沒有意識到軍權對於一個新政權的重要性，也許他意識到了，卻囿於書生本色於此無能為力。

此時窺視四川軍權者大有人在。此人名叫尹昌衡（一八八四～一九五三），字碩權，四川彭縣人。早年入四川武備學堂，後來留學日本士官學校，與閻錫山、唐繼堯、李烈均、李根源、劉存厚等交往密切，先後結拜為兄弟。擅長寫民國掌故的劉成禺同他也是校友，寫尹昌衡初到日本時的情景：「目不邪視，口不輕言，日夕以宋儒書置座右」。留學日本的學生，多以參加同盟會為時髦，有人來動員，尹昌衡搖頭回絕：「本人性素迂，且家赤貧，從小到大，供養全靠清廷。食人之祿，背之不祥。」

表面上的沉穩，掩飾不了他內心的高傲，尹曾有詩云：「我欲目空廿四史，以作胸中數萬兵」。由此足以見出，尹昌衡並不想做庸常之輩。歸國後，先是到廣西任職，巡撫張鳴岐對留日學生戒心重，尹得不到升遷，索性張揚個性，縱情詩酒，狂放不羈，在巡撫衙門舉辦的一次宴會上，竟借酒壯膽，開槍打碎了窗玻璃，如此狂狷，很難為官府所容，張鳴岐令其辭職。

回到四川後，尹昌衡像變了個人似的，活脫脫成了四川軍人中的刺兒頭。時值四川操練新軍第十七鎮，趙爾巽從東北調來親信朱慶瀾充任該鎮統制，高級官職幾乎全部被外省軍人所掌控，引起川籍軍人的強烈不滿。尹昌衡排外情緒尤其熾烈，無形中成了意見領袖，每於宴會場所，以尹為首的川籍軍人少不了使酒罵座，公開說外省軍人無能。有一次，總督趙爾巽在場，尹昌衡照罵不誤，趙爾巽大為驚訝，反問他：「依你說，哪個是知兵的將才？」尹昌衡大言不慚地拍胸道：「國中將才，只有三個：吳祿貞、周道剛，區區在下。」（吳祿貞是辛亥時期有名的人物，周道剛是川軍將領，時任陸軍三十三混成協協統）紹興師爺出身的朱慶瀾世事圓熟，趕緊見風轉舵：「尹昌衡喝醉了，扶他下去。」

尹昌衡的狂放，並非無本之源。會打槍，能吟詩，文武雙全，更難得的是，尹昌衡與遍佈四川的袍哥組織關係密切，換句話說，除了能領兵打仗外，他還有個本錢是哥老會，便有了誇海口的資格。

不久，尹昌衡果然有了個登場亮相的機會。

話說蒲殿俊上任四川都督時，川中局勢極為複雜，幾種勢力，既相互糾葛纏繞，又相互抵觸排斥，各自懷有目的、抱負和野心。軍隊方面，清朝的巡防軍十三營麇集省城，趙爾豐的親信田征葵等人煽兵構亂，各州縣的同志軍大批湧進成都，陸軍、巡防軍和同志軍互為水火，哄鬧鬥毆紛爭不斷。文人出身的「長衫客」蒲殿俊，並未察覺到平靜水面下的兇險，四川光復獨立之日，蒲殿俊宣佈，各軍放假十天，以示慶祝。

十二月八日，十天假期結束，蒲殿俊、朱慶瀾在東較場舉行閱兵式，當場再宣佈：給每個士兵發三個月的恩餉，引來一片歡呼聲。歡呼未熄，又起波瀾，主管軍權的副都督朱慶瀾補充說，日前藩庫財政吃緊，這筆錢要等以後補發。場上有人叫罵：「龜兒子，原來是誑人呢！」另有人高喊一聲「打起發」（四川話：綁票、吃大戶之意），隨即響起槍聲，子彈擦著主席臺上蒲、朱的發梢呼嘯而過，全場亂作一鍋粥，火光燭天，槍聲四起，叛兵如氾濫的蝗蟲，趁著混亂成群結隊衝上街頭，見門就入，首搶大清銀行、濬川銀行，各銀行、票號、糧庫、商店、公館等慘遭橫禍，連軍政府也被洗劫一空。大火三日不熄，庫銀八百兩損失殆盡，公私財產損失不下千萬，一時間火光四起，槍聲、爆炸聲、慘叫聲此起彼伏，不絕於耳，全城一片恐慌，全省精華也盡毀於此次劫難。

遭此忽然變故，新上任的都督蒲殿俊由兩名馬弁背上城牆，轉至一座幼孩工廠，易服私逃。掌管軍權的朱慶瀾也在弁兵護衛下離開現場，藏匿不出，無論誰來央求，堅持不肯再充出頭簷子。適逢此時，有傳聞迭起：趙爾豐得到消息，清廷並未完全坍塌，心生悔意，除挑唆陸軍、巡防軍向同志軍挑釁外，還連發出急電，催促其親信傅華封從川邊率軍回援成都，據說，傅已率兵到了雅安。

身為軍政部長的尹昌衡，那天舉行閱兵式時也在場，危難之際，軍人的沉著和魄力讓他脫穎而出。從東較場脫身後，騎馬急速馳奔陸軍小學，下令軍校學生武裝佔領有利地形，防止騷亂擴大。稍事佈置後，又在亂槍聲中奔赴鳳凰山，找到新軍六十三標標統周駿求援，借兵三百，返回城內平亂，殺亂兵數人，亂乃稍定。

次日，新軍將領周駿、彭光烈等，約集士紳徐炯、邵從恩、張瀾及同盟會董修武等開會，重新成立四川軍政府，推尹昌衡為都督，羅綸為副都督。

此時，距離蒲殿俊那屆大漢四川軍政府的成立時間，只有短短的十二天。

哥老會政府

如前所述，尹昌衡與哥老會關係密切，擔任四川軍政府都督後，即掛出一個「大漢公」的招牌，自封為總舵把子。哥老會，四川又稱袍哥，分為仁、義、禮、智、信五堂，各堂口之下，又設無數公口，合稱「碼頭」。辦公地點一般開設有茶館，會員平時各踞一方，各行其事，有事聚攏，聽命於總舵把子。尹昌衡掛牌子後，並不急於處理堆積如山的公牘，而是成天到各街公口碼頭去拜客，簽字畫押經常找不到他的人。各公口碼頭自然隆重接待，為他掛紅進酒，阿諛奉承，尹都督有上等好酒量，每次出去，必喝得大醉而歸，在光線幽暗的都督府裡，他披一身紅綢，顯得光彩奪目，威風凜然。

官場上的規矩，從來都是上行下效，有尹都督帶頭，屬下也不甘落後。軍政部長周駿掛牌「大陸公」，巡警總監楊維掛牌「漢興會」，新成立的公口還有「漢軍公」、「福漢公」、「共和公」、「雲龍公」、「同慶公」等，街道變成了戲臺，到處是頭頂英雄結、腳登線耳草鞋、腰纏湖縐飄帶的人物，成群結隊，招搖過市，此時的四川，儼然成了哥老會的天下。時人譏之為「哥老會政府」。

尹昌衡聽到這些議論後，心頭飄過一絲懊惱，他忽然來了個大變臉，下令取締哥老會，全成都二百多個公口的招牌一律沒收，劈作了柴火。政客畢竟是政客，為了利益的最大化，什麼樣的犧牲都在所不惜。經過一番改造，四川軍政府成為一個由軍人實力派、同盟會和立憲派組成的聯合政府，印把子牢牢掌握在尹都督的手裡。

接下來，尹昌衡主持的軍政府，做了這麼幾件事情。

第一件事是殺趙爾豐。

趙爾豐自交出政權後，仍留置在總督院內，有巡防軍三千人，充作警衛，且掌握金庫六百萬兩。趙爾豐以「老妻病了，不能走」為由，拒絕離開成都，對於辛亥年間的革命，缺乏足夠清醒的認識。有人向尹昌衡報告：趙爾豐密召舊部傅華封帶兵回省護駕，信件被半路搜獲。此時，又有消息傳來，重慶蜀軍政府已派兵西征伐趙。慶父不除，魯難未已，尹昌衡遂決定採取斷然措施。

十二月二十二日，農曆冬月初三晨，尹昌衡單身一人來到總督府。他遞上一份手本（名片），謙恭地自稱為「世再晚」（晚輩），一番親熱的攀談後，尹昌衡說出了他的憂慮：「現在大帥身邊還有三千巡防軍，川民士紳為之不安，多次投書軍政府告狀。依愚之見，不如將巡防軍交軍政府接管，尹昌衡負責保證大帥的安全。」聽尹昌衡像拉家常似的說話，失勢的趙爾豐心裡禁不住泛起了一絲感動。

一筆交易達成後，尹昌衡立刻謀劃下一步行動。他集合了剛剛接手的巡防軍，當眾宣佈：「發清欠餉，放假半天，讓兄弟們快活快活。」當巡防軍猜拳行令、擲骰飲酒時，尹昌衡通知親信部下手，警衛標統陶澤焜率兵勇數百人，提著大刀衝進總督府，抓獲了尚在床上抽煙的趙爾豐，綁赴皇成明遠樓側進行公審。

綁赴刑場殺頭那天，平素臉上一團和氣、滿口四川話的趙爾豐，怒目圓睜，沖著宣佈他死罪的尹昌衡大聲罵道：「尹娃娃，你裝了老子的統子！」尹昌衡臉上毫無表情，對陶標統點了點頭，陶標統操起馬刀，用力往下一劈，趙爾豐頭顱落地。事畢，陶標統捧起這顆頭顱，繞場一周，讓圍觀的群眾看了一遍，然後掛在一株梅花樹上，示眾三天。

和蜀軍政府談判，是尹昌衡要做的第二件事。

成都的大漢四川軍政府，和重慶的蜀軍政府，都在四川。一下子冒出兩個「政府」，讓許多人感到頭痛。俗話說：一山難容二虎。比如雲南都督蔡鍔，就只承認蜀軍政府，認為大漢四川軍政府是哥老會政府，應該打擊取締，並諮請湘軍都督派兵聲援，西征成都。後因蜀軍政府都督張培爵等人極力阻止，強調應以大局為重，不可輕啟兵端，此事才作罷。在蜀軍政府張培爵、楊庶堪、熊克武、謝持、朱之洪等人看來，請客容易送客難，蔡鍔的滇軍也並非善類。反復商議斟酌，取得了一致的意見：兩個軍政府合併是必然趨勢，如長期對峙，川人勢必受外省欺凌。至於合併的方式，蜀軍政府這方面很清楚，成都是省會，是長期以來形成的政治中心，「胳杆硬不過大腿」，談合併，自然重慶應聽命於成都。

在這樣一種背景下，雙方書電、專使往來頻繁。重慶派朱之洪，成都派張治祥，皆為全權代表，相晤於榮昌之燒酒坊，隨後又到重慶，議定協定十一條，各自簽署上報。此後，兩軍政府各自召集特別會議，審議協議，俱同意合併，成立統一的政府。

張培爵自行電請：「正都督一職，非雄才大略者，莫能勝任。」他要讓位於尹昌衡，甘當配角副都督。合併後的四川政府，同時還任命了其他人員：羅綸任軍事參議院院長，夏之時任鎮撫府總長。

幾位清廷官吏的結局

秦枬是當時在四川總督府任職的一名官員，據他在《蜀辛》一書中記敘：四川同志軍興起後，總督府裡的氣氛十分緊張，內外分駐防軍，大堂設機關炮二尊，士兵日夜守護，連吃飯、睡覺都不離機關炮左右。道府州縣各個官廳，也佈滿了持槍的士兵，官吏們人心惶惶，皆有戒心。提法司周善培尤其謹慎，將老太夫人、妻妾等家眷分頭送到朋友處避難，自己居住也不固定，出行則常坐民間滑杆，保持著一種「神龍見首不見尾」的神祕感。

周善培此時的小心謹慎，實際上是在尋求保命。

隨著保路運動的漸次深入，官與民的矛盾也逐步升級，至同志軍圍攻成都前後，響徹四川全省的有一句口號：「只拿周趙，不問他人！」趙是指趙爾豐，周即為周善培，這句口號不僅讓眾多不知內情者感到疑惑不解，也讓周善培本人大費思量，四川清朝官吏無數，唯獨周、趙二人成為四川民眾的公敵，且位居提法司的周善培竟然排名在總督趙爾豐之前，這實在太令人費解。

周善培是清末知名的能員，在四川省推行的新政改革中，他施展拳腳，政績顯著，一度聞名於海內外。在他署理巡警道期間，曾因帶頭剪掉辮子，被人譏諷為「周禿子」，他並不以為悖，反而對同事開玩笑道：「我就當一回禿子又怎麼了！和尚打傘，無法無天，辦新政就是要膽子大。」中國官場中，做實事多的人並不一定有好結果，有時候甚至得到壞結果。按周善培自己的說法，是因為他在負責法官養成所期間，定期出題考試甄別法官，淘汰了不少士紳，因此也得罪了不少士紳，這些士紳以及背後的利益集團，一旦遇到機會便對周善培施於殺手。實際上的原因其實要比這個說法更複雜，因為新政變革，周善培成了各種複雜矛盾所聚焦的焦點人物。

保路運動之初，周善培與立憲派的關係是默契的，他的立場站在保路同志會一邊，深得蒲殿俊等人信賴。後來被四川民眾視為眾矢之的，與官場內部的明爭暗鬥關係極大，加之革命黨推波助瀾，一個理應是四川新政功臣的人，轉瞬間成為四川民眾的公敵，也成了晚清政權的殉葬品。為了澄清這段歷史，新中國成立後周善培寫下了《辛亥四川爭路記》，此時周已是八十歲高齡，在書的《自序》中表明其人生戒條：對事必求件件真實，對人必求死者有知，生者有愧。然而就是這麼一本力求真實的小冊子，依然被革命家吳玉章指責為「企圖分享勝利果實的卑鄙行徑」。周善培滿肚子的冤屈，不知道要到什麼時候才能得以申訴？

趙爾豐逮捕蒲殿俊、羅綸等九人後，周善培被誣指為幕後主謀，他有口難辯。無奈之下，只好將家眷悄悄藏於友人家中，自己絕望地東躲西藏。趙爾豐被殺頭後，周善培成了重點捕殺的對象，保路同志軍多次到其寓所搜捕，並在全省張貼通緝令，要將周置於死地。周善培僥倖逃脫，在鄉間密友處躲過了這場大劫難。直到成都、重慶兩地軍政府合併，由民政長張培爵出頭，才商請同志軍郭書池部護送他離川。到達上海後，身無長物，幸得舊友張謇等人接濟照顧，方始在梵皇渡路一帶安頓下來。

周善培的後半生，對民國政府始終沒有好感，曾有人拉他加入「民革」，周當即答道：「我不是孫中山那一家人。」建國後，定居在上海的周善培仍然愛穿藍色長衫，可是新社會裡裁縫店都不做那種舊式衣服，周善培逛遍上海城，終於找到一家老裁縫店，做了一套藍布長衫穿在身上，再也捨不得脫下了。一九五二年，周善培出任了民生公司董事長，此後還擔任過華東軍政委員會委員，一九五八年秋病逝於上海華東醫院，葬於萬國公墓，享年八十三歲。

保路運動中清方陣營其他官員的命運，並不比周善培強多少。

布政使尹良，字莘吾，北京旗籍，由鹽茶道改任鹽運道，後擢升布政使，是位置僅次於趙爾豐的二把手。保路運動之初，此人對四川紳商就沒有好感，始終採取的是不合作的態度，極力慫恿趙爾豐打壓保路同志會。趙爾豐從邊地回川後，尹良每每參與議事，總是愛與趙爾豐耳語，故作神祕狀，招致他人非議，趙爾豐當面申斥多次，尹良仍不改舊習。端方奉命赴川督察路事，尹良又以與端方有姻親關係之故，立場迅速倒向端方一邊。曾多次祕密寫信，向端方舉報趙爾豐的錯誤，端方向朝廷彈劾趙爾豐的材料，多半來源於尹良的揭發。此事被趙爾豐偵知，大罵尹良無良，但此時趙爾豐已失寵於清廷，也拿尹良毫無辦法。民國成立後，尹良僥倖保住了一顆腦袋，曾參與《清史稿》的編纂，後行蹤不詳。

路廣鐘，字子善，安徽人，原為一名普通員警，後因有功被提升為警務公所提調，兼巡警教練所所長。趙爾豐逮捕蒲、羅等九人後，路廣鐘連連製造假案，企圖栽贓陷害保路運動首領。成都發生血案之際，路廣鐘積極配合，在成都聯升巷以及四個城門處到處縱火，同時在總督府也點火回應，以製造混亂，趁機燒死蒲、羅等立憲派首領，毀滅人證，了結此案。四川獨立後，路廣鐘也順勢變臉，日日來往於都督府，向新都督蒲殿俊表示友善，兩邊討好。成都東較場發生兵變時，路廣鐘率其所屬教練所巡警兩千餘人，手持快槍，高呼「此時不變，更待何時」，煽動兵警附和叛亂。尹昌衡率兵平息叛亂後，在處決趙爾豐的同時，也將路廣鐘押至刑場槍斃，路中三槍未死，後被砍頭。

營務處總辦田征葵，湖南人，因女兒田小姐受辱之事深深地捲入保路風潮，對保路同志會恨之入骨。成都血案中，他是下令開槍的主要元兇之一。四川省獨立後，田征葵變服易姓，攜妻帶子，準備私逃湖南老家避難，途中被夏之時的起義軍抓獲，經蜀軍政府審判後斬首示眾，抄獲的幾箱黃金悉數充公。田征葵的女婿、原彭縣經征局局長唐豫桐，趁一片混亂中逃脫，後不知所蹤。女兒田小姐被革命軍活捉，在監獄中關押了三個多月，出獄後幾經輾轉，後墜入重慶金沙崗一家妓院，終日以淚洗面。

倖免於難的成都旗兵

在風起雲湧的四川保路運動中，立憲派首領羅綸自始至終是這場運動的二號頭目。據張惠昌

《立憲派人與四川諮議局》一文敘述，羅綸在四川獨立後想做都督，自認為保路運動他出力最大，蒲殿俊並沒有怎麼出力，因此，趙爾豐交印前，羅綸派了兩個心腹親信到總督府，要趙將大印交給他們，不要交蒲殿俊，此事弄得趙爾豐莫名其妙，打電話詢問周善培等人，周善培轉而詢問蒲殿俊，蒲神情猶豫，沉吟道：「羅子青不會那麼荒唐。」後來蒲直接詢問了羅綸，羅矢口否認。這樁無頭公案如果說確有其事，無疑是羅綸的一個瑕疵。

即便如此，羅綸在四川獨立後處置成都滿族問題上遵守契約精神的舉動，仍是他人生中光彩照人的一筆。

據萬保君《一九一一辛亥風暴下的成都滿族》一文記載，從清康熙年間起，常駐成都的旗兵一六〇〇名，並將旗兵家屬陸續接來定居，此後逐年增加，至一九〇四年戶部調查統計：實有人口五一〇〇多戶，男丁一．二萬人，女子九千多人，合計二．一萬人，並駐有八旗兵三營二千多人。旗人平時的生活方式，男子主要以練習騎射為主，以備挑選入伍當兵（按清制，旗民不許經營工商或從事其他職業）；女子則主要是居家學習女紅，操持家務，基本不與外界接觸。

辛亥革命爆發後，清廷下令各地駐防旗兵對武裝暴動進行血腥鎮壓，此舉導致了各地駐防旗人的重大傷亡。如在西安，十月二十三日，漢軍大都統張鳳翽率兵進攻滿城，守城旗兵約五千人拼死抵抗，經過一天的激戰，革命軍攻佔了滿城，西安將軍文瑞自殺，旗人死亡二千餘人，婦孺投井自殺者尤眾。福建福州新軍起義，福州將軍朴壽、總督松壽等拒絕了起義軍提出的和平解決條件，雙方展開了生死對決，結果旗兵失敗，雙方均有傷亡，八旗兵死亡人數達數百人。此外，在杭州、新寧、荊州等地，也都發生了大規模的流血事件。

紛亂繁雜的各種消息傳到成都時，居住在成都滿城的旗人震驚不已，認為大禍臨頭，世紀末日之痛感彌漫滿城，有的六神無主，有的消極待之，更有一種聲音在旗人中流行：與其坐以待斃，不如拼死一搏。眾人橫下了一條心，除將現有三營旗兵加強裝備外，還把庫存的刀槍長矛發給青壯年，許多人將家畜家禽悉數殺掉，吃了好上戰場。有不少人表示，萬一事急，老幼婦女先行自殺，精壯男丁殺出滿城，與漢族兵對殺。這種破釜沉舟的悲壯情緒感染了每個旗人，極有可能導致出兩敗俱傷的後果，形勢一觸即發。

情況萬分危急之際，時任大漢四川軍政府招撫局長的羅綸來到滿城，約見同榜舉人、八旗紳士趙榮安，一同去見成都將軍玉崐，共同商討和平解決旗人的辦法。為了解除旗人的懷疑，羅綸甚至還把自己的家眷送入滿城，安排在友人趙榮安家中住下，以表示他和平解決的真心。按照《四川獨立條約》，其中官定獨立條件的前兩條即為「不排滿人」和「安置旗民生活」，羅綸此舉嚴格遵循契約精神，是頗為時人所稱道的。隔著一百年的歷史回頭看，在暴力革命已蔚然成風的情形下，依然對生命保持尊重和珍惜，實在殊為難得。

事實上在此之前，滿族知識份子趙榮安等人也已經做了大量工作。他先後十多次召集滿族、蒙古族各界代表開會，商議和平談判事宜，同時制定了較完整的和平解決旗營的方案，提交到成都將軍玉崐處聽候批復。此外趙榮安還利用與羅綸同榜舉人的關係，與大漢四川軍政府取得聯繫，為旗人謀求生路奔走呼號。

成都將軍玉崐的態度以及趙榮安等滿族紳士的努力，決定了滿城旗人的行動方向。成都血案中，向群眾開槍的巡防軍以及後來在川省各地與保路同志軍作戰的四川新軍，基本上是由漢人組成的軍隊，旗人的三營隊伍均按兵未動，為後來播下了和平的種子。成都東校場閱兵時，發生了巡防軍、新軍以索餉為名的嘩變，進而演變成一場騷亂，此時滿城的旗兵也並未趁勢作亂，只是緊閉城門，加強戒備而已。旗人的這些舉動，在一定程度上緩和了當時極其尖銳的滿漢民族矛盾，為後來的和平會談創造了良好的條件。

趙爾豐被綁赴皇城公堂前處決後，滿城旗人再次驚恐起來，城門緊閉，青壯年男丁全被派往城中巡邏。緊張的並非只有滿城旗人，連大漢四川軍政府以及部分漢族紳商，也擔心旗人孤注一擲，使事情發生意外的變化。十二月二十三日，捕殺趙爾豐之後的第二天，徐子休、周風翔等受大漢四川軍政府委託，來到滿城，與旗兵代表文錦章、廣興廷等商談繳槍裁兵諸事，並提出優待條件，最後達成協議。同一天，趙榮安等人赴軍政府，與羅綸商談善後處理事宜。雙方議定：旗兵繳槍後，由軍政府一次性發給每名旗兵半年的餉銀（當場發三個月的餉銀，餘下的餉銀不久後補發），所有住房一律發放管業證，允許其自由買賣；此外另撥二十萬元修建工廠，安置旗人，解決他們生活上的後顧之憂。

當天，原成都將軍玉崐下令旗兵繳械，至此，駐防成都的八旗兵終於順利地和平易幟了。

退隱秦淮的都督

接下來說說尹昌衡上臺以後的故事。

尹昌衡是軍人出身，深知槍桿子的重要，上臺後首先是抓軍權。當時川軍共有四個鎮（師），分別由舊川軍、同志軍、巡防軍等軍事勢力改編而成，統制是宋學皋、彭光烈、孫兆鸞、劉存厚。這些人原本並不在一條船上，雖說被改編了，暗地裡依然各彈各的調。要駕馭得了這四個鎮的軍人，才能坐穩權力的寶座。

尹昌衡想找一個人來幫忙，思前想後，非他莫屬。

這個人叫胡景伊（一八八四～一九五三），字文瀾，四川巴縣人。提到胡的來歷，還真是四川軍政兩界的一個資深政客，他早年曾是四川首批官費赴日留學生之一，回國後，為川督錫良看中，聘任為武備學堂學監兼教官，尹昌衡、劉存厚、周駿等人，當年是他的學生。一九〇七年，錫良調任雲貴總督，胡景伊隨往籌辦新軍，擔任督練處參議官及雲南講武堂總辦等職，後被調至廣西，任新軍協統。辛亥革命時，廣西新軍中的同盟會員回應武昌起義，擬援湖北推舉黎元洪為都督的先例，推舉胡景伊為廣西都督，可是胡景伊說什麼也不肯幹，轉道去了上海，坐山觀虎，看革命黨與袁世凱如何出招。

尹昌衡的如意算盤是：請老前輩出山幫他料理軍務，輔佐大業。考慮成熟後，尹昌衡向全國發出通電，任命胡景伊為全川陸軍團長，各鎮均受其節制。一下子，胡景伊儼然成了四川軍政府的第二號人物。

剛把這一切安排停當，川邊又起戰事：藏軍在英國人的支持下，攻陷稻田、巴塘等地，進窺關內，川西告急！尹昌衡連夜召開緊急軍事會議，商討出兵征藏事宜。在會上，尹昌衡慷慨激昂，決定組織西征軍，由他親自率領出征。

尹昌衡即將離任，都督位置理應由副都督張培爵接任，可是尹昌衡別出心裁，一邊急召在渝兼任重慶鎮撫府總長的胡景伊，囑其星夜回省；一邊電呈北京袁世凱政府，以胡景伊代理四川都督，張培爵改任民政長。

出征前尹還親擬了一封《告別川中父老兄弟書》，在成都幾家報紙上廣為刊登，信中寫道：「昌衡此次西征，所慮者不在雪嶺冰山阻前途，而在河內關中無後濟。」意思是，他已將川事重托給了胡景伊，希望大家鼎力相助。

一出劉備借荊州的好戲，正在開演，不同的是，胡景伊不是借，而是被人請——他的這個「荊州」簡直就是尹昌衡白送的。

長期混跡於軍政界的胡景伊，也並非尋常之輩，還在從重慶趕赴成都的途中，就電請尹昌衡，要求撥派機關槍營，那時尹對胡眷顧正濃，一切都言聽計從，胡景伊因此羽翼更豐滿，為武力接收作暗中準備。

胡正式護理川督一職後，又派親信胡忠亮，攜帶鉅資進京。胡忠亮是武備學堂畢業的學生，與袁世凱的重要幕僚陳宧有師生情誼，通過這條路子疏通關節，賄以重金，鋪路搭橋。袁世凱不滿尹昌衡已久，急於在四川物色代理人，此時正好做個順手人情，將民政長張培爵調京「詢邊防民事」，授胡景伊中將加上將銜，兼攝民政長，倚第二師師長周駿、第四師師長劉存厚為嫡系，統攬四川軍民兩政。

等到尹昌衡想到後院有可能起火時，胡景伊的位置已經坐穩了。

尹昌衡回到成都，胡景伊同他玩起了捉迷藏，躲進北門外的昭覺寺，避而不見。尹昌衡無奈，央請省議會出面解決，議長胡駿為尹昌衡打抱不平，牽頭召集會議，認為胡是受尹委託，取得職位未經省議會選舉，應屬無效。這邊正在鬧得歡，北京政府發來電報，下令委任尹昌衡為川邊經略使，川督由胡景伊接任。電文中，還隱隱含有斥責尹昌衡不該來成都的意思，明裡說經略使地位高過都督，但誰都知道邊地貧瘠，實際上明升暗降，尹昌衡這才真的發怒了，情急之下，給北京發電，要摜掉烏紗帽解甲還鄉。袁世凱回電：不准！

尹昌衡無比懊惱，率兵怏怏返回川邊，只好去當他的「經略使」。

這邊胡景伊仍不甘休，發揚痛打落水狗精神，繼續把尹昌衡往泥坑裡推。官場上要扳倒一個人，最好的辦法，莫過於挑他的作風問題，恰好尹昌衡有這方面的愛好，且不說身邊幾個使女一個個都被他搞大了肚子，前幾天又有醜聞傳出：尹回成都期間，每晚必到戲館看川劇，一天多喝了幾杯酒，竟將川劇名旦楊素蘭拉下臺來，強迫伴酒，戲院內外，一片譁然。狗仔隊順藤摸瓜，又打聽到更多緋聞，說尹昌衡赴藏打仗期間，日征蠻女有姿色者，陪他飲酒作樂，將邊地戰場變作了溫柔之鄉。這種爆炸性的新聞，在當時四川報紙上刊登後，民眾憤憤不平，斥責叫罵聲不絕於耳。

胡景伊據此「民情」寫成祕密內參，輾轉送達袁世凱，袁聞之大怒，大罵：「滾蛋加三級！」接下來，下令撤銷川邊經略使，改設川邊鎮守使，另外委派人擔當此職，歸川督節制，速調尹昌衡晉京。

在尹昌衡認為，率兵西征，馬到成功，歸來必定受萬人景仰，進了京城不說授勳頒獎，最起碼大總統也要誇讚幾句。不料才進北京，一看陣勢，他便知道有大禍將臨頭了。

尹昌衡後來的倒楣與趙爾巽大有關係。

趙爾巽這個清末總督，辛亥革命後隱居青島，過著遺老生活。一九一四年，北京政府聘其為清史館總裁，主編《清史稿》。袁世凱曾發佈申令，徐世昌、趙爾巽、李經羲、張謇為嵩山四友，由此可見趙與袁的親密程度。

殺弟之仇，不是不報，時間一到，該報就報。趙爾巽如何在袁世凱那裡告狀的？他都說了些什麼？這都不重要了，重要的是，倒楣的尹昌衡一進京城，就被袁世凱軟禁起來。

與尹昌衡同時被軟禁的，還有兩個民國大人物：黎元洪和蔡鍔。

這裡不妨插點花邊，一來是因為有趣，二來也並不算跑題太遠。尹昌衡個頭一米八六，私下裡人稱他「尹長子」。從筆者接觸到史料來看，尹長子小時候專心學習，對異性並無太大興趣，及至成年後，壓抑的欲望得以釋放，竟成為舊川軍首領中著名的「花帥」。

在廣西期間，尹昌衡遇到了一個官吏顏輯祜，此人曾任河南固始知縣，與維新派川籍京官劉光弟、楊銳情誼深厚。見到從日本留學歸來的尹昌衡，大感興趣，意欲招為女婿，將三女兒顏機嫁給他。經川中耆老撮合，好事成真，訂立了婚約。遺憾的是，顏機此時只有十二歲，年齡尚幼，不合適娶進門。尹昌衡有名無實，難以滿足，在成都帶兵期間，他先娶了一房姨太太，名字喚作翠香，這還不算，又經常和翠香的貼身丫環廝混在一起。尹長子先娶妾後娶妻的軼聞趣事，傳到顏機的哥哥顏楷耳朵裡，顏楷睜隻眼閉隻眼，沒有去管。

顏楷以地方紳士身分被推舉為川漢鐵路股東會會長，尹昌衡任四川都督後，恭請顏出任「宣慰使」，被舅老倌堅決辭謝。尹昌衡殺趙爾豐，喝彩聲四起，眾多激進者叫喊繼續殺戮趙的子孫，顏楷極力反對，將趙爾豐之孫收養多年，可見宅心仁厚。民國後，顏楷無心過問政治，以賣字畫為生，晚年為四川佛教協會副會長。此是後話。

得知尹長子好女色，著急想當皇太子的袁克定對症下藥，安排了一出迷局。袁克定來到尹昌衡在北京下榻的王府，徹夜作傾心之談，並饋贈衣物費用等，尹長子為之感動，與袁克定結為金蘭之好。下一步，袁大公子更為尹長子拉皮條，介紹八大胡同名妓良玉樓，陪伴尹長子共度寂寞時光。

讀者熟知蔡鍔與小鳳仙的故事，其實尹昌衡與良玉樓，故事精彩程度不亞於前者。良玉樓本名姓殷，名文鸞，父親在山海關一帶趕駱駝，她被舅舅拐騙，賣到八大胡同，淪為青樓女子。同是天涯淪落人，小鳳仙在雲吉班，良玉樓在金祥班，兩家妓館相連，妓女們來往親密，她們二人有共同話題，遂成手帕姐妹。

蔡鍔從雲吉班逃脫後，北京各家報館紛紛刊登這一哄動新聞，大字標題是：「蔡將軍回雲南起義，尹都督在北京坐牢」。可見在當時，尹昌衡與蔡鍔對社會的影響不相上下。和蔡鍔、小鳳仙悲劇故事形成鮮明對照的是，尹昌衡與良玉樓的故事，最後是以皆大歡喜的喜劇結局收場的，尹昌衡娶良玉樓為妻，白頭到老，成全了一段近代傳奇。

蔡鍔回雲南起義後，尹昌衡以「虧空公款」罪，被北洋政府判刑九年。一九一六年，黎元洪將尹釋放，不料出獄後莫名其妙生了一場大病。身體康復後，尹昌衡彷彿變了個人，隱居秦淮，淡泊功名，退出了政治漩渦。幾年後，尹昌衡回鄉心切，回到故鄉成都，署其寓所曰「止園」，取「知其所止」之意，也是看透世事的一種心態。尹晚年有《止園文集》、《止園詩抄》等著述，在《贈良玉樓》中寫道：「赫衣寒月對婆娑，去國沉沉可奈何？生意早隨蝴蝶去，死灰常與白駒磨……」悲傷低回的情緒，讓人仰天歎息。

讓人歎息的不僅只是愛情。生長於一個大時代的尹昌衡之輩，何曾不想把握時代的命脈？不想做社會乃至國家的主宰？可是造化弄人，這些弄潮兒，卻往往被政治浪潮打得暈頭轉向，被更高層的權貴玩弄於股掌之間，最後連自己的命運也無法把握。喜愛風月的尹昌衡，能在秦淮河邊溫柔鄉找到歸宿，吟詩品酒，潛心治學，也許倒真是個閒適的去處。

辛亥年的最後一天

按照現在時興的說法，晚清首席官商盛宣懷應是個不折不扣的牛人。曾經一度權柄在握，風光無限，在中國近代史上留下了無數個「第一」：第一個商本商辦企業——輪船招商局，第一家電訊企業——天津電報局，第一家銀行——中國通商銀行，第一個鋼鐵聯合企業——漢冶煤鐵廠礦公司，第一所工業大學——北洋大學，第一所正規師範學堂——南洋公學，第一條南北幹線鐵路——蘆漢鐵路，第一個私人圖書館，第一個全國勘探總公司，第一個內河小火輪航運公司，中國紅十字會第一任會長……有人曾說過這樣比喻：盛宣懷手中攥有一把明珠，一旦撒開了去，能照耀大半個中國。

他手中攥著的那一把明珠中，最為璀璨奪目的一顆應該是鐵路，但是轉瞬間明珠變成了掃帚星，拖著長長的尾巴劃過夜空，宣告災難的降臨。

隨著武昌起義的一聲槍響，積重難返的各種社會矛盾總爆發，清王朝的喪鐘敲響了，在進入倒計時的那些日子裡，身著朝服的盛宣懷整天憂心忡忡，坐臥不寧，他的腿腳不太俐落，哮喘病也發作了，精神狀況幾乎降到了冰點。即便如此，當他聽說清政府內閣資政院要召開會議，討論如何應對當前危機的消息時，還是派出了得力助手、郵傳部路政司司長陸夢熊去參加會議。

這天是一九一一年十月二十五日，下午一點四十五分，清廷內閣資政院的會議上，學部右侍郎、議長李家駒登臺道了個開場白：按照議事日程表的提議，討論「內憂外患，懇請標本兼治，以救危亡具奏案」，請各位議員暢所欲言。

李家駒的話音剛落，就有議員羅傑快步上臺，直接入題說道：主張從嚴懲處郵傳部尚書盛宣懷、四川總督趙爾豐、湖北總督瑞瀓等人，理由全都與鐵路有關。盛宣懷將鐵路收歸國有和從四國銀行團借款築路，既沒有交付內閣討論，又違背資政院章程；趙爾豐先是贊助保路同志會，後來又逮捕四川紳商代表，激起全省川民大變，武裝暴動此起彼伏；瑞瀓對民變事先預防不夠，一旦事發又棄城逃跑，致使武昌城為革命軍佔領。這三個人都是清廷的罪臣，必須嚴懲不貸，然後再召開國會，通上下之情，鞏固憲法中的言論、出版和結社的三大自由，逐漸加以疏通和引導，形勢方才有可能好轉。

議員羅傑的發言贏得了一片喝彩聲，隨後上臺發言的議員是牟琳、易宗夔和劉榮勳，他們將矛頭直指盛宣懷，歷數其人罪狀，要求「明正典刑」，殺一人而謝天下。其發言大意是：自從朝廷決定實行君主立憲以來，革命的言論日趨減少，如果不是盛宣懷提倡鐵路國有和向四國銀行團借款，也不至於會讓民心喪失，讓革命黨乘機搗亂，至今情形越發不可收拾，究其根源，盛宣懷罪該當誅。議員黎尚雯登臺說：「盛宣懷罪大惡極，應該絞死！」另一個議員汪榮寶搶過話筒，高聲喊道：「讓盛宣懷來資政院接受審判！」

會場上一片喊殺之聲，令在座的郵傳部代表陸夢熊心驚肉跳，他幾次要求上臺發言，都被身邊的幾個議員拉扯住了，會議進入尾聲，陸夢熊總算有了上臺發言的機會，可是他剛開口沒說幾句，就被其他議員奪去了話筒，不允許他為盛宣懷辯護。陸夢熊怏怏下臺，臉上掛著一副哭相。

當天夜晚，夜黑如磐，盛宣懷坐在那盞錫鎏金的燈下連夜起草奏稿。此刻他還不知道，這是他擔任清廷官職的最後一個夜晚。自從得力助手陸夢熊從資政院會場回到郵傳部，低聲講述了令他心驚肉跳的一幕幕場景後，盛宣懷彷彿置身於一片悲涼的大海上，像是一葉孤舟，顛簸沉浮在驚濤駭浪之間。他早已預料到了會有這種結局，保路運動以來掀起的一陣陣滔天巨浪，常常使盛宣懷對將來的命運不寒而慄。但是他仍然要掙扎，要拼將最後的力氣去奮力一搏。

在那天夜晚起草的奏稿中，盛宣懷針對資政院彈劾他的「違憲」、「亂法」、「激兵變」、「侵君權」等等指控，做出了答辯：議員以乾路國有不交閣議，謂為侵權；借債簽字不交院議，謂為違法；借日本一千萬元，謂為賣國；擅調兵隊，謂為跋扈；革黨隱城，由於路款，謂為禍首。然而，他自認並無過錯，借款本是張之洞簽定的合同，沒有交院議，是因為有皇帝的上諭；日本借款有關近鄰邦交，也並非是他一個人的意見；自己並未調兵，也談不上跋扈……

在盛宣懷身後留下的數十萬件檔案文件中，那份未寫完的奏稿歷歷在目，記錄下了他在晚清宦途中最後的一段心路歷程。次日上午，朝廷的聖旨傳到，盛宣懷被革除了郵傳部大臣的職務，「永不敘用」。

兩天後，清廷的這只替罪羊黯然離開了北京。兩個月後，辛亥年的最後一天——一九一一年十二月三十一日，盛宣懷悄然搭乘德國的一艘貨輪，從中國大連駛向日本神戶。盛家幾個不黯人事的孩子聚集在甲板上，以為又是跟隨父親的一次出訪，已近古稀之年的盛宣懷默默走出船艙，憑欄眺望，水天蒼茫，他不知道這次前途未蔔的生死逃亡會遭遇到什麼，也不知道歸途在哪？命運如何？

歷史書上記載著：就在盛宣懷乘船逃亡日本的前幾天，中國的另一位老牌逃亡者孫中山從日本乘船回到了國內，在南京宣誓就任中華民國臨時大總統。當天的報紙上還登載了一則不起眼的消息：民國政府宣佈沒收盛宣懷的全部家產。

大幕徐徐拉開，一個新的時代開始了。

參考書目

《四川保路運動史》，隗瀛濤著，四川人民出版社，一九八一年一版。
《四川辛亥革命史料》（上下），隗瀛濤、趙清主編，四川人民出版社，一九八一年一版。
《四川保路運動史料》，戴執禮著，科學出版社，一九五九年一版。
《四川保路運動檔案選編》，四川省檔案館編，四川人民出版社，一九八一年。
《辛亥革命與四川社會》，隗瀛濤著，成都出版社，一九九一年。
《四川近代史》，隗瀛濤等主編，成都出版社，一九八五年。
《辛亥四川爭路親歷記》，周善培著，重慶出版社，一九五七年一版。
《中國近代史資料叢刊・辛亥革命》，中國史學會主編，上海人民出版社。
《清代野史》（第四卷），巴蜀書社，一九九八年。
《辛亥革命回憶錄》（三），文史資料出版社，一九八一年。
《大波》（上中下），李劼人著，人民文學出版社，一九五九年。
《四川近現代人物傳》（一—七輯），任一民主編，四川人民出版社。
《四川經濟志》，周開慶著，臺灣商務印書館，民國六十一年出版。

《民國四川人物傳記》，周開慶著，臺灣商務印書館，民國五十五年出版。

《清末郵傳部研究》，蘇全有著，中華書局，二〇〇五年一版。

《文史拾遺》，張惠昌著，四川大學出版社，一九九三年。

《左右與螺旋——蒲殿俊傳》，易丹著，上海文藝出版社，一九九九年一月。

《四川文史資料選輯》（第六輯），政協四川省委員會，一九六三年。

《端方與清末新政》，張海林著，南京大學出版社，二〇〇七年一版。

《張之洞與清末新政研究》，李細珠著，上海書店出版社，二〇〇三年。

《詹天佑書信選集》，詹同濟選編，華南理工大學出版社，二〇〇六年四月。

《重慶辛亥革命時期人物》，重慶地方誌資料編輯部，一九八六年。

《辛亥革命前後・盛宣懷檔案資料之一》，陳旭麓、顧延龍、汪熙主編，上海人民出版社，一九八五年五月第一版。

《立憲派與辛亥革命》，張朋園著，吉林出版集團，二〇〇七年。

《中國近代鐵路史資料》（第一、二、三冊），宓汝成編，中華書局，一九六三年。

《宜昌市概況》，宜昌地方誌編纂委員會辦公室編，一九八四年八月。

《四川地方士紳與晚清鐵路事業——以川漢鐵路為中心》，作者：梁文德，臺灣成功大學歷史研究所碩士論文。

史地傳記類　PC0617　讀歷史65

崩潰的帝國

——重回晚清保路運動現場

作　　者／張永久
責任編輯／杜國維
圖文排版／周好靜
封面設計／王嵩賀

發 行 人／宋政坤
法律顧問／毛國樑　律師
出版發行／秀威資訊科技股份有限公司
114台北市內湖區瑞光路76巷65號1樓
電話：+886-2-2796-3638　傳真：+886-2-2796-1377
http://www.showwe.com.tw
劃撥帳號／19563868　戶名：秀威資訊科技股份有限公司
讀者服務信箱：service@showwe.com.tw
展售門市／國家書店（松江門市）
104台北市中山區松江路209號1樓
電話：+886-2-2518-0207　傳真：+886-2-2518-0778
網路訂購／秀威網路書店：http://www.bodbooks.com.tw
國家網路書店：http://www.govbooks.com.tw

2017年8月　BOD一版
定價：350元
版權所有　翻印必究
本書如有缺頁、破損或裝訂錯誤，請寄回更換

Copyright©2017 by Showwe Information Co., Ltd.
Printed in Taiwan
All Rights Reserved

國家圖書館出版品預行編目

崩潰的帝國：重回晚清保路運動現場 / 張永久
著. -- 一版. -- 臺北市：秀威資訊科技,
2017.08
面； 公分. -- (史地傳記類；PC0617)(讀
歷史；65)
BOD版
ISBN 978-986-326-455-2(平裝)

1.保路運動 2.晚清史

628.117 106012193

讀者回函卡

感謝您購買本書，為提升服務品質，請填妥以下資料，將讀者回函卡直接寄回或傳真本公司，收到您的寶貴意見後，我們會收藏記錄及檢討，謝謝！如您需要了解本公司最新出版書目、購書優惠或企劃活動，歡迎您上網查詢或下載相關資料：http:// www.showwe.com.tw

您購買的書名：______________________________

出生日期：________年________月________日

學歷：□高中（含）以下　□大專　□研究所（含）以上

職業：□製造業　□金融業　□資訊業　□軍警　□傳播業　□自由業
　　　□服務業　□公務員　□教職　□學生　□家管　□其它______

購書地點：□網路書店　□實體書店　□書展　□郵購　□贈閱　□其他

您從何得知本書的消息？

□網路書店　□實體書店　□網路搜尋　□電子報　□書訊　□雜誌
□傳播媒體　□親友推薦　□網站推薦　□部落格　□其他__________

您對本書的評價：（請填代號　1.非常滿意　2.滿意　3.尚可　4.再改進）

封面設計____　版面編排____　內容____　文／譯筆____　價格____

讀完書後您覺得：

□很有收穫　□有收穫　□收穫不多　□沒收穫

對我們的建議：______________________________

____

____

____

請貼
郵票

11466
台北市内湖區瑞光路 76 巷 65 號 1 樓

秀威資訊科技股份有限公司 收

BOD 數位出版事業部

....

（請沿線對折寄回，謝謝！）

姓　　名：＿＿＿＿＿＿＿＿＿＿＿＿　年齡：＿＿＿＿＿　性別：□女　□男

郵遞區號：□□□□□

地　　址：＿＿＿＿＿＿＿＿＿＿＿＿＿＿＿＿＿＿＿＿＿＿＿＿＿＿＿

聯絡電話：(日) ＿＿＿＿＿＿＿＿＿＿＿＿＿＿ (夜) ＿＿＿＿＿＿＿＿＿＿＿＿＿

E-mail：＿＿＿＿＿＿＿＿＿＿＿＿＿＿＿＿＿＿＿＿＿＿＿＿＿＿＿